JN012327

マーガレット王女とわたし

イギリス王室のおそばで歩んだ女官の人生

アン・グレンコナー

立石光子 訳

LADY IN WAITING

My Extraordinary Life in the Shadow of the Crown

ANNE GLENCONNER

白水社

1◆ 父方の祖母マリオン・クック。エドワード皇太子、のちのエドワード8世が関係をもった魅力的な既婚の貴族女性のさきがけ。(著者蔵)

2◆ ニュージーランド出身の大好きな母方の祖母「ガーおばあちゃん」。わたしの母レディ・エリザベス・ヨークとともに。(著者蔵)

3◆ 最大の失望。1932年のわたしの洗礼式。父に抱かれ、第3代レスター伯爵(左)とクック子爵(右)に囲まれている。息子に生まれようと必死で努力した甲斐もなく。(著者蔵)

4◆ 母と妹のケアリー(右)と一緒に。(著者蔵)

5◆ 親戚のオグルヴィ家の男の子デイヴィッドとアンガス（左）。わたしの銀色の靴を妬ましげに見つめるマーガレット王女と、眉をひそめるエリザベス王女。（著者蔵）

6◆ ホウカム陶器工房で棚卸をしているところ。ノース・ノーフォークでもっとも成功した家内工業のひとつとなり、わたしは初めて自立の気分を味わう。（著者蔵）

7◆ エリザベス王女（左）とマーガレット王女のポートレート。1946年12月11日。（Getty Images）

8◆ 母が撮影したケアリーとわたしの写真。フィリップ殿下の求めに応じて、メイドの扮装でポーズを取っているところ。(著者蔵)

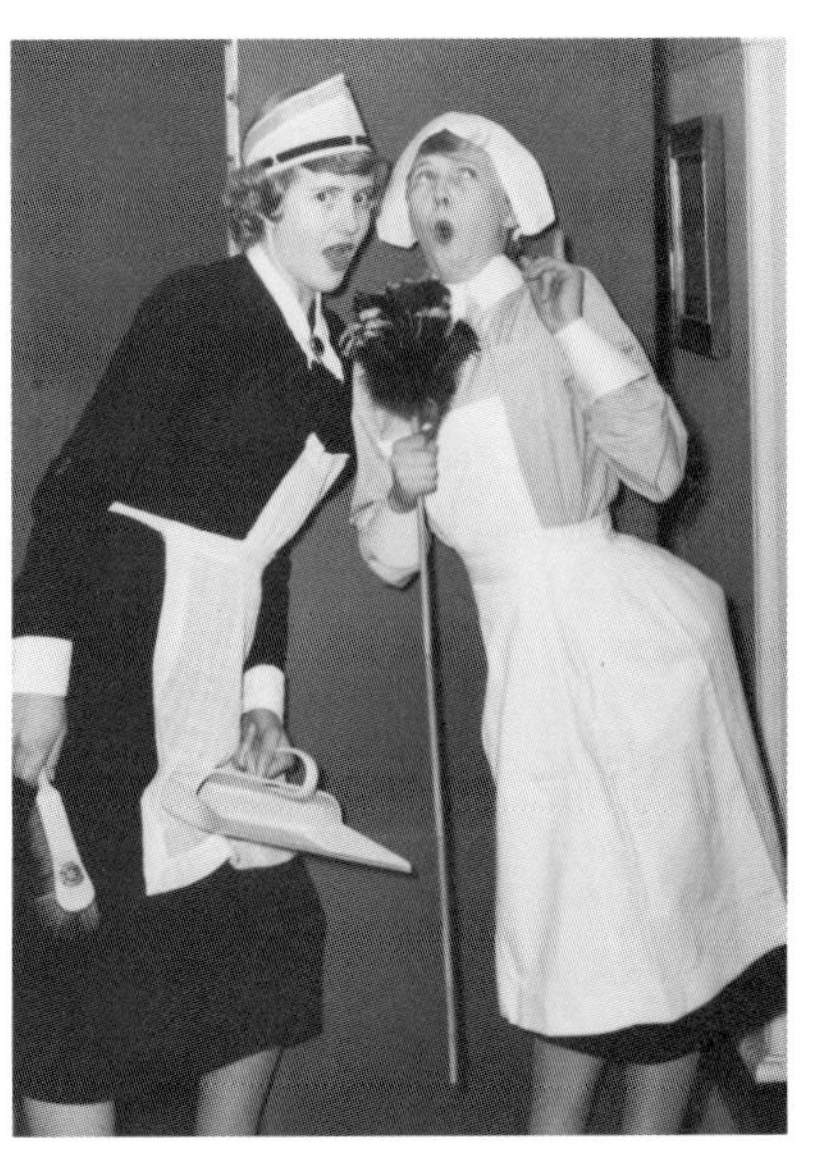

9◆ わたしの結婚式にご出席されたエリザベス皇太后が、マーガレット王女とわたしの父を伴い、笑顔で手を振っておられるところ。女王はご本人の誕生日のお祝いで欠席。父は日程が重なっていることにあとで気づいた。(Alamy)

10◆ 戴冠式で、行列を組み、女王と歩調を合わせて寺院内を進む誇らしい瞬間。わたしは右側の前から二番目で裳裾を捧げ持っている。(Alamy)

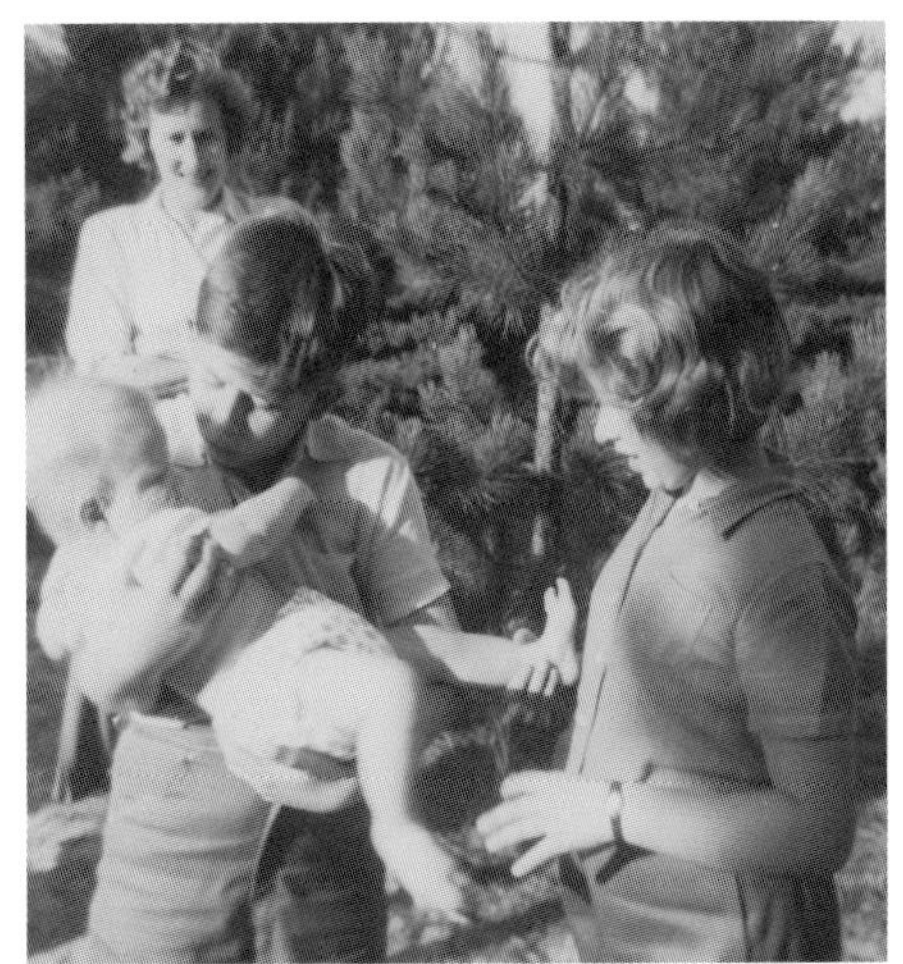

11◆ ホウカムで、わたしの次男ヘンリーを抱っこするチャールズ皇太子と、それを見つめるアン王女。後ろにいるのはわたしの母。（著者蔵）

12◆ 末の妹サラの社交界デビューの舞踏会。ホウカムにて、1962年6月。わたしは右端でサラの隣。母と妹のケアリーは左側。既婚の女性のみが宝冠を着用。（著者蔵）

13◆ マスティク島の初期の日々。下生えの茂みのなかで。(著者蔵)

14◆ コリンのお気に入りのスーツのひとつ。さまざまなタータンを組み合わせたもので、本人は「氏族の集会」と呼んだ。コリンの隣はスコットランドの義賊ロブ・ロイの像。(著者蔵)

15◆ マスティク島のコリンの家、1980年（著者蔵）

16◆ わたしの私設スタイリストのマーガレット王女。行きつけの美容師サイモンが気に入ってくれたかどうかは不明。（著者蔵）

17◆ 肌寒い日に、ヘンリーとチャーリーと一緒にホウカムの浜辺で。（著者蔵）

18◆ 音楽の夕べ。グレンにて、1975年。マーガレット王女、ヘンリー、コリン、ロディ・ルウェリン。（著者蔵）

19◆ マーガレット王女とサンドリンガムにて。わたしは、ほかの誰よりも王女さまと一緒のときによく笑った。（著者蔵）

20◆ 上機嫌のフィリップ殿下と。マスティク島にて、1977年。（著者蔵）

21◆ ロディ・ルウェリン、マーガレット王女、わたし、チャーリー。(著者蔵)

22◆ ミック・ジャガーと俳優のルパート・エヴェレットにはさまれて、注目の的。マスティク島にて、1980年代半ば。(著者蔵)

23◆1986年のピーコック・ボール。コリンからヘンリーのHIV感染を聞かされた直後。気遣わしげにわたしを見つめるチャーリー。この夜をどうやって切り抜けたかは定かでない。（著者蔵）

24◆子どもたちの集合写真。ロンドンのヒル・ロッジにて、1986年。（左から）ヘンリー、メイ、チャーリー、クリストファー、エイミー。（著者蔵）

25◆ 1975年、女官として公務に随行（右端）。マーガレット王女とシドニーの知事公邸にて。形式をあくまで重視するサー・ローデン・カトラー知事（右からふたり目）とレディ・カトラー（左からふたり目）。私設秘書のナイジェル・ネイピアは最上段の右端。

26◆ イメルダ夫人と。フィリピンにて、1978年。(著者蔵)

27◆ スワジランドのソブーザ二世(中央左)が、女王からの勲章授与の席に民族衣装で登場。マーガレット王女は勲章をどこにつけるかという厄介な問題に直面される。(著者蔵)

28◆ 金婚式、コリンと一緒に。2006年（著者蔵）

29◆ トラファルガーの海戦の200周年記念日。ノーフォークのバーナム・オーヴァリー・ステイスにて、2005年──「ネルソンの血」のカクテルを数杯飲んだあとで。（著者蔵）

マーガレット王女とわたし——イギリス王室のおそばで歩んだ女官の人生

Lady in Waiting by Anne Glenconner

First published in the English language by Hodder & Stoughton Limited

Japanese translation rights arranged with Hodder & Stoughton Limited, London, through Tuttle-Mori Agency, Inc., Tokyo

All photo insert pictures courtesy of the author's collection, except for 9 and 10, which are courtesy of Alamy, and 7, which is courtesy of Getty Images.

子どもたち、孫たち、ひ孫たちに

目次

プロローグ

二〇一九年が明けてまもないある朝、ロンドンのフラットに電話がかかってきました。

「はい？」

「レディ・グレンコナーでいらっしゃいますか？　ヘレナ・ボナム＝カーターです」

ハリウッドの映画スターから毎日のように電話がかかってくるわけではありませんが、この電話は心待ちにしていました。ネットフリックスの人気シリーズ「ザ・クラウン」のプロデューサーから連絡をもらい、第三シリーズでナンシー・キャロルがわたしの役を演じ、ヘレナ・ボナム＝カーターがマーガレット王女役に決まったと聞いて、たいへん喜んでいたのです。お二方がわたしとマーガレット王女の友情についてよく理解できるように、会っていただけないかとプロデューサーに頼まれ、ふたつ返事で引き受けたのでした。

まずナンシー・キャロルがお茶にやってきて、居間の肘掛け椅子にすわって話しました。その会話がどことなく上の空だったのは、わたしがどんな人間かナンシーがじっくり観察しているにちがいないと思うと、自分がどう見えているのか気になってしかたなかったからです。

それから数日してヘレナから電話があり、やはりお茶にお招きしました。わたしはヘレナを俳優として尊敬していますが、それればかりではなく、彼女はたまたまわたしの亡き夫コリン・テナントの遠縁に当たり〔ヘレナ・ボナム＝カーターの曾祖父アスキス元首相の再婚の妻がコリンの大叔母〕、うちの息子が一九八〇年代にバイク事故を起こしたときは、お父さまにもお世話になりました。

ヘレナが玄関から入ってきたとき、彼女とマーガレット王女がよく似ていることに気がつきました。背丈も体つきもまさにぴったりで、青い瞳ではないものの、相手をひたと見すえるまなざしには、王女さまとよく似た茶目っ気と知性がきらめいていたのです。

居間にお通しして、お茶を入れました。ヘレナが手帳をさっと取り出すと、そこには王女さまの人となりを見きわめるための質問が山ほど書きとめてありました。「お役をきちんと演じたいので」とヘレナは説明しました。

質問の多くは身ぶりやしぐさに関するものでした。王女さまはどんなふうに煙草を吸われましたかと訊かれたので、お茶のお点前のようにやってみせました。バッグから細長いシガレット・ホルダーを取り出し、慎重に煙草を差しこんで、ご自分の優美なライターで火をつけます。よその人に火をつけてもらうのはお嫌いで、どなたであれ殿方がいそいそと火を差し出すと、控えめながらきっぱりした手のそぶりで、その意思を明確に伝えられました。

ふと気がつくと、ヘレナの手が小刻みに動いています。まるで無意識のうちに、わたしがいま説明したばかりのしぐさを試しているかのように。そのあと話題は、マーガレット王女のお人柄に移りました。わたしは王女さまの聡明さを——つねに物事の愉快な面を見て、くよくよ悩まず、前向きで、さっぱりした生き方を——なんとか言葉で表わそうとしました。そんな話をしているうちに、折々の情景が鮮やかによみがえり、まるでマーガレット王女がこの部屋で、わたしたちの隣にいらっしゃるように感じました。ヘレナはひと言も聞きもらすまいと注意深く耳を傾け、しきりにメモを取っています。三時間ほど歓談して、ヘレナが辞去するころには、彼女はマーガレット王女役にうってつけだと納得していました。

俳優さんたちはどちらも礼状を送ってくれました。ヘレナ・ボナム＝カーターは、マーガレット王女が、わたしにとってそうだったように、自分にもよき友人になってくださいますように、とつづっていました。わたしはその言葉に深く胸を打たれ、王女さまとわたしがスクリーンで再会できる日が待ち遠しくなってきました。ノーフォークでともに過ごした子ども時代、女官としてお仕えした三十年間の思い出がつぎつぎと頭をよぎります。わたしたちはそのあいだ何度となく、すさまじい感情の嵐にもみくちゃにされながら、どちらも山あり谷ありの人生を送ってきたのです。

わたしはもともと話し好きの性分とはいえ、おふたりの訪問であれこれの記憶が呼びさまされるまでは、本を書くなど思いもよらないことでした。考えすぎてはだめ、過去を振り返るのも詮索（せんさく）することも禁物、としつけられてきた世代ですので、九十年におよぶわたしの人生が、いかに振り幅の大きい、波瀾に富んだものだったのか、いまさらながら気づいたのです。のっぴきならない状況に陥ったことは数知れず、それらは滑稽でもあり、悲惨でもあり、われながら信じられないようなことばかりです。それでも、わたしは自分のすばらしい家族とこれまで歩んできた人生に、いまは深い感謝の念しかありません。

1　最大の失望

イングランドの東部ノース・ノーフォークの広大な敷地に建つホウカム・ホールには、かすかに尊大な雰囲気が漂っています。簡素な外観の館は、芝生が粗糖（ざらめ）のような黄褐色になり、庭園と館が一体になったように見える真夏が、いちばん見栄えがします。近くの海岸は強い風が吹き、空がからりと開けた場所で、何キロもつづく塩分を含んだ沼沢地と砂丘を縁どる黒っぽい松林を通り抜けると、くすんだ金色の砂が一面に広がるホウカムの浜辺に出ます。わたしのご先祖さまたちは湿地を開墾して、そこに農業を根づかせました。ガンやタゲリといった渡り鳥の道筋に当たるこの土地で、クック家はチューダー朝の末期にサー・エドワード・クックによって創設されたのです。クックは十六世紀半ばのエリザベス朝から十七世紀初頭のジャコビアン時代にかけて、もっとも偉大な法曹家と目され、サー・ウォルター・ローリーや火薬陰謀事件の訴追を成功に導いた人物でした。わが家の紋章は駝鳥（だちょう）が蹄鉄（ていてつ）を飲み下している図柄で、なんであれ消化してしまう一族の力を象徴しています。

一九三二年の夏に撮影された、わたしの洗礼式の写真が一枚あります。のちに第五代レスター伯爵となる父に抱かれ、いかめしい顔つきの親族の男性たちに囲まれているところです。わたしは息子に生まれようと必死で努力し、出生時には五キロ近くもあったにもかかわらず、残念ながら娘で、それはいかんともしがたいことでした。

女性に生まれついたということは、すなわち、わたしには爵位もホウカム——約一一〇平方キロメートルもの第一級の農地を含む、イングランドで五番目に大きな領地——も相続できないということです。家具も、蔵書も、絵画も、銀器もしかり。両親はさらに子どもをふたりもうけましたが、どちらも娘でした。ケアリーは二歳下、サラとは十二歳離れています。うちの家系は途絶え、父は、四世紀近くつづいたご先祖さま方の非難の重みを、良心にずっしりと感じていたにちがいありません。

わたしの母も、父親の第八代ハードウィック伯爵に同じ運命をもたらしたので、その連帯感からか、娘には強い人間になってほしいと、H・G・ウェルズの小説で女性の自由のために戦うたくましいヒロインにちなんで、わたしをアン・ヴェロニカと名づけました。母は旧姓をエリザベス・ヨークといい、有能で、カリスマ的な魅力があり、うちの祖父がぜひ息子の嫁にと望むような女性でした。母自身も伯爵の娘で、先祖代々伝わる本邸は、イングランド東部ケンブリッジシャーにあるウィンポール・ホールです。

わたしの父はハンサムで、人望があり、田舎の生活を心から愛する、レスター伯爵の跡継ぎにふさわしい人間でした。ふたりは、母が十五歳で父が十七歳のときスイスの保養地サンモリッツのスキーツアーで知り合い、たちまち内々に結婚の約束を交わしました。父は母に、「ぴんときたんだ、きみと結婚したい」と言ったそうです。じつは父にはべつの動機もありました。ノーフォークに住んでいる別の女性に追いかけられて弱っていたので、婚約を発表すればもう言い寄られないですむ、とほっとしていたのです。

母は愛らしく、自信にあふれていたので、父はそういうところに惹かれたのだと思います。父は内気な性格でしたが、母のおかげで陽気な一面も引き出されるなど、ふたりは釣り合いの取れたお似合いの夫婦でした。

社交界でも花形カップルのひとつで、ヨーク公ご夫妻とたいそう親しくさせていただいておりました。ちなみに、ご夫妻はのちに、ヨーク公の兄君エドワード八世のご退位により、思いがけずイギリス国王と王妃になられます。うちの両親は、エリザベス女王のご夫君フィリップ殿下のお姉さま方、セオドラ、マルガリタ、セシリア、ソフィアの各王女とも友人で、みなさんおそろいでよくホウカムに遊びにこられました。お姉さま方よりずっと年下でまだお小さかったフィリップ殿下は、ホウカムの館ではなく、どういうわけか乳母と一緒に浜のすぐ隣にあるヴィクトリアというパブに逗留されました。最近になって、どうしてわが家ではなくパブにお泊まりになったのですかとうかがったところ、殿下はよく覚えておられず、できるだけ海の近くがよかったのでしょう、とみなで冗談をいいました。

うちの両親は一九三一年十月に結婚し、ハネムーンベイビーのわたしは翌年の七月に産声を上げました。

わたしが九歳まで、曾祖父がレスター伯爵で、跡取りの祖父もホウカムの四つある翼棟のひとつに住んでいました。お屋敷は、子どもの目にはとてつもなく大きく見えました。あまりにも広いので、下男が生卵を湯せん鍋に入れて厨房から運んできたら、子ども部屋に着くころには固ゆで卵になっていたでしょう。わたしたち家族も折に触れては館を訪問し、わたしは、忙しいなか孫の相手をしてくれる祖父が大好きでした。ロング・ギャラリーに一緒にすわって蓄音機でクラシック音楽を聞き、わたしがもう少し大きくなると、祖父は写真撮影の手ほどきもしてくれました。わたしの写真好きは祖父ゆずりです。

父が近衛歩兵連隊のスコッツ・ガーズに勤務していたので、家族もイギリス各地を移動し、わたしは何人もの乳母に育てられました。日常生活のいっさいに気を配るのは乳母の役目でした。母がわたしや妹のケアリーをお風呂に入れたり、服を着替えさせたりすることはなく、ごはんを食べさせたり、寝かしつけたりするのも母ではありません。その代わり、母はふだんの生活にときおり顔を出しては、お土産を渡したり、お出かけに連れていってくれたりする人だったのです。

父も父親の役割が苦手のようでした。堅物で、気難しく、やれ寝室の窓は開けておけだの、用足しはすませたかだの、とても口うるさいのです。父の膝に乗ろうとしても、お姉ちゃんだからとどかされ、「パパのちっちゃなお人形さん」こと、妹のケアリーをひいきにしていました。

ヴィクトリア朝時代の両親のもとで成長した父の子ども時代は、良家の子弟に典型的なものでした。乳母やら家庭教師やらに育てられ、イートン校からサンドハーストの陸軍士官学校に進学し、父親からは跡継ぎとしての心構えをたたきこまれました。父は子煩悩でしたがよそよそしく、愛情は控えめで、感傷を嫌い、喜怒哀楽を表に出さない人でした。それを言うなら、うちの家族はみなそうで、母ですら、娘たちを抱きしめて愛情を伝えてくれたものの、自分の気持ちやわたしの気持ちはめったに話題にせず——母に打ち明け話をしたことは一度もありません。大人になってからは、よく叱咤激励されました。感情を表に出さないようにしつけられた世代であり階級でもあったのです。

とはいえ、それ以外の多くの点で、母は父とは正反対でした。わたしとは十九歳しか違わず、お茶目で陽気な姉のような存在でした。ケアリーとわたしは、お玉をステッキにくくりつけた母と一緒によく木登りをしました。そのお玉で、コクマルガラスの巣から卵をすくい取るのです。チドリの卵とよく似た風味で、とても美味でした。こうした幼い日々は、母と浜辺でキャンプしたり、母の小型のオースティンで小旅行に出かけたりした思い出で彩られています。「アイスはいらんかね」と声をはりあげている、自転車のアイスクリーム売りとすれちがうと、たいへんな騒ぎになりました。

母は必要とあらば気品と洗練の極みのようにふるまえる一方で、迫力満点の趣味を楽しむ度胸の持ち主でした。乗馬は得意で怖いもの知らず、それにハーレーダビッドソンを乗りまわしていました。わたしは母からセーリングの手ほどきを受けました。館の近くにあるバーナム・オーヴァリー・ステイスという入り組んだ水路でディンギー〔レース用の小型のヨット〕の操縦を教わったのが五歳、卒業したのは八十歳です。地元のレースにもよく参加しましたが、たいていどん尻で、ようやくゴールしたときにはみんな家に帰ったあとということもしばしばでした。

ホウカムはあらゆる点で男性中心の世界で、屋敷の運営も旧弊そのものでした。わたしの高祖父で、一八四二年に爵位を継いだ二代伯爵は、わたしの父がまだ幼かったころの当主ですが、つむじ曲がりの石頭で、奥方にも「レスター」と呼ばせていました。若かりし日に、赤ん坊を抱いた乳母と廊下ですれちがったとき、「その子はどこの子かね?」とたずねたそうです。

乳母は答えました。「旦那さまのお子さまです」

気難しい老伯爵は、晩年は寝たきりになり、貴賓室のキャスター付き寝台を愛用していました。錫（すず）のフレームがついたメガネをかけ、外出といえば馬車で敷地を一周することでした。苦労の絶えなかった二人目の妻は、泥よけ〔御者のさらに前に、足元をおおうように立てられた板〕に座布団をくりつけ、その上にすわっていたそうです。

伝統を重んじる代々の伯爵の影響で、ホウカムの近代化は遅れ、男女の役割ははっきり分かれていました。夏になると、女性陣は海辺にある古い領主館のミールズ・ハウスに移動しました。「お泊まり週間」と呼ばれる夏休みを、髪も結わず、コルセットもはずして、くつろいで過ごしたそうです。

わたしがごく小さかったころから、祖父はわたしにご先祖さまのことを教えはじめました。第五期の初代レスター伯トマス・クック（伯爵家は何度も断絶しており、わたしの父が息子をもうけなかったことは失望の上塗りになりました）はグランド・ツアーで大陸に出かけ――いまでいう贅沢きわまりないギャップ・イヤー〔高校卒業後、大学入学までに一年間遊学できる制度〕のようなもの――イタリアの絵画や大理石の像を山ほど買いこんで、トキワガシの葉と実で梱包して船で持ち帰りました。ぷちぷちの気泡シートの十八世紀版というところです。

祖父の話では、持ち帰ったこのどんぐりは敷地に植えられ、イングランド初の地中海地方原産のトキワガシ並木になったそうです。祖父の父は庭園を改修し、松を植樹して屋敷から沼地を遠ざけました。松の木はいまではホウカムの砂浜を区切る松林となっています。さらにその先々代に当たる第七期の初代伯爵は、農業を通して郡に多大の貢献をしたことから、「ノーフォークのクック」として知られるようになりました。イギリスの農業革命に功績があった人物なのです。

ホウカムの生活はその後も農地の耕作が中心で、農業にまつわるすべての問題は真摯に取り組まれました。何十人もの小作農家に加えて、広々とした菜園の世話をする庭師も大勢いました。ネクタリンやモモが早く実るように、庭の煉瓦（れんが）造りのかまどに庭師見習いの少年たちが夜通し火をくべていました。夏の盛りには、わたしは自転車で菜園まで行って桃をひとつもいでもらい、館の正面にある噴水へ全速力で向かい、水に飛びこんで涼むのが大好きでした。

狩猟もまたホウカムの生活で大きな部分を占め、父やその友人たちの生きがいでした。クック家と王室を結びつけるおもな絆でもありました。とりわけ王家の別邸サンドリンガムとは十六キロほどしか離れておらず——車だと三十分もかかりません。

その昔、メアリー王妃から曾祖母に電話があり、これから夫君のジョージ五世と一緒に訪ねたいと連絡があったときは、曾祖父が「訪ねるだと！　ばかな！　お誘いするんじゃないぞ！」と怒鳴る声が聞こえてしまったそうです。

わたしの父は現女王陛下の父君ジョージ六世と、そして曾祖父と祖父はジョージ五世と互いの領地で一緒に鳥撃ちをしましたが、狩猟場としてとくに名高いのはホウカムでした。ヤマウズラの数では何年も記録を保持し、待ち伏せ猟の発祥の地でもあります（低木を環状に植えて、猟鳥がそこに隠れていると、猟犬たちがじょじょに鳥たちを追い立て、効率よく撃ち落とす仕組みです）。

山高帽が考案されたのもホウカムでした。シルクハットが狩猟に不向きなことに業を煮やした先祖のひとりが、ロンドンに出かけて新型の帽子を注文したのです。帽子を踏んづけたり、帽子の上に飛び乗ったりして、どれだけ丈夫か念入りに確かめたそうです。それからというもの、猟場番たちは、当時「ビリー・クック」と呼ばれていたその帽子を愛用するようになりました。

わが家と王室とのご縁はそれだけではありませんでした。のちにエドワード八世となるエドワード皇太子は、既婚でしばしば年上の色香たっぷりの貴族女性と数多くの浮名を流しましたが、その第一号がわたしの父方の祖母マリオンだったのです。

父はヨーク公の侍従で、父の妹でわたしの叔母に当たるレディ・メアリー・ハーヴェイは、ヨーク公妃が王妃になられたあと女官（レディ・イン・ウェイティング）を務めました。ヨーク公が一九三七年にジョージ六世として即位されると、父は国王の特別侍従になり、一九五三年のエリザベス二世の戴冠式では、母が女王に仕える高位の女官（レディ・オブ・ザ・ベッドチェンバー）を仰せつかりました。

父はとくに王室への崇敬の念が深く、ご来訪時にはつねに細心の注意を払ってお世話していました。エリザベス王女とマーガレット王女についての一番古い記憶は、わたしが二歳か三歳のときのものです。エリザベス王女はわたしより六歳年上で、その差はとても大きく、まるで大人のように見えましたが、マーガレット王女とは二歳しか違わず、わたしたちは仲良しになりました。王女さまはお転婆で、お茶目で、想像力豊か——友だちになるなら最高のタイプです。わたしたちはホウカムの館のなかを走りまわり、大きな絵の前を駆け抜け、迷路のような廊下を三輪車でぐるぐる回り、厨房から大きな銀のトレイを運んできた子ども部屋付きの下男をわっと驚かしたりしました。エリザベス王女ははるかにお行儀がよく、「マーガレット、そんなことをしてはいけません」、「アン、おやめなさい」とよく叱られたものです。

三人が一列に並んでいる写真があります。エリザベス王女は妹がよからぬことをたくらんでいるのではないかと眉をひそめてマーガレット王女を見やり、マーガレット王女はわたしの靴をのぞきこまれています。後年、わたしはマーガレット王女にその写真を見せ、「王女さま、どうしてわたしの足もとをごらんになっていたのですか?」と訊いてみました。

王女さまいわく、「ああ、すごくねたましかったのよ。だってあなたは銀色の靴なのに、わたしのは茶色だったから」。

夏になると王女さま方はホウカムの浜にいらして、わたしたちは肌がちくちくする野暮ったい黒い水着に、黒いゴム製の帽子と靴をはいて、一日じゅう砂のお城を作って遊びました。乳母たちは毎日、どんなお天気でも、サンドイッチを詰めた籐のバスケットを用意してわたしたちを海岸行きのバスに乗せ、浜辺で海の家を組み立てました——大人用には奥の木立のなかに別の小屋がありました。わたしたちは砂にいくつも穴を掘って、だれか落ちてくれないかと期待しながら、楽しい時間を過ごしました。

クリスマスには毎年、家族そろってバッキンガム宮殿のクリスマス・パーティーにお招きいただきました。妹のケアリーとわたしはフリルのついたドレスと、王女さま垂涎の的の銀色の靴でおめかししました。パーティーの最後、子どもたちはホールに飾られたクリスマス・ツリーの近くにある大きなテーブルから、めいめいプレゼントをひとつずつ選ぶようにと言われます。テーブルの後ろにはメアリー王妃が立っておられ、威厳のあるお姿に足がすくみました。お背が高くて貫禄があり、マーガレット王女はおばあさまが苦手でした。というのは、王女さまをごらんになるたびに、「あなたはちっとも大きくならないのね」とおっしゃるので、小柄なことを終生たいそう気にしていらしたマーガレット王女は、おばあさまをお好きになれなかったのです。

とはいえ、メアリー王妃はわたしに貴重な人生の教訓を教えてくださいました。ある年、妹のケアリーがテーブルに駆けより、ほかのプレゼントに混じってすわっていた大きな熊のぬいぐるみを抱きかかえました。わたしが自分の分を選ぼうとしていると、王妃さまはわたしのほうに身をかがめ、「アン」と声をひそめておっしゃいました。「すてきなもの、値打ちのあるものは、小さな箱に入っていることが多いのよ」。わたしはぎくっとしました。もうひとつの熊のぬいぐるみに目をつけていたのですが、小さな箱以外のものを選ぶことはおそれ多くてとてもできません。そしてその小箱の中には、真珠と珊瑚(さん)(ご)でできたとても美しいネックレスが入っていたのです。まさにメアリー王妃がおっしゃったとおりでした。その小箱に入っていたものは、いまでもわたしの宝物です。

わが家と王室との関係はとても親密なものでした。わたしが十代の終わりごろ、チャールズ皇太子〔現国王チャールズ三世〕はホウカムでうちの家族と一緒に何週間も過ごされ、弟のような存在になっていました。水ぼうそうのような子どもがよくかかる伝染病になるたびに、わが家で療養されました。というのは、学校に一度も通われたことがないエリザベス女王は、感染症への免疫をお持ちでなかったからです。チャールズ皇太子はわたしより十六歳年下で、末の妹のサラと同じくらいでしたが、みんなで一緒に浜に出かけました。

うちの父は湖でうなぎ釣りの手ほどきをし、もう少し成長されると、母がジャガーやミニ・マイナーで庭園をドライブさせてあげました。殿下は車の運転がとてもお気に召したようで、再訪が待ちきれないという旨の長いお礼状をくださいました。とても親切で心のやさしい少年だったので、わたしはずっとかわいく思っていましたし――家族全員、殿下のことが大好きだったのです。

わたしは馬に乗れるようになるとすぐに、ホウカムの庭園をわがもの顔で乗りまわし、大きな納屋のそばを通り過ぎ、キティという愛馬のポニーに何度もジャンプさせました。もう少し大きくなると、ケアリーとわたしは、とてもハンサムな小作農のゲーリー・モウフのあとをポニーでついてまわりました。後年、わたしはモウフの奥さんのマリットと大の仲良しになりました。モウフは大きな黒い種馬に乗って庭園をさっそうと駆けていき、そのあとから、わたしたちは役立たずのポニーにはっぱをかけながら、必死で追いかけたものです。

ホウカムにはわたしたち家族だけでなく、お屋敷で働いている人たちも住んでいて、そのなかにはとても個性的な人たちがいました。庭師頭のパターソンさんは、両親の友人が泊まっているときは毎朝、バグパイプを情熱をこめて吹いてくれました。「もう充分よ、パターソンさん、ありがとう」と母が大声で呼びかけるまで。

わたしののどかな子ども時代は、一九三九年に戦争が始まると一変しました。わたしは七歳、ケアリーは五歳でした。父はスコッツ・ガーズの一員としてエジプトに赴任し、母は、多くの妻がそうしたように、父を支えるために同行しました。ホウカム・ホールの一部は軍に接収され、庭園にある寺院は国防市民軍の本部になりました。一方、庭師や下男たちは召集され、メイドと料理人たちは勤労奉仕で工場へ出向きました。

世間ではドイツ軍はノーフォークの沿岸から侵攻してくると思われていたので、母はエジプトに発つまえに、ケアリーとわたしをヒトラーのUボートから遠ざけようと、スコットランドのブリジェット大叔母のもとに疎開させました。

いよいよ出発のとき、母はわたしに言いました。「アン、頼んだわよ。ケアリーの面倒を見てやってちょうだい」。どれだけ長いあいだ母と離ればなれになるのかわかっていたら、別れはいっそうつらいものになっていたでしょう。でも戦争がいつまで続くのかだれにもわからず、結局のところ、両親は三年間留守にしたのでした。

2　ヒトラーの毒水

わたしたちは親戚のオグルヴィ家に身を寄せ、スコットランド東部アンガスにあるオグルヴィ家の狩猟用ロッジ、ダウニー・パークで暮らすことになりました。本邸のコータッチー城は軍に接収され、ポーランド人将校のための病院に使われていたのです。

妹のケアリーもわたしも両親と離ればなれになって不安でしたが、スコットランド行きは冒険のように感じられました。オグルヴィ家の子どもたちとは仲良しでした。六人兄弟で、下の三人——デイヴィッド、アンガス、ジェイムズ——は、わたしやケアリーと同年配でした。彼らをよく知っていたのは、毎年夏になると、ホウカムに泊まりがけでやってきて、あちこち探検したり、いろいろな遊びを考えだしたり、仲良く過ごしたからです。男の子たちがホウカムのテラスでクリケットの試合を延々とつづけるのを、わたしたちは見物しました。彼らが着ている特別なリネン製のキルトがうらやましかったものです。うちの乳母はあまりよい顔をしませんでした。それというのも、一番できのよい果物が——当時は高価なご馳走でした——お客さま用に取り置かれ、乳母に言わせれば、彼らはそれを「ぶんどり」にきたからです。

ダウニー・パークでは一家をあげて歓迎してもらいました。わたしはとりわけデイヴィッドが大好きで、あとをついてまわりました。彼らの母親であるブリジェット大叔母は、わたしの憧れの人でした。旧姓をレディ・アレクサンドラ・クックといい、祖父の妹です。

ブリジェット大叔母はクリスチャン・サイエンスの信者でした――クリスチャン・サイエンスは十九世紀にメアリー・ベイカー・エディーが創設した宗派で、第一次世界大戦中、貴族階級のあいだで一世を風靡（ふうび）し、多くの人が改宗しました。活動の土台となっている教義は、病気は幻想であり、祈りによって治すことができるというものです。この教えは、ブリジェット大叔母と、夫であるエアリー伯爵ジョー大叔父に、心の平安をもたらしました。というのは、大叔父も多くの男性がそうであったように、先の大戦の後遺症で苦しんでいたからです。ブリジェット大叔母は信仰を実践し、わたしにもたくさんの有益な助言を授けてくれました。たぶん一番心に残ったのは、「ものごとはなるようにしかならず、必ずしも期待どおりでなくても、けっして無理強いしてはならない」だと思います。大叔母の信仰に根ざした生き方は、ケアリーとわたしによい結果をもたらしました。戦争のせいで両親と離れて暮らさなければならないことを、子ども心にとてもつらく感じていたからです。

一九三九年九月三日、ブリジェット大叔母はわたしたちをダウニー・パークの客間に集め、家族一同でネヴィル・チェンバレン首相のドイツへの宣戦布告を、古めかしいラジオで聴きました。首相の声には重々しく真剣なひびきがあり、客間にも重苦しい空気が立ちこめました。わたしはラジオを聴きながら、絨毯（じゅうたん）をじっと見つめていました。何が起こっているのか実際にはよくわからず、いつになったら家に帰れるのだろうと思いながら。

一九四〇年、エリザベス王女がイギリスの子どもたちにラジオを通して直接呼びかけられたときは、雰囲気はまるで違ったものでした。その日も客間の絨毯にすわり、ラジオのまわりに寄り集まって、首を伸ばして、王女さまのお声に耳を澄ましました。ここにいる全員が王女さまを存じあげていることに胸を弾ませながら。王女さまのスピーチは、まるでわたしたちにじかに語りかけられているようでした。最後に、王女さまはこう締めくくられました。「妹が隣にいるので、ふたりでみなさんにおやすみなさいのご挨拶をします。さあ、マーガレット」そして、マーガレット王女が答えられました。「おやすみなさい、みなさん」。わたしたちも声をそろえてお返事しました。まるでおふたりがラジオのなかにおられ、わたしたちの声をお聞きになれるように思えたのです。王女さまたちは、国民の英雄でした。両親の友人のなかには、戦火を逃れるために子どもたちをアメリカに疎開させた人が大勢いるというのに、ふたりの王女さまはイギリスにとどまり、わたしたちと同じように、危険に身をさらされているのです。

戦争のせいで、ケアリーとわたしが王女さまたちとノーフォークで一緒に過ごすことはもうなくなり、おふたりにお会いしたのは、オグルヴィ一家とわたしが、エリザベス王妃のご実家グラームズ城をお訪ねしたときだけでした。ちなみにマーガレット王女はこのお城で誕生されています。

グラームズ城はスコットランドでいちばん幽霊が出没するお城と言われていて、マーガレット王女はお城のありとあらゆる物陰、ありとあらゆる亡霊や怪物をご存じでした。敷地を探検しながら、王女さまは、礼拝堂に出るといわれている「白髪の老貴婦人」と芝生を駆け抜けていく「舌のない貴婦人」の話をしてくださいました。オグルヴィ家の男の子たちは怪談に目がなく、お返しに一族の言い伝えを披露しました。先祖代々の居城コータッチー城に亡霊がいて、一族のだれかが亡くなると太鼓を打ち鳴らすというのです。わたしはそのお城がいま徴用されていることに胸をなでおろしました。おいとまする直前、マーガレット王女はわたしたちを引き連れて列車見物に行かれました。列車は煙をもくもく吐きながらご領地の端を通過し、線路を見下ろす橋に立っていたわたしたちは、頭から蒸気にすっぽり覆われました。

その折をべつにすると、王女さまたちをお見かけすることはなく、暮らし向きもきわめて不自由でした。ガソリンがなくなり、最寄りの町や市から遠く離れた大きな館で暮らしていたわたしたちは、ダウニー・パークの敷地に引きこもり、ジョー大叔父が一度だけ、北海に面した港町のダンディーにお芝居を見に連れていってくれました。

冬場は凍った湖でスケートをしました。家庭教師と勉強していないときは、「勤労奉仕」に励みました。赤十字社のために傷口を覆うミズゴケを集めたり、掃海艇の水兵さんたちのために手袋を編んだり、また、コータッチー城のポーランド人将校を慰問して、枕元ですごろくをしたり、素人芝居を上演したりしました。

午後は毎日、新鮮な空気を吸いに長い私道を散歩し、帰ってくると、キリミュアという近くの町から男の人が来て、ダンスを教えてくれました。ケアリーとわたしは黒いダンスシューズをはいて、とても広い食堂で、末っ子のジェイムズと一緒に、スコットランドの伝統舞踊ハイランド・フリングや剣舞を教わりました。ジェイムズはケアリーと同い年でいつもキルトをはいていました。

ジェイムズはつねによい子とは限りませんでした。ケアリーと組んでしょっちゅうわたしをいじめるのです。わたしがたいていはひとりぼっちで、哀れにも、木に抱きついたり登ったりして、木がお友だちというふりをしていたからでしょう。ところが木に登っても、怖くて降りられず、下にいるケアリーとジェイムズから、「やーい、やーい、いくじなし！」という決まり文句ではやされるのです。それでも、ダウニー・パークに到着したころは引っ込み思案だったわたしも、じょじょにみんなと打ち解けるようになりました。大家族のオグルヴィ家に放りこまれ、わんぱく小僧たちの仲間入りすることで、たくましくなったのです。

両親はわたしたち専用の家庭教師をダウニーに送りこんでいました。母からエジプトに発つまえに、「あなたたちはもう大きくなったから乳母は卒業ね。お父さまとわたしで、家庭教師を選びました。ミス・ボナーといってとてもいい人だから、あなたたちも気に入るわ」と聞かされていたのです。ところが、ミス・ボナーはそんなにいい人ではありませんでした。ケアリーとはまずまずうまくやっていましたが、わたしを目の敵にするのです。その日何をしようと、どれだけお行儀よくても、毎晩、お仕置きとして両手をベッドに縛りつけられ、ひと晩じゅう放っておかれました。わたしはミス・ボナーが怖くてケアリーにほどいてくれと頼むことができず、ケアリーも怖じ気づいていたので、どのみちほどいてくれなかったでしょう。ケアリーもわたしもずいぶんつらい思いをしました。わたしは妹を守りたい一心で――妹まで同じ仕打ちを受けるといけないので――ふたりともだれにも相談しませんでした。ミス・ボナーは妹を同じ目には遭わせませんでしたが、ケアリーはわたしへの理不尽なお仕置きを目撃して、無力感にさいなまれていました。病気ではないのにたびたび熱を出したのは、そのみじめな思いの現われでしょう。

ミス・ボナーを選んだのは母だったので、家庭教師が娘をどんな目に遭わせているか知っていて気にしないのか、あるいは、それが娘のためになると考えているのだと、わたしは思いこんでいました。両親がどうして娘にそんな仕打ちを望んだのか理解できず、頭がすっかり混乱してしまったのです。

幸いにも、ブリジェット大叔母のクリスチャン・サイエンスがわたしを救ってくれました。やがてミス・ボナーは首になったのですが、わたしを折檻したせいではなく（ブリジェット大叔母は何も知らなかったはずです）、彼女がカトリック信者で、わたしをミサに連れていったせいでした。ブリジェット大叔母にとって、カトリック信仰ほど有害なものはありませんでした。ミス・ボナーが屋敷を去ったとき、わたしは別れを惜しんでいるふりをして大げさに嘆いてみせました。逆恨みされ、ひどい仕返しを受けるのが怖かったのです。

ミス・ボナーは目には見えない傷跡をわたしに残しました。今日にいたるまで、彼女から受けた仕打ちについて考えることができません。後年、ミス・ボナーからわたしの婚約を祝うカードが送られてきたのがきっかけで、不愉快きわまりない記憶が一気によみがえり、吐きそうになりました。

ありがたいことに、後任のミス・ビリー・ウィリアムズはすばらしい人でした。いつも鼻をぐずぐずいわせ、左右の足の長さが違うせいで、歩くときに足をひきずるので少しおっかなく見えましたが、目には親切そうな光が宿っていました。

ビリー・ウィリアムズがケアリーとわたしの生活に足を踏み入れたとたん、すべてが一変し、何日もたたずに、わたしたちは彼女が大好きになりました。わたしがまえの家庭教師にいじめられていたことにも気づいたのでしょう。ご褒美として、たびたび外に連れ出してくれました。わたしのお気に入りの場所のひとつはオグルヴィ家の狩猟小屋で、丘の中腹のヒースに囲まれた目立たない場所に建っていました。ビリー・ウィリアムズは子どもたちを全員引き連れて、庭の一番低い場所を流れている澄んだ小川に沿って歩き、途中でピクニックをしました。わたしたちはヒースを新聞紙の切れ端で巻いて、タバコを吸うまねをよくしました。とても粋なしぐさだと思ったのです。

数か月が過ぎ、やがて数年たつうちに、イギリス本土への爆撃が増えてきたといった会話が聞こえてきて、戦争の恐怖がしだいに身にしみるようになりました。危険から逃れるためにスコットランドに疎開したというのに、ここは、頻繁に爆撃を受けていた北海の港町ダンディーからさほど離れていなかったのです。実際、スコットランドへの空爆は五〇〇回を超えたので、ノーフォークにとどまっていたほうが安全だったかもしれません。タルカン・ロッジ〔パース郊外にある狩猟用ロッジ〕のすぐ上空でドイツ機が撃ち落とされたときは、「特別のご褒美」として、ビリー・ウィリアムズがその残骸の見学に連れていってくれました。遺体は見かけませんでしたが、機体はまだくすぶっていて、ヒースの原にちらばっていた墜落機のものと思われる地図の切れ端を、わたしはいまでも持っています。

　ケアリーとわたしは、おもにジェイムズの乳母が四六時中つけていたラジオから情報を仕入れているうちに、ヒトラーはいずれ手下全員を引き連れてイングランドに乗りこみ、めいめい王族や貴族の大邸宅を選んで住みつくにちがいないと思いこみました。ヒトラーはウィンザー城に行くだろうし、ヒムラーかゲーリングはホウカムが気に入るだろうと、おこがましくも見当をつけたのです。当たらずといえども遠からずでした。ナチスは実際にカントリー・ハウスの接収を計画していたことが判明したのです。ただし、ヒトラーが目をつけていたのはブレナム宮殿だったのですが。

　ケアリーとわたしは、おそらく当時の想像力豊かな子どもたちの多くがそうだったように、戦争にどう立ち向かえばいいのかわからず、途方にくれていました。手袋を編んだり、ポーランド人将校とボードゲームをしたりするだけでは、充分でない気がしたのです。父は戦地で戦い、母も「勤労奉仕」に励んでいると聞かされているのに、わたしたちはヒトラーを阻止するために何もやっていません。

　このもどかしい状況をあれこれ話し合っているうちに、ケアリーとわたしは、ヒトラーがいずれホウカムにやってくると確信するようになり、どうにかしてふたりで館に戻り、ヒトラーをやっつけようと決心しました。暗殺の下準備として、「ヒトラーの毒水」と名づけた毒薬をこしらえました。ジャムのびんを集めて、そのなかに残飯や薬の飲み残し、泥水、絨毯の綿ぼこりなど、ぞっとするような代物を片っ端から溜めこんだのです。ベッドの下に隠していたところ、ひどくにおうようになって、ビリー・ウィリアムズに処分させられましたが、わたしたちの決意は揺るがず、作戦を立て直しました。

今度はお色気作戦でいくことにしました。いまにして思えば、ミットフォード姉妹〔イギリスの貴族ミットフォード家の美しく個性的な六姉妹。四女はヒトラーの信奉者〕そこのけですが、わたしたちはヒトラーをなき者にするつもりで、そこが本家とはちがうところでした。もちろん、子どもに実際の戦況などわかるはずもなく、自分たちの生活さえ思うにまかせない状態でした。だからこんな計画を思いついたのです。ヒトラーはアーリア人種らしい外見が好みだと聞いており、わたしたち姉妹はどちらも金髪でした。とくにケアリーは大きな青い目をした金髪のお人形のようでした。イギリスを守るために、この容姿を利用しない手はないと考えたのです。

テディベアをヒトラーに見立て、ぬいぐるみににじり寄ると、「お目にかかれて嬉しいわ。ホウカムにようこそ」とか、「わが家をお気に召しまして？　お飲み物はいかがかしら、総統――あなたのために特別にご用意しましたのよ」みたいなことを言うのです。首尾よく暗殺したあとのことまでは考えていませんでしたが、そこまではたどりつかなかったでしょう。とはいえ、わたしたちはやる気まんまんでした。

一九四三年、わたしが十歳でケアリーが八歳のとき、両親がエジプトから帰国し、家族でノーフォークに戻りました。拍子抜けするほどあっさりした再会でした――両親は見知らぬ人のようで、数年ぶりに親子で熱い抱擁を交わす代わりに、ケアリーとわたしは家庭教師のビリー・ウィリアムズの後ろに隠れてしまいました。母は一日かそこらで娘の愛情を取り戻しましたが、父と親密な関係を築くにはもっと時間がかかりました。父は母ほどあけっぴろげでも親しみやすくもなく、母のようにわたしたちを抱きしめてくれなかったのです。

そのころ曾祖父はすでに亡くなり、祖父が第四代としてレスター伯を継いでいました。しばらくのあいだ、わたしたちはホウカムの村にあるレッド・ハウスで暮らしました。高齢のメイドがひとりいて、あまりにも動作がゆっくりなので、「てきぱきばあや」というあだ名がついていました。ケアリーとわたしはその家での暮らしを楽しみ、村の少年たちと家の近くにある森――「ロバの森」と呼んでいました――で遊びました。

その後、ホウカムの家族用の翼棟に移りました。長期のお休みをべつにすれば、この大邸宅に住むのは初めてで、これからはここがわたしたちの正式の家だと知って、とてもわくわくしたものです。

祖父は、わたしの興味をそそって、ホウカムの家宝について手ほどきしようと、〈レスター手稿〉の虫干しの仕事を任せてくれました。レオナルド・ダ・ヴィンチの直筆による七二ページの写本で、水と天体についての論文です。二週間に一度、執事が管理している貯蔵室から持ち出します。ふだんはクック家の宝石類や絵入りの聖書写本と一緒に、貯蔵室の金庫にしまわれていたのです。

わたしは指先をなめてはページをめくりながら、ダ・ヴィンチの鏡文字に目を凝らし、小さな素描や図解の数々を興味津々で眺めました。初代伯爵がグランド・ツアーで購入したもので、少なくとも二百五十年間にわたってわが家の家宝でしたが、たいへん残念なことに、館の維持費をまかなうために、父が売却せざるを得ませんでした。アメリカの実業家アーマンド・ハマーが一九八〇年代にクリスティーズのオークションで入手し、その後、ビル・ゲイツが一九九四年に三〇八〇万ドルという当時の史上最高値で落札し、世界で一番高価な――そして、わたしのＤＮＡがべたべたついている――書物となりました。

ホウカムでの生活はすぐに落ち着きました。父はひきつづき近衛歩兵連隊のスコッツ・ガーズに勤務し、母はランド・ガールズ〔女性による農作業奉仕部隊〕のノース・ノーフォーク支部長になりました。ケアリーとわたしは館のなかで多くの時間を過ごし、屋根裏で昔の巨匠たちの絵画作品を並べて、隠れ家をこしらえました。作品の価値や主題には関係なく、貴賓室の壁を飾るのにさしさわりがあると見なされた作品は、屋根裏にしまわれていたのです。

とはいえ、ホウカムも戦前とは様変わりしていました。捕虜収容所が敷地内にひとつあり、最初はイタリア人、ついでドイツ人が収容され、猟場番たちが監視を手伝っていました。ケアリーとわたしは興味津々で、ポニーで収容所のまわりを巡り、捕虜たちのようすをこっそりのぞきました。イタリア兵は人なつこく、いつも手を振ったりにっこり笑ったりして、うちの母とも親しくなりました。母は戦後、彼らの姉や妹を何人かホウカムで雇いました。捕虜たちの多くがイギリスに残ることにしたからです。

ドイツ兵はそれほど気さくでなく、ケアリーとわたしはおっかなく思っていました。捕虜たちは足と腕に認識票を縫いつけていました――脱走した場合には射撃の標的になります――猟場番たちは脱走してほしいと願っていました。そうすれば獲物の記録帳に、「キジ一四羽、ウズラ六羽、ドイツ兵一人」と記入できるからです。わたしの知るかぎり、捕虜たちが脱走を試みたことは一度もありません。監視兵よりもはるかに猟場番を恐れていたのです。

ホウカムの浜辺も以前と同じではありませんでした。もう砂丘でピクニックもできません。浜は軍事教練場になっていて、ロンドンのバスやタクシーが並べられ、イギリス空軍が空爆の訓練をしていたのです。戦争が終わっても、バスとタクシーはそのまま放置されました。車両があった場所はいまでは大きな砂丘になり、ほとんどの人は、その下にいまでも車両が埋まっていて、砂の墓場でさび果てているとはご存じないでしょう。

軍隊は砂丘に近い森や湿地でも演習を行ないました。湿地の端に池がひとつありましたが、そこに壁を築き、兵士がその手前で発煙筒を投げてから、煙で何も見えないなか、壁を乗り越えて、池に飛びこむという訓練をやっていたのです。ケアリーとわたしは見物を楽しみ、そのうちにすっかり興奮して、「ほら、跳びなさいよ、やーい、やーい、いくじなし！ たいして深くないわよ。ただの水たまりじゃない」と叫ぶのでした。するとたちまち、怒り狂った軍曹が顔を真っ赤にして駆け寄ってくるのです。「どういうつもりだ、嬢ちゃん。あっちへ行け。訓練のじゃまだぞ！」わたしたちは自転車に飛び乗り、くすくす笑いながら退散するのでした。

わたしの子ども時代は、美しい自然に囲まれたのんきな冒険と、戦争の差し迫った恐怖が入り交じった一種独特のものでした。十一歳になると、ケアリーと遊び暮らした長い日々は終わり、寄宿学校に送られました。一九四三年の秋、名札のついた革のトランクひとつをたずさえ、わたしは汽車で、エセックス州にあるこじんまりした女子寄宿学校ダウンハムに向かったのです。戦時中とあって、ほとんどの先生は召集されるか、徴用されていました。ろくに人がいないありさまで、何も学べそうにありませんでした。

学校は大きな古い一軒家で、生徒たちは全員、最初の数学期はドイツ軍のV-1ミサイルのせいで、地下室で寝なければなりませんでした。爆弾がロンドンをそれると、学校のすぐ近くで爆発するからです。天井からしょっちゅう漆喰(しっくい)がはがれて、寝台にぱらぱらと落ちてきました。こわくてたまらず、空襲が終わると、自分が五体満足かどうか確かめたものです。生徒の親たちはだれもさほど心配していないようでしたが。

わたしはひとりぼっちで、不安でいっぱいでした。三年間、両親と別居したあと、またもや急に引き離され、しかもここには大好きな家庭教師のビリー・ウィリアムズもケアリーもいません。それでもじょじょに新しい環境になじみ、友だちもできました。そのひとりはキャロライン・ブラックウッドという名前で、有名な現代画家のルシアン・フロイドと結婚し、のちに作家になりました。いろいろな授業に一緒に出ましたが、彼女にはいつも空想にふけっているようなところがありました。寄宿学校の五年間は、当然ながら、学年が上がるにつれて楽になり、二年たつとケアリーも入学してきたので心丈夫でした。

校長のミセス・クロフォードは教育熱心で、結婚しているのに、ミス・グレアムという教師と暮らしていました。校長は元スコットランド代表のクリケット選手で、生徒にもクリケットを教えようとしました。わたしは大の苦手で――いつも打球を取りそこねて外野に出してしまうので、どうか近くに飛んできませんようにと祈っていました。「ぼやぼやしないで！　キャッチして、アン」という声援もだめで、そう言われると必ず落とすのです。ボールはとても硬くて、当たると痛い思いをしました。一方、ラクロスは大好きでした。あれほど過激な競技は知りません。選手全員がスティックを振りかざし、敵の歯を折らんばかりの勢いで突進するのですから。

ラクロス担当の教師は「Pおばちゃん」と呼ばれていましたが、わたしは半分男ではないかと疑っていました。何かといえばホイッスルを吹き鳴らすのですが、それが飼い犬に対してか、それとも生徒に対してなのかは不明でした。わたしたちをプールに追いやるのも彼女でした。年中震えあがるほど冷たい水に、六月一日から、好むと好まざるとにかかわらず、「ぐずぐずしないで、さっさと入んなさい」

となるのです。わたしは泳ぎが得意で、メダルをいくつかもらいましたが、そのうちのひとつが水難救助のメダルでした。ケアリーが相手役を買って出てくれましたが、服を着たまま水中でプールの半分ほどを引きずられるという難役でした。わたしは合格し、ケアリーもどうにか無事でした。

終戦の直前、わたしが十二歳のときに妹のサラが生まれました。ケアリーとわたしは母が妊娠しているのは知っていましたが、父の妹のシルヴィア叔母が学校に電話して妹の誕生を知らせてくれたときは、わっと泣きだしてしまいました。父がどれほど跡取り息子の誕生を望んでいたか知っていたからです。母が出産で命を落としかけたので、これ以上子どもは望めず、クック家の父の血筋は途絶えることになりました。

一門にとっては大きな失望でしたが、家族はみなサラを目の中に入れても痛くないほどかわいがりました。ケアリーやわたしとはずいぶん年が離れているので、子ども時代を一緒に過ごすことはできませんでしたが、妹がもうひとりできてとても嬉しかったのです。その学期が終わって家に飛んで帰ると、母は手作りのウサギ革のコートにくるまった妹を自慢そうに見せてくれました。どうやら革のなめし方がまずかったようで、コートはごわごわで、乳母車にすわったサラは、拘束服みたいに両腕がぴんと突き出していました。

わたしたちが帰省すると、母は毎日のように外遊びを企画して、自分も一緒になって楽しんだのですが、そういう母親は当時珍しかったのです。学友たちはすっかり感心し、「あなたがうらやましいわ。うちなんかちっとも遊んでくれないのよ」などと言うのでした。とはいえ、休暇が終わり、母に別れの手を振って列車で学校へ戻ると、今度会えるのは数か月後でした。

その当時、親が学校にやってくるのは年に一度、夏の時期に限られていました。「お父さまとクリケット大会」とか「お母さまとテニス大会」等の行事が催されました。あるとき、こうした参観日のあと、校長先生が生徒全員を呼び出したことがありました。苦虫をかみつぶしたような顔で、「今日はとても残念なことがありました。当人が正直に申し出ないなら、全員が罰を受けることになります。親御さんのひとりサー・トマス・クック〔著者の父とは別人〕が」ちなみに、この行事の呼びかけ人です。「……首筋に水鉄砲を浴びました」

生徒たちは固唾をのんで顔を見合わせ、成り行きを案じました。と、そのとき、キャロライン・ブラックウッドがおずおずと手をあげました。「あの、犯人はうちの母なんです」

キャロラインの母親、ダファリン・アンド・エヴァ侯爵夫人モーリーンがかぶっていた帽子には、池で泳ぐアヒルをかたどった彫刻がついていて、その池に水が入っていたのです。夫人が頭を下げるたびに、アヒルが池にくちばしを浸ける仕掛けで、夫人が頭を上げたときに、折悪しくサー・トマスに水が飛び散ったのでしょう。侯爵夫人の風変わりなお召し物は、その帽子だけではありませんでした。靴には透明なプラスチック製のヒールがついていて、そのなかで魚が泳いでいたのです。ありがたいことに本物ではありませんでしたが、夫人の娘のキャロラインが変わり者だったのも不思議ではありません。

寄宿学校に入って三年目の一九四五年、十三歳のときについに終戦を迎えました。とてつもなく大きな安堵を感じましたが、世間の空気は張りつめたままでした。国民はまたしてもひと世代分の男子を失い、しかも経済が壊滅的な打撃を受けているときては、祝賀気分にはほど遠く、これからも厳しい生活がつづくと覚悟していたのです。

ホウカムの使用人の大半は戦争が終わっても館に戻らず、両親は突如として、館の維持費をどうやってまかなうかという問題に直面しました。父はとても有能でしたが、戦争のせいで人が変わってしまいました。一九四二年のエル・アラメインの戦いで勝利し、マラリアも克服、ロンドンに戻ってからの戦死も免れました。一九四四年六月十八日の朝、父は頭痛のせいで、スコッツ・ガーズの友人たちと一緒にしばしば出席していた、近衛師団の礼拝所ガーズ・チャペルの日曜礼拝を欠席したのです。

礼拝のさなか、チャペルは直撃弾を受け一二一名が死亡し、そのなかに父の友人もたくさん含まれていました。これは戦時中のV-1ミサイルによるロンドン爆撃のうち被害がもっとも甚大なもので、父の喪失感はさらに深まりました。また父の弟、デイヴィッド叔父はバトル・オブ・ブリテン〔一九四〇年の夏から秋にイギリス上空で戦われた航空戦〕に参加して生き延びたにもかかわらず、搭乗機が北アフリカの砂漠で撃墜され、脱水で亡くなったのです。

終戦後、父はますます不安に駆られ、神経をすり減らすようになりました。晩年にはエジプトでの記憶がトラウマとなって父を苦しめていました。

戦闘は終結したものの、父はウィーンに赴任し連合軍の一員として働きました。学校の長期のお休みには、ケアリーとわたしは首から名札をぶら下げ、婦人会が手配してくれた列車に乗ってウィーンに向かいました。途中でソ連軍の占領区域を通過しなければならず、客車に検問にくるソ連兵と目を合わさないようにと言われました。わたしは恐怖に身をすくめ、息を詰めて、ソ連兵の虫に食われた厚手の軍用外套の裾と黒い長靴にじっと目を据えていました。頭上にぬっとそびえる、大柄でロシア語をしゃべっているソ連兵に震えながら。

わたしたちはイギリス管区にある、連合軍が接収した一軒家で暮らしました。不思議な巡り合わせで、家主のオーストリア人は両親の友人だったので、父がひと肌脱いで、彼らが、地下室とはいえ、自宅で暮らせるように手配しました。

配給は乏しく、ウィーンの一部は無法地帯でした。ソ連兵が通りを巡回し、略奪した私物をうず高く積み上げた馬車で、広い通りを疾走してゆくのです。ウィーン暮らしで唯一よかったのは、母が米軍の将校に取り入って、乳製品と砂糖——イギリス国民がもう何年も目にしていない贅沢品——を、アメリカ管区の軍の売店で買えるようになったことでした。

不穏な世情にもかかわらず、サラの乳母はわたしと妹たちを、父の従卒を護衛につけて、ホテル・ザッハーまで散歩に連れ出してくれました。このホテルはケーキ、とくにアンズのジャムをはさんだチョコレートケーキ「ザッハトルテ」で有名でした。わたしたちは手に入れたばかりの新鮮な食材をサラの乳母車に隠し、ホテルに着くと、バターと卵をお菓子担当のシェフに渡してケーキを焼いてもらい、それをまた乳母車に隠して家まで持ち帰るのです。時節柄、きわめて珍しく憧れの的だった焼きたての甘いお菓子を食べられたのは、子ども心に格別の喜びでした。そのときばかりは恐ろしいソ連兵のこともすっかり忘れて、おいしさを堪能しました——このうえなく貴重な、かけがえのない思い出です。

イギリスに戻ると、わたしは寄宿学校でもう数年間過ごしました。一九四六年から四七年の冬は、とても寒くて気温がマイナス二一度まで下がったので、よけいにこたえました。学校にもホウカムにも暖房がなかったので、みなひどいしもやけにかかり、腫れたり破れたりして、眠れないほどうずきました。

一九四八年、十六歳で寄宿学校を卒業しました。大学への進学など一顧だにされませんでした。そんな余裕はなかったので、外遊もしません——というわけで、友人もみなそうだったように、国内の花嫁学校に送られました。最初に行ったのはパウダーハム城です。そこはデヴォン伯爵夫妻の居城で、若い女性を年に二五人ずつ預かり、「家政学」という名目で、大きなお屋敷——つまり伯爵家の邸宅——を取り仕切る方法を学ばせるという企画でした。

生徒は二週間ずつ交代で、お屋敷の各担当者にぴったりくっついてまわり、そのうちに自分にもできそうな仕事と、できそうにない仕事がわかるようになりました。執事と一緒に働くのは人気がありました。というのは、お客さまにお出ししたあと瓶の底にちょっぴり残ったワインをよく飲ませてくれたからです。お客さまというのは、親の友人であることが多く、わたしたちをしげしげと見つめては、友人の娘がワインを注いでいるのでびっくりするのでした。わたしたちが注げば注ぐほど、お客さまのお酒が進み、お客さまの酒量が増えると、わたしたちに回ってくる空き瓶も増えるという寸法でした。執事は銀器の磨き方も教えてくれましたが、これは掛け値なしに骨の折れる仕事でした——酢を混ぜてよく練ったピンク色のペーストを親指でひたすら銀器にすりこむのです。磨きおわると親指はヒリヒリ痛みましたが、銀器はすばらしい光沢を放ちました。

料理人の下で洗い場メイドをするのも苦になりませんでした——ときどきパンケーキやチョコレートケーキを焼かせてもらえたので——庭師の下働きもそうで、お花の飾りつけを楽しみました。一方、家政婦（ハウスキーパー）について歩くのは苦痛でした。というのは、とても口うるさくて、ベッドメイキングでも、病院のシーツのように角をきっちり折りこまなければならなかったからです。わたしは友人のメアリー・バークベックと一緒にパウダーハム城へ行きましたが、メアリーは人づきあいが苦手で、犬や馬といるほうがよほど気楽というタイプでした。わたしたちは礼儀作法にはあまり興味がありませんでした。夫を首尾よく手に入れる方法にも集中できず、いわんや、大きなお屋敷の切り盛りの仕方など、どうでもよかったのです。そこで、わたしたちはすぐに手を結びました。わたしがメアリーのお裁縫と屋敷内の作業を肩代わりする代わりに、彼女はわたしの庭仕事（お花の飾りつけ以外）と、わたしが担当している馬小屋のそうじをしてくれます。少しでも時間が空くと、わたしたちはダウリッシュ駅のプラットフォームでタバコを一服しました。そこでしかタバコを買えなかったのです――ただし、デヴォン伯爵夫妻がロンドン発の列車から思いがけず降りてくる場合にそなえて、警戒は怠りませんでしたが。

持ち場を順番にまわって数か月で家政コースを終了し、一九四九年にホウカムに帰宅しました。その年、祖父が亡くなり、もうロング・ギャラリーに一緒にすわって蓄音機に耳をかたむけることはないと思うと、ひときわ寂しく感じました。祖父の死によって父が爵位を継ぎ、第五代レスター伯爵となりました。

わたしは十七歳、ケアリーは十五歳で、その夏は週に二回ほど、母と三人で近くの海辺の町ウェルス・ネクスト・ザ・シーにある映画館に自転車で通いました。父はわたしを連れて小作農家をまわりました。息子のように扱い、領地のことを教えようとしたのです。わたしはその気持ちが嬉しく、ホウカムがどのように管理されているのか、その仕組みをもっと知りたいという興味が芽生えました。

夜になると、ケアリーとわたしは、大編成のバンドが演奏している地元の米軍飛行場に、フェルトでこしらえたお手製のスカートをはいて出かけました。配給でない生地はそれぐらいだったのです。米軍のパイロットからテンポの速いジャイヴの踊りかたを教わり、楽しく踊り明かしました。ただし問題がひとつあって、父が門限は十一時半と固く決めていたので、わたしたちが帰宅するころには、玄関はすでに閉まっていたのです。

門も施錠されているので、そもそも敷地に入るのがひと騒動でした――自分の家に押し入るなんて変ですが、父はどうしても折れません。そこで、名案を思いつきました。車は村に駐車しておいて、わたしたちだけ門をすり抜け、懐中電灯で照らしながら――懐中電灯がシカの瞳を点々と光らせました――庭園を横切って館まで歩いていくのです。館に着いたら、石炭置き場の鉄格子をはずし、まさにこの作戦のために用意したレインコートをケアリーに渡します。レインコートを着たケアリーは、石炭用のシュートを滑り降ります。底についたら、クリスというおじいさんを探して連れてきます。おじいさんが「モグラ」と呼ばれていたのは、ボイラーに石炭をくべたり、薪を切ったりしながら、地下室でずっと暮らしていたからです――館にはお金のかかるセントラル・ヒーティングはなく、各部屋にある暖炉の熱が頼りだったのです。モグラはとても親切で、カギを持ってきてわたしたちを中に入れてくれました。

その夏、エリザベス王女と一九四七年にご成婚され、ホウカムにもたびたび来られて父と狩猟を楽しんでおられたエディンバラ公から母に電話があり、一風変わったご依頼を受けました。殿下は「海戦ゲーム」から想を得た新しいゲームを考案中とかで、その小道具として、メイドの扮装をしたケアリーとわたしの写真がご入り用だとおっしゃるのです。母は無頓着でしたし、父は王室を深く敬慕していましたから、どんなことでも承知したでしょう。

ケアリーもわたしも、ハンサムなエディンバラ公の前で緊張していました。殿下はわたしたちより大人で、自信に満ち、人をすくませるような雰囲気をお持ちだったのです。とはいえ、うちに訪ねてこられた殿下は文句なしにすてきでした。わたしはメイドの衣装を着て、羽ぼうきを持ちました。ケアリーはエプロンをつけ、料理人に扮しました。わたしたちがさまざまな滑稽なポーズをとっているのを母は眺めるだけで、殿下はいそいそと写真を撮られました。いったいそのゲームがどうなったのか、わたしは知りません。殿下はこの件を二度と口にされなかったので。

夏が終わると、わたしはロンドンに出て、ふたつめの花嫁学校に行きました。数か月とはいえ、ダウンハムで何年もかかって学んだ以上のことを教わりました。その学校は「市民の家」といい、ポカホンタス〔アメリカ先住民族長の娘。イギリスの植民地開拓者の命を救ったとされる〕の子孫に当たるドロシー・ネヴィル＝ロルフという女性が運営していました。「市民の家」は有名で、ドロシー・ネヴィル＝ロルフは「真の会話術とは、しかるべきことをしかるべき場で言うだけでなく、余計なことは言いたくても言わずにおくことです」という名言の生みの親です。

こうした花嫁学校の目的は、会話術を磨き、若い淑女たちがいずれひとかどの男性の妻となったとき、世間から期待されている公的な役割を果たせるように訓練することでした。わたしたちは法廷、工場、病院、学校――国の運営に関わるありとあらゆるもの――を見学しました。教養ある会話ができるように、美術史を学んで知識をたくわえました。生徒たちは全員教室にすわり、ミス・ネヴィル＝ロルフがひとりを指名します。「アン、イザムバード・キングダム・ブルネル〔十九世紀を代表する鉄道・造船技術者〕の橋をどれか選んで五分間、話しなさい」。わたしは起立し、まえもってお題を知ることはできないので、即興で五分間話をすることになります。自信をもって団体の名誉職に就任する、短いスピーチをする、賞を贈呈する等々は、わたしのような娘には必要な才覚で、母がホウカムとロンドンを往復し、わたしが母の代理を務めるようになった数年後には役立つことになりました。

「市民の家」からホウカムに戻ったころには、大人といってよい年ごろになっていました。父の伯爵ぶりも板につき、狩猟シーズンを締めくくる打上げパーティーたけなわの時期でした。盛大な宴の支度をするのは母ですが、パーティーは男性限定なので母は表に出ず、スコッツ・ガーズの同僚で戦死を免れた友人たちが、大挙してホウカムにやってきました。

わたしたち娘は放っぽっておかれました――それが不満というわけではなく、食事をトレイに載せて応接間に引きこもり、テレビを見て過ごしました。まだテレビは目新しく、画面は切手なみの大きさで、放送は白黒、チャンネルはＢＢＣのみ、毎晩ひとつだけ娯楽番組が放送されました。

当時はだれひとり、男性と女性の役割が明確に分かれていることに疑問を持ちませんでした。そういうものだと思っていたのです。わたしも自分に何が期待されているかを理解していました。淑女として人生で果たす必要のあるすべての事柄について、前もって準備を整えてきたのです。自分の役割と男性のそれを比べたり、あれこれ悩んだりはしませんでした。母の例をお手本に、いずれ父のような人と結婚して、母のような人生を送るものだと思っていたのです。とんだ思い違いでした。

3 陶器のセールス

わたしが大人の入り口にさしかかっていた一九五〇年、子ども時代の友情は戦争にさえぎられ、マーガレット王女にはもう何年間もほとんどお目にかかっていませんでした。子ども部屋付きの下男を一緒に驚かせたり、王女さまがわたしの銀色の靴をうらやんだりなさった日々は遠く過ぎ去りました。それ以降、さまざまな出来事がありました。わずか十年のあいだに一生分の経験をしたように思います。疎遠になったのもしかたのないことで、あの当時、二歳という年の差は大きく、それぞれ別の人生を歩みだしていたのです。

父親どうしは親しい友人のままで、うちの父は特別侍従として国王陛下の公務を補佐し、イギリスを訪問された外国の賓客や要人のお世話もしていました。余暇にはホウカムやサンドリンガムの別邸でともに過ごし、父はロンドンにお召しがあると、ガーズ・クラブという近衛師団の将校専用のクラブ会館を宿舎にしていました。スコッツ・ガーズの友人たちがたむろする、お気に入りの場所だったのです。陛下にお仕えしていないときは、ホウカムの管理事務所にいるか、猟場番や小作農と一緒にいるところをよく見かけました。

一方、母は、敷地内の収容所でドイツ人捕虜のひとりが窯をこしらえていたことにヒントを得て、ホウカムで陶器作りを始めました。なんとしても成功させるという意気込みで、お金を稼ぐ必要があることを承知していたのは、戦後のイギリスの大邸宅はどこもみなそうであったように、ホウカムの維持費がかさむ一方だったからです。

世間では評判になりました。貴族の夫人がビジネスを始めるなど前代未聞で、しかも自ら進んでとなればなおさらです。母はやり手でしっかり者というだけでなく、進歩的でがむしゃらな性格でもあったので、ケアリーとわたしが手伝うのを許してくれるどころか、むしろ大いに奨励し、娘たちにも何か仕事を割り当てようとしました。父は起業そのものに皮肉な目を向けていました。「で、陶芸小屋のほうは順調かな？」と、いかにも小ばかにした口調で訊いてくるのです。

ケアリーとわたしはろくろに挑戦しましたが、ふたりともこつがつかめませんでした。そこでケアリーは母と絵付を始め、母は名高いスレード美術学校で磨いた画才をここぞとばかりに発揮しました。ふたりで相談しながら、美しい青磁色の地に白い小花を散らした手描きのディナーセットとティーセット、さらに青と白の小粋な山形模様の食器セットをデザインしました。わたしたちはマグカップからバター皿にいたるまで幅広い製品を手がけるようになり、とくにサンドリンガム離宮には多くの食器を納めました。

わたしも絵付をやってみたのですが、美術の才能がまったくないことがわかりました。母はわたしの興味をつなぎとめようと、どんな仕事をしてみたいか希望を訊いてくれました。「営業でもいい？」とわたし。なんとなく、そちらの方面のほうが自分には向いているような気がしたのです。母も賛成し、善は急げとばかりに、全商品の見本を新聞紙にくるんだスーツケースを後部座席に載せて、母のミニでイングランドじゅうをめぐる「行商」に出ました。

目的地の近くに友人が住んでいれば、お宅に泊めてもらいましたが、巡回セールスマン用のホテルに泊まるしかない場合もたびたびでした。これがまたぞっとするような安宿なのです。どこもかしこもキャベツのようなにおいが染みつき、毎朝、洗面所の外で携帯用の洗面道具入れを抱えて、セールスマンの列に並ばなければなりません。だれも「お先にどうぞ」と譲ってくれず――やむなく順番を待ちましたが、みなさん髭を剃るのにおそろしく時間がかかるのです。

旅回りの貴族どころか、そもそも女性で巡回販売をしているのはわたしぐらいのものでした。男性のセールスマンは外見も行動も、判で押したように同じです。体に合わないスーツを着て、ホテルで唯一暖房のきいた「ラウンジ」にたむろしています。そこはきまって、六〇ワットの電球で薄暗く、四六時中タバコの煙が立ちこめていました。わたしも夜になるとラウンジに腰を下ろし、所在なく本を読んでいました。セールスマンたちが近づいてきてあれこれ質問するのですが、わたしの答えを聞けば聞くほど、唖然とするようでした。わたしが伯爵の娘だとわかると、彼らの口があんぐりと開きました。ときどいと驚きが入り混じった表情もおなじみになりました。九時にはワゴン車が運ばれてきて、ときたまミニバーが付いていると、男性陣から「酒を注いでもらえるかな？」と遠慮がちに頼まれたりもしました。

周囲から浮いていたにもかかわらず、というより、たぶんそういうホテルだから味わえる自由のおかげで、じつに楽しい経験でした――自立、責任、取引がまとまったときの達成感、そして何よりも、生まれて初めて大人として扱われている実感がありました。この経験からわたしは、地に足を着け、どんな状況にも柔軟に対応することの大切さを学びました。母はそのお手本のような人で――商売人とのやりとりも、女王陛下のお相手と同様、難なくこなしていたのです。

母はケアリーとわたしを連れて、イングランド北西部にあるイギリス最大の保養地ブラックプールの見本市にも出店しました。ウェッジウッドのような大手は、ホテルのロビー等の一等地に商品を陳列します。わたしたちは立派な展示場を借りる余裕がないので、屋根裏その他の目立たない場所に並べるしかありません。この不利な状況を挽回しようと、母はケアリーとわたしに、お客さんを上まで連れてい らっしゃいとはっぱをかけました。「うまくたらしこむのよ」。ケアリーはなかなかのやり手で、わたしたちはロビーまで降りていくと、買い手をぞろぞろと引き連れて戻ってきました。ウェッジウッドの販売員たちは、階段をのぼっていくわたしたちを歯がみして見送るのでした。

ホウカム陶器工房は躍進をつづけ、やがて一〇〇人の従業員を抱えるノース・ノーフォーク最大の家内工業になります。けれども一九五〇年の春、わたしの社交界デビューのシーズンが目前に迫り、陶器販売に割ける時間はほとんどなくなりました。七月には十八歳になり、社交界にデビューするのにふさわしい年ごろ、すなわち、いつでも結婚できると公式にみなされる年齢になったのです。口に出して言われたわけではありませんが、その重圧はひしひしと感じられ——これまでの人生はすべて、この瞬間のために準備されてきたようでした。

父はわたしを、自分の親友のひとりで同い年のステア卿と結婚させたがっていました。一九二八年の冬期オリンピックで四人乗りボブスレーの英国代表だったとはいえ、わたしが生まれるより四年もまえの話です。父が乗り気だったのはステア卿が社交界の大物だったからですが、わたしは気乗りしませんでした。なにしろわたしは十代で、先方は四十を超えていたのです。「でも、パパ」とわたしは言いました。「ちっともぴんとこないの。とてもいい方だけど、お断りします」

「まあ、あの男が気に入らないなら」と父は答えました。「弟のコリン・ダルリンプルはどうかね」

わたしはしぶしぶコリンと出かけることを承知しました。父がヘンリー・ロイヤル・レガッタ〔毎年夏にテムズ川上流で開かれる、イギリス社交界の一大イベント〕のチケットを用意してくれ、一日ふたりで過ごしました――でも、お兄さんと同様、なんのときめきも感じません。デートはまったくの期待外れでした。父はがっかりし、わたしの気が変わるかもしれないという一縷(いちる)の望みにすがっていました。

父のお薦めをことごとく断ったあと、社交に明け暮れる数か月に突入しました。わたしのような家柄の若い娘にとって、社交界デビューの目的は、同世代のしかるべき男性に引き合わせてもらい、そのひとりと早々に結婚することでした。若い女性にはだれかとつきあって同棲するという自由はなく、かりにそんな恋人がいても、性的な関係にはおのずから限度がありました。妊娠の危険を冒すなどもってのほかで、避妊薬がなかった当時、男性とは距離をおいて付き合うほうが安全だったのです。

社交シーズンは、よく知られているように、「ふさわしい」男性を見つけなければならないという問題に対する、手のこんだ解決策でした。貴族の若い男女を引き合わせるために、舞踏会や週末のパーティーが次から次へと一年を通して開かれます。春から夏にかけては、ダンス・パーティーはイングランドで行なわれ、冬になるとみなスコットランドに足を伸ばし、ハイランド地方の舞踏会に出席するのです。

貴族の娘はめいめい自分の「お披露目」の舞踏会かカクテルパーティーを、私邸またはロンドンのホテルで開くことになっていました。ロンドンではひと晩に二つか三つのダンス・パーティーがあるので、ロンドンにいるときは、どれかひとつ、とくに友人が開いたパーティーを選んだり、二つをはしごしたりしました。

一九五〇年代初めに社交界に「デビューする」ことの問題は、そもそも男性の数が少ないので、花婿候補が身近にはひとりも見当たらないということでした。同じ世代の男性は戦死したか、まだ兵役についていました。女性は二十一歳までに結婚しないと、売れ残りとみなされます。わたしはまだ十八歳でしたが、母が十九歳で父と結婚したので、時間切れが迫っていることをひしひしと感じていました。田舎の領地にいてもらちが明かないので、ロンドンのナイツブリッジに送られ、母方の祖母のもとに身を寄せました。わたしは「ガーおばあちゃん」が大好きでした。旧姓をエレン・ラッセルといい、ニュージーランド出身で、ブリジェット大叔母と同様、クリスチャン・サイエンスの指導的な信者でした。祖母もその姉妹も美人ぞろいで、しかるべき夫を探しにイングランドにやってきたのです。まもなく祖母は第八代ハードウィック伯爵チャーリーと結婚しました。爵位を継ぐまではロイストン子爵と呼ばれていた祖父は、スポーツ、とくに気球飛行が趣味でした。オーストラリア西部を探検し、ついでアメリカの鉱山で一鉱夫として二年間働いたこともあります。祖母は第一次世界大戦中、ニュージーランド総督サー・トマス・マッケンジーとともに、戦争で負傷したニュージーランド兵を治療する病院の設立に尽力しました。サリー州のウォルトン・オン・テムズにあるニュージーランド総合病院は一九一五年に開業し、祖母は多数の負傷兵を支援した功績により、大英帝国勲章（ＣＢＥ）を授与されました。残念ながら、祖父との結婚は長続きせず、祖母から離婚を申し立てました。

祖母はわたしに仕事口を見つけてくれました。知り合いのクリスチャン・サイエンス信者が店主をしているスローン通りの陶器店です。わたしは店に入るのがいやで、勤務時間の大半は店主を避けることに費やしていました。というのは、店主がすれちがいざま、わざと触ってくるからです。母にそのことを話すと、ぴしゃりと言われました。「アン、もう、あなたったら、自分の身も守れないの？　手を思い切りひっぱたいてやるといいのよ」

夜にはダンス・パーティーに出かけました。旅回りで脂っこい朝食を食べつけていたせいで、すいぶんぽっちゃりしてしまい、母から体重を落としなさい、ダンスは第一印象がすべてだからとうるさく言われました。運不運もあるとはいえ、壁の花は見えないも同然だったのです。ロンドンじゅうのホテルの舞踏室には、イヴニングドレスの若い娘がひしめき、磨かれた寄せ木細工の広いダンスフロアの端から端まで、ドレスを翻してくるくると踊っていました。戦前のドレスは絹やサテンでできていましたが、戦後、配給制になると、多くのドレスはカーテンその他の思いもよらない布地から作られました。わたしがお披露目の舞踏会で着たドレスは、薄い緑色の地に襞のついたパラシュート製で、母がホウカムの近くの飛行場に駐屯していたアメリカ軍将校から苦労して手に入れたものです。

一見したところ、それらのダンス・パーティーは夢のなかの出来事のようで、華麗なファッション写真で有名なセシル・ビートンの作品が動きだしたかのような幻想的な情景でした。でもじっくり目をこらせば、会場には緊張と期待が渦巻き、若い男女からにじみ出る不安が立ちこめていました。それまでは寄宿学校で男女別々の生活を送ってきたのに、文字どおり、ぴったり身を寄せ合うはめになったのですから。

社交シーズンは、大量のホルモンの放出と胸のときめきによって貴族社会の絆を強める仕掛けです。純真にもロマンチックにも見えますが、その美しいうわべの下には、跡継ぎを確保するという、イギリスで爵位をもつどの家にとっても差し迫った事情が隠されていたのです。

大まかな仕組みをいえば、その夜のダンス・パーティーでは一曲ごとに異なるお相手と約束をしておきます。すると、その夜の終わりには、あるいはたとえ延長戦になってもそのシーズンが終わるころには、ひとりの男性があなたをダンスから結婚生活へいざなってくれるでしょう。とはいえ、これも運次第で、ダンスのお相手がいなければ万事休すです。あぶれた娘たちはお化粧直しのふりをして化粧室にたむろし、肝心の催しはそっちのけで、仲間どうしや化粧室の係の人たちとおしゃべりを始めるのでした。化粧室のスタッフとはずいぶん懇意になったものです。

わたしはまだまだ引っ込み思案で、兄弟はおらず、父親も旧弊なので、すべての娘が異性との交際においてたどらなければならない細い道を、踏み外さないようにするのは、容易ではありませんでした。一方では男性の気を惹かなければならず、かといってやり過ぎてもいけません。あまりにもお堅いと、相手は愛想を尽かしてもっと刺激的な娘を追いかけますし、たわむれが過ぎると悪い評判が立ちます。身持ちの悪さは娘にとって少しもよいことではないので、だからこそ付き添いが必要でした。ダンスフロアの周囲には金色の椅子がずらりと並び、そこには母親、叔母、姉、その他だれであれ、スキャンダルを未然に防ぐ役割を委ねられた者がすわっていました。若い男性（ときには女性）のよからぬ企みをくじく、きびしいお目付役として。「ＮＳＩＴ（not safe in taxis、一緒にタクシーに乗るのは危険）」とは、ある種の若者について使われる隠語で、娘たちにデート相手をあまりつけあがらせないようにと、それとなく注意を促すためのものでした。

一九五〇年の春、その年社交界にデビューするすべての娘たち同様、わたしも宮廷で国王陛下ご夫妻の謁見をたまわりました。うちの母は長い裳裾を引いた白いイヴニングドレスで拝謁に臨んだものですが、時代は変わりました。伝統は当世風になり、拝謁は午後に早まり、わたしたちはみな丈の短いワンピース姿でした。

十八歳を目前にした一九五〇年六月、わたしのお披露目の舞踏会がホウカムで開かれます。ホウカムで初めてこの種の舞踏会が催されたのは一七四〇年六月、第五期の初代レスター伯爵トマス・クックの時代で、一三〇人の招待客が、燭台に灯した何千本ものろうそくに照らされた温室にすわりました。それから二百余年、ホウカムにふたたび照明がともりましたが、今回は戦争の名残を感じさせるサーチライトの光でした。玄関につづく長い並木道は、色つきの光が交差し、屋敷は投光器で煌々と照らし出されました。オベリスクと木々もライトアップされ、まるでウォルト・ディズニーの映画のようでした。音楽が舞踏室から流れてきます。

わたしはタトラー誌で「今年のデビュタント」に選ばれたばかりで、とても嬉しかったとはいえ、その肩書きのおかげで重圧はさらに強まっていました。社交シーズンは五月に始まったばかりなので、六月に舞踏会を開いても、知り合いはいないも同然だったのです。

パラシュートのドレスに着替えようとすると、母は絶賛してくれたのに、父が「おまえがパラシュートに見えないことを祈っているよ」などと言うので、またしても不安が募りました。父の発言はいつも微妙にずれていて、わたしに自信を与えてくれたためしがありません。数年後のわたしの結婚式でも、父の精一杯のはなむけの言葉は、「まあ、なんとかなるだろう」でした。

お客さまたちはノース・ノーフォークのほうぼうの屋敷に泊まり、ダンスに先だって、晩餐会で一堂に会します。舞踏会は十時もしくは十一時に始まり、ひと晩中つづきました。エリザベス王女はマルタご訪問中のためお越しいただけませんでしたが、マーガレット王女と国王ご夫妻は十一時ごろ到着されました。父が南ゲートで出迎え、長い並木道をご案内しました。

わたしは大理石の階段を降りる途中で足を止め、あたりの情景を目に焼きつけました。その夜、お披露目の舞踏会で若い男性とめぐり会ったとしたら、それ以上にロマンチックな出来事はなかったでしょう。でも、それは望み薄でした。父が招待してもよいと許してくれたのは、親戚筋と、学生時代の女友だちだけで、男性についてはひどく慎重でした。わたしにふさわしい「お相手」がずらりと並んだリストをすでに友人から入手し、ダンスのお相手は、見知らぬ人、親戚のだれかれ、それに父の友人で占められていました。

舞踏会は貴賓室で開かれ、パーティでの演奏では、いちばん人気のあった、トミー・キンズマンが率いる「デブズ・デライト」というバンドの伴奏で大いに盛り上がりました。トミー・キンズマンはわたしがこれまで出席したいくつかの舞踏会でも演奏し、リクエストにも快く応じてくれるので、わたしと学友たちはお気に入りの曲を集めたリストを前もって準備し、手渡すようにしていました。エリザベス王妃もこのバンドをご贔屓にされていたので、とても喜ばれ、ひと晩中にこにことご機嫌でした。ディナーと朝食のあいだには立食式の夜食が出て、領地で採れる卵、鹿肉、それに野菜類と、ワインセラーにあるシャンパンがふるまわれます。わたしはまえもって何度となく厨房を訪れ、おいしそうな料理が準備されているのを見学しました。まだ配給制が敷かれていた当時はご馳走に思いましたし、この夕べをひと言でいうなら、めざましい享楽の一夜だったのです。

魔法のようなすばらしさにすっかり圧倒されたわたしは、ふたをあけてみれば、舞踏室のすみをうろうろしたり、庭園に出てみたり、照明係にシャンパンを配ったりして多くの時間をつぶしました。その場にいる男性の大半を知らないので気後れがして、なるべく人目につかないようにしていたのです。マーガレット王女がマーク・ボナム＝カーター——ヘレナ・ボナム＝カーターの伯父さま——や、王室と家族ぐるみの親交があり、のちに王女さまの結婚相手と目されたビリー・ウォレス、それにわたしの親戚のデイヴィッド・オグルヴィと、水色のドレスで楽しそうに踊っていらっしゃる姿も眺めました。

その夜で嬉しかった出来事と言えば、マーガレット王女との旧交を温められたことでした。朝日が昇るころ、わたしはホウカムの柱廊玄関（ポルチコ）で王女さまの隣に立ち、雁が夜明けの空を飛んでいくのを眺めながら、おしゃべりしました。大人になっても、子どものころの友人とは、いったん途絶えた友情をいつでも再開できるのだと、しみじみ感じながら。王女さまの身の上にはさまざまなことがありました。わたしの身の上にも。そしていま、ふたりそろって大人の人生に足を踏み入れようとしていたのです。

その夜、たそがれがこれまで見たことのないほど美しい夜に溶け込むころ、ある恐ろしい事件が起こったのですが、わたしは何年もそのことを知らずにいました。夜明けに眠りについた人びとが起きだし、デイヴィッド・オグルヴィが、ひと晩じゅう噴水が上がっていた泉のそばを通りかかったとき、水中にコートが沈んでいることに気がついたのです。手を伸ばしても届かなかったので、館に引き返して助っ人を連れてきました。恐ろしいことに、沈んでいたのは若い庭師で、何百人もの人間が目と鼻の先で、踊ったり、笑ったり、シャンパンを飲んでいるさなか、溺れてしまったのです。その悲劇はわたしには伏せられました。父もほかの庭師たちもたいへん心を痛めましたが、わたしを動揺させたくなかったので、その夏もその後何年間も、何も知らないわたしはお披露目の舞踏会のことを折に触れては懐かしく思い出していました。いまでは、この痛ましい事件の記憶が、舞踏会の思い出に暗い影を落としています。

自分の舞踏会では颯爽（さっそう）とした青年との出会いはなかったものの、このシーズンのうちに二、三人とおつきあいするようになりました。ひとり目はナイジェル・リー＝ペンバートンで、すこぶる感じのいい人でした――もしかすると、いい人すぎたのかもしれません。歌が上手で、その後海外に渡り、ナイジェル・ダグラスの芸名で歌っていました。とても親切でしたが、そもそもわたしより彼のほうが熱を上げていました。おまけに、やることなすこと、どこかずれていたのです。

一度、オペラに誘われたことがありました。承知すると、約束の時間に遅れないようにとしつこく念押しされました。あいにく、わたしは遅刻してしまい、支度をしようと祖母の家に駆けもどる途中、角を曲がったところで、屋根つきふたり乗りの二輪馬車と馬が見えました。なるほど、こういうことだったのね、と思いました。

オペラが開催されるコヴェントガーデンまで馬車ではもう間に合わないので、ナイジェルは見るからに焦っていました。そこでオペラにはタクシーで行き、馬車は帰りに迎えにきてもらいました。馬車にすわっているのはおそろしく気恥ずかしいものでした。というのは、ぱかぱかと蹄（ひづめ）の音を響かせながらセント・ジェームズ通りを進んでいくと、だれもかれも目を丸くして見つめるからです——すると、だしぬけに、ひときわ耳ざわりな音がして、さらに注目を集めました。馬車の車輪のひとつがタクシーのバンパーにからまって、立ち往生してしまったのです。車の流れが止まると、運転手が一斉にクラクションを鳴らしました。まさに針のむしろにすわっている気分で、ナイジェルがとても気の毒になりました。すてきなサプライズのつもりだったのに、こんなことになるなんて。

またべつのときは、ナイトクラブで歌うときの助手を頼まれました。フロアの真ん中に金のケージがありました。「ケージのなかの止まり木に腰かけて、ぼくが『金の鳥籠の小鳥』を歌うあいだ、ブランコみたいに漕いでほしいんだ」とナイジェル。「きっと受けると思うから」。わたしはそこにすわりましたが、ちっとも受けず、とても間のわるい思いをしました。

おつぎはロジャー・マナーズで、もう少し希望がもてそうな縁組みでした。ロジャーはハンサムで頭もよいのですが、少々神経質なところが気になりました。わたしの未来の夫が、だれから見ても、これ以上ないほど神経質で癇癪もちだったことを考えると、なんとも皮肉なものですが。

三人目がジョニー・オールトラップ〔のちの第八代スペンサー伯爵〕でした。そのころオーストラリアから帰国したばかりで、それまでは南オーストリア州総督の補佐官を務めていました。父の招待でホウカムに到着した彼をひと目見て、わたしは激しい恋に落ちました。理想の人に思えたのです。愉快で、ハンサムで、感じがよくて。ロンドンでデートを重ね、ある夜、彼は庭園にわたしを連れて行き、結婚を申し込みました。歓喜の波が押し寄せ、それから数日というもの、わたしはふわふわと夢見心地で過ごしました。双方の両親には知らせましたが、ほかの人にはまだ隠していました。

何もかも上の空でした。だれか他の（おそらく非の打ち所がない）青年とダンスをしていても、これっぽっちも興味がわきません。ジョニーしか目に入らないのです。その当時、わたしはロンドンの祖母の家を出て、レディ・ファーモイのお宅に下宿していました。レディ・ファーモイはエリザベス王妃の友人で、家族はノーフォークに住み、王室のサンドリンガムの御料地に屋敷がありました。

レディ・ファーモイはとても社交的な人でした。「男性がお迎えにこられたら」と彼女は教えてくれました。「まず応接間にお通しして、お茶をさしあげてね」

わたしはそうしました。それがまちがいのもとだったのです。ジョニーを紹介したとき、夫人の目がきらりと光りました。そのつぎ彼を連れていくと、夫人だけでなくわざわざ寄宿学校から呼び戻した夫人の娘も同席していました。娘のフランセスは当時まだ十五歳でしたが、ジョニーと会ったあと、手編みの狩猟用ストッキングを同封した手紙を送りました。

それから少したって、ジョニーとわたしはアスコット競馬場で落ち合うことになっていました。ジョニーは国王陛下の侍従で、わたしは王室のみなさまと一緒にロイヤル・アスコットを観戦するためウィンザー城に滞在するようご招待を受けていました。わたしはいつものように、ジョニーと会えるのが楽しみで、すばらしい週末になるだろうと期待していたのです。

母のお付きメイドを借りて、ウィンザー城に到着すると、塔をどんどんのぼって、泊めていただく部屋にたどり着きました。窓からは、ウィンザー城と広大なウィンザー・グレート・パークを結ぶロング・ウォークが一望でき、遠くに「銅の馬」〔ジョージ三世の騎馬像〕が見えました。荷ほどきし、四日間のレースそれぞれに着る四着のドレスを出しました。とても美しいドレスでした。もっとわくわくしてもいいはずなのに、ジョニーから連絡がなく、メッセージも届いていないので、落ち着きませんでした。その夜、わたしはまんじりともせず、衛兵が窓の下を歩く重々しい足音や、詰め所を出入りしたり、捧げ銃をしたりする物音に耳を澄ませました。

翌朝、ベッドで朝食をいただきながら――王宮に招かれた貴婦人はみなそうするしきたりです――ジョニーはもう到着しているけれど、わたしにメッセージを寄こすことができないのではないかしらと思いました。昼食前の庭園めぐりのあいだも、彼が連絡を寄こさない理由をあれこれ思案していました。マーガレット王女やほかの招待客との昼食会の席でも、ジョニーは相変わらずどこにも見当たりません。

昼食後、わたしたちは車でレースコースの一番高い地点まで出向き、そこで馬車に乗り換えました。馬車に乗るのは、おくるみにしっかり包まれて、特大サイズの乳母車に乗せられているような、すばらしい体験でした。群衆は王室ご一行に目を留めて拍手喝采し、興奮した観客が立てるざわめきで、わたしたちの意気も大いにあがりました。貴賓席に到着したところで、ジョニーはどうやら体調不良のようで欠席するという知らせがありました。胸がずきんと痛み、気落ちしました。何かまずいことになっているのです。

その日はなんとかみんなと同じようにはしゃいでいるふりをし、車でウィンザー城に戻ってひと休みしたあと、カクテルパーティと晩餐会に下りていきました。元気溌剌としたエリザベス王妃は、トレードマークのスカートを大きく膨らませたクリノリン型のイヴニングドレスがとてもお似合いで、いつものように愛想よくもてなしてくださいました。わたしも楽しむことができればどんなによかったでしょう。ノーサンバーランド公爵ご夫妻、ビリー・ウォレス、ジョー大叔父はじめ、その夜顔を合わせた方全員と言葉を交わしました。だれかがたまたまジョニーと最近会ったと言いだし、それによるとジョニーはとても元気そうなので、彼はやはりわたしを避けているのだと思い知らされました。ひどくみじめな気持ちでした。それでも、ふさいだ顔を見せるわけにはいきません。泣きたい気持ちをぐっとこらえました。礼儀正しく、陽気にふるまい、晩餐会を楽しむふりをするのは至難の業でした。わたしには無理でした。自分がどんな間違いをしでかしたのかわからず、ジョニーもどうして婚約を破棄したのか教えてくれずじまいでした。

のちに、彼の父親であるスペンサー伯爵ジャックが、わたしが「トレフユーシス家の血」を引いているという理由で、息子の結婚に反対したことがわかりました。トレフユーシス家の血は、「狂気の血統」または「悪い血筋」という烙印を押されていました。というのは、ボーズ＝ライアン家の姉妹（エリザベス王女とマーガレット王女の従姉妹）であるネリッサとキャサリンが国立の精神障害者施設に入所しており、ふたりはエリザベス王妃の姪（父親が王妃の兄、母親がトレフユーシス家の出）にもかかわらず、王室のだれも見舞いにいかなかったのです。家系のつながりはきわめて入り組んだものですが、わたしの父方の祖母は旧姓マリオン・トレフユーシスといい、いくら血が薄められているとはいえ、爵位を「狂気の血統」で汚したいと思う伯爵もしくは未来の伯爵はひとりもいないでしょう。

ジョニーはフランセスと結婚し、ふたりのあいだに生まれた末の娘レディ・ダイアナ・スペンサーこそ、のちのダイアナ元皇太子妃です。

ジョニーとフランセスはやがて離婚して世間を騒がせることになります。意外にもフランセスの母親レディ・ファーモイは娘に不利な証言をし、ジョニーがダイアナの親権を持つことに賛成しました。ジョニーはその後、わたしの友人で、ダートマス伯爵夫人だったレインと再婚しました。レインはジョニーと婚約するまえ、わたしにしょっちゅう電話を寄こし、彼を本気にさせるにはどうしたらいいか助言を求めてきました。わたし自身がうまくいかなかったことを考えると、どうして相談相手に選ばれたのか不思議ですが。

仮にジョニーとわたしが結婚しても幸せになったかどうかは、いまもこの先もわかりませんが、この出来事でわたしはすっかりまいってしまいました。その夏いっぱい、ふさぎの虫にとりつかれていました。気を紛らわそうと陶芸に励んだり、わたしに領地の管理を手伝わそうとする父に連れられて小作農家をまわったりしましたが、心の奥底ではジョニーと婚約破棄のことがまだわだかまっていたのです。

夏が終わって秋になると、父の友人たちが狩猟シーズンのためにまたもや大挙してホウカムにやってきました。クリスマスが巡ってきて過ぎ去り、一月いっぱい父と国王陛下は互いの領地でウサギ狩りをしながら、シーズンを締めくくる週末「テイル・エンダー」の相談に明け暮れていました。そのさなかの一九五二年二月六日、国王陛下がサンドリンガムで就寝中に急死されたのです。前年に肺の一部を切除する手術を受けられていましたが、手術は成功と報じられていたので、崩御は思いがけないものでした。うちの父も陛下の病状がそこまで重いとは存じ上げず、悲嘆に暮れていました。家族全員がそうでした。陛下が父と一緒に狩りに出発されるお姿を見慣れていましたし、また、五十六歳とあまりにもお若かっただけに、陛下のご逝去はなおさら悲しく感じられたのです。

母は悲報を聞くとすぐにお悔やみの手紙をしたためました。マーガレット王女がお返事をくださり、ご家族はみな悲しみに沈んでいるが、陛下が最後の日々を一番お好きなことをして過ごされたことがせめてもの慰めだと書かれていました。そのお手紙には、亡くなられた二月の夜明けの模様がつづられ、陛下も穏やかに逝かれたと思う、と結ばれていました。

イギリスは喪に服しました。人びとは鉄道の線路ぞいに並び、国王陛下の棺を乗せた葬送の列車がサンドリンガムからロンドンへ向かうのを、無言のまま厳粛に見送りました。ノーフォークは深い悲しみに包まれました。ホウカムの館にも沈黙が不気味なまでに重く垂れこめました。陛下はホウカムにとってもノーフォークにとってもなくてはならぬ存在で、地元の仲間をひとり失ったように感じたのです。わが家の猟場番たちはとりわけ寂しそうでした。

国王ジョージ六世はウェストミンスター・ホールに正装安置されました。三〇万人もの人びとが列をなして、兄君〔エドワード八世〕の退位を受けて国王に即位し、国民の先頭に立って第二次世界大戦を戦い抜いた君主に敬意を表しました。

母とケアリーとわたしが陛下にお別れするためにホールの横のドアから入ると、父の姿が見えました。父は棺を護衛するスコッツ・ガーズのひとりでした。いまでもその瞬間のことは鮮明に覚えています。父は恭しく頭を垂れ、熊の毛皮（ベアスキン）の帽子と剣を抱えて、その場に直立していました。

二月十五日、両親は葬儀に参列しました。わたしは葬儀のもようをテレビで見ましたが、ビッグベンの音にとくに胸を打たれました。灰色の霧が濃くたちこめる朝に、国王陛下の御歳を表わす五六回の弔鐘を響かせたのです。

新女王エリザベス二世の戴冠式は意図的に延期されました。当時はまだ配給制が敷かれており、ウィンストン・チャーチル首相は、戦後の不況のさなか、これほどお金のかさむ壮麗な儀式を執り行なえば、君主制の人気を損ないかねないと危惧したのです。

ホウカムの生活はじょじょに通常に戻りましたが、わたしはまだ自己憐憫の気持ちを引きずっていました。数か月たつうちに、しびれを切らした母は、わたしを陶器販売のために渡米させることにしました。気晴らしになればと期待したのでしょう。その思いつきのおかげでわたしはようやく気を取り直し、胸がわくわくしてきました。海外へはこれまでに一度、南フランスに行っただけでしたが、とても楽しかったので。冒険の旅に出かけることが待ち遠しくてたまりませんでした。

大西洋を越えたのは一九五二年十一月、スーツケースに見本を詰めてクィーン・メアリー号に乗船しました。戦後はとりわけ家計に余裕がなかったので、三等船室の旅でした。両親は浪費を好まず、旅行に関しても現実的な考えを持っていたので、わたしは女性四人と相部屋でした。外洋に出ると、高波が船に押し寄せ、わたし以外は全員ひどい船酔いになりました。わたしは胃が丈夫だったので、とうとう船室を出て、廊下にたまたま置かれていたソファで眠りました。

さいわい、父のスコッツ・ガーズの友人で、わたしの教父でもあるジョン・マリオットが同じ船の一等船室で旅行中だったので、毎晩食事に招いてくれました。夫人はモモ・カーンというアメリカの大富豪の娘で、ルイ・ヴィトンのスーツケースやトランクが廊下にうず高く積み上げられていました。中身は数え切れないほどの衣装だとのちにわかります。わたしは毎晩、気の毒な船酔いの娘たちを船室に残して、ジョンとモモ夫妻と一緒にベランダ・グリルで食事をしました。大量のキャビアが出てきました。なんと特大の銀のアイスペール入りです。食事が終わると三等船室に戻り、廊下の仮設ベッドで眠りました。それはまるでわたしの人生の前触れのようで――あるときは活気あふれる華やかな場に加わっていたかと思うと、次の瞬間にはあまりにもかけ離れた生活を送っているので、さっきの豪華絢爛たる世界は夢だったのかと思うほどでした。

ニューヨークに到着すると、モモの妹ミセス・ライアンが出迎えてくれました。ミセス・ライアンは母の友人で、娘のジニーは、わたしの大好きな親戚でブリジェット大叔母の長男、デイヴィッド・オグルヴィ〔のちの第一三代エアリー伯爵〕と結婚したばかりでした。ミセス・ライアンは、わたしにとって全米でただ一人のつてでした。夫人はニューヨークのアッパー・イーストサイドで、アパート最上階の二階分を占める美しいペントハウスに住んでいました。高級社交クラブ「リバー・クラブ」は筋向かい、グレタ・ガルボのアパートメントは同じ区画にあり、ハドソン川が見下ろせます。

わたしがミセス・ライアンに、商品の見本を有名デパートのサックスに持ちこむと言ったところ、夫人は如才なく口出しは控えたものの、わたしが打ちひしがれた様子で帰宅しても、驚きませんでした。サックスはだれであれ予約のない者は門前払いするのです。ホウカムの陶器はイギリスでは好評を得ていたかもしれませんが、さしずめ井の中の蛙大海を知らずで、わたしは受付係から、この先六か月はお時間が取れません、とにべもなく断られたのでした。サックスの上得意のミセス・ライアンがその場で電話すると、たちまち翌日の約束が取れました。ありがたいことに、サックスは陶器をいくつか購入してくれ、わたしはミセス・ライアンのさらなる口利きに助けられて、さらに多くのお店をまわることができました。一番人気があった商品は、女王とエディンバラ公の頭部をかたどったジョッキ「トビー・ジャグ」と小豚の貯金箱でした。所変われば品変わるのです。

ミセス・ライアンがお仲間全員に紹介してくれたので、夫人の友人ミセス・カールソンにもお世話になりました。アメリカの社交界で引き立ててもらい、ほどなく最新の高級旅客列車スーパー・チーフ号で大陸横断の旅に出発しました。ニューメキシコ州アルバカーキでは、当時の言葉で言えばインディアンが車内でターコイズの装飾品を売りこみ、ロサンゼルスに到着すると、ワーナー・ブラザースのロンドン法人の社長でクリスチャン・サイエンスの信者C・J・ラタが出迎えてくれました。彼の紹介でボブ・ホープ、デイヴィッド・ニーヴン、ベティ・デイヴィス、ダニー・ケイらハリウッドの映画スターたちにも会えました。さらにニュー・オーリンズに足を伸ばし、マルディグラのお祭りで市のお偉方たちと踊って大いに楽しみました。発見と冒険を地で行く日々。帰りは、安くて便利なグレイハウンドのバスで全米各地をめぐりながら、フロリダからケンタッキーを経てニューヨークに戻りました。この経験からわたしは旅好きになり、素朴なものとはいえ人生を見る目も養われました。

一九五三年二月、深夜までダンス・パーティーがあった翌朝、わたしは眠い目をこすりながら、ミセス・ライアンやほかのお客さま方と一緒に朝食の席についていました。そこへメイドがやってきて、わたしに電報を渡しました。とっさに実家に何かあったのではないかと思いましたが、驚いたことに、電報にはこう書かれていたのです。「アン、スグ帰国サレタシ。女王ノ戴冠式デオ裾持チヲ拝命ス」

一同大騒ぎになり、電報はテーブルをひと巡りして、全員がいそいそと目を通しました。わたしは夢見心地でしたが、すぐに世間の注目の的という身のすくむような事態に対処しなければならなくなりました。吉報はあっというまに広まり——ミセス・ライアンがたいそう喜んで、わたしを披露してまわったのです。アメリカのマスコミがすぐに嗅ぎつけ、またしても興奮の渦。突如として、だれもかれもがわたしを王族扱いし、やれ膝を曲げたお辞儀をやってみせてとか、女王陛下のように手を振ってほしいとかせがむのです。帰国前に顔を出した最後の舞踏会のひとつでは、手作りの王冠を贈られました。気恥ずかしいことこのうえなく、車のヘッドライトを浴びた鹿みたいなわたしの写真を添えた、地元紙の記事にも赤面しました――ワシントンポスト紙には「名家のお嬢さまはさすがに美人」という見出しの記事が載りました。

これもまた皮肉な成り行きでした。ぎゅうぎゅう詰めのグレイハウンドのバスに押しこまれていたわたしが、急に呼び戻され、イギリスでもっとも重要な一世一代の祝典に出席すべく、何か月もつづくリハーサルに臨むのです。

旅を途中で切りあげるのは残念でしたが、戴冠式のお裾持ち（メイド・オブ・オナー）に選ばれて天にも昇る心地でした。わが家はこれまで何代にもわたって大勢の侍従や女官を輩出し、ついにわたしの番がめぐってきたのです。とはいえ、お役に選ばれたのはひとえに幸運のたまもので、公爵、侯爵、または伯爵の未婚の娘という選考基準を満たし、背丈と体格がたまたまぴったりだったからです。結局、ジョニーと結婚しなかったことが幸いしたわけで、人生はつくづく面白いと思います。

妹のケアリーは猛烈にうらやましがり、知り合いの多くのお宅もそうでした。とりわけ、母とわたしがそろって参列することになったので。母は女王付きの上級女官（レディ・オブ・ザ・ベッドチエンバー）を、陛下からじきじきに拝命していました。

このニュースの余波として、陶器、とくにトビー・ジャグが飛ぶように売れました。だれもかれもが女王ご夫妻に熱狂していたのです。母がサウサンプトンでクィーン・メアリー号から下りてくる娘を出迎えたとき、大勢の新聞記者とカメラマンもつめかけていました。肝心のわたしは、お裾持ちに選ばれたことよりも陶器の売上げが誇らしくて、注文控帳を頭上で振りまわしていました。船を下りてインタビューでもみくちゃにされながら、わたしはスポットライトのなかへ押し出されたのです。

4 戴冠式

五月に入ると、わたしと母はロンドンへ移動し、母方の祖母、ガーおばあちゃんの家で厄介になりました。五月後半にウェストミンスター寺院で行なわれる一二回のリハーサルに出席するためです。ケアリーはご機嫌ななめでしたが、父は鼻高々で、ちぎれんばかりに手を振って見送ってくれました。

わたしは女王陛下のお裾持ち（メイド・オブ・オナー）を務める六人のうちのひとりで、あとの二、三人とは顔見知りでした。ロージー・スペンサー＝チャーチルはうちの母の従弟の婚約者です。メアリー・ベイリー＝ハミルトンの両親、ハディントン伯爵夫妻は両親の親友。ジェイン・ヴェイン＝テンペスト＝ステュワートのことは、一番よく知っていました。叔母のシルヴィアがジェインの叔父さまと結婚しているだけでなく、ジェインの妹アナベルがケアリーの親友だったからです。ふたりはとても仲よしだったので、ジェインとアナベルのお母さまがご病気だったとき、うちの母が企画して、ロンドンデリー・ハウス〔ジェインとアナベルの父、ロンドンデリー侯爵のロンドンでの居宅〕で、ケアリーとアナベルの合同のお披露目舞踏会を開きました。ただし、主役のケアリーとアナベルはあまり長い時間、その場にはいませんでした。グロスター公爵からふたりに紹介してほしいというご依頼があったとき、うちの母は、跳ねっ返りの妹娘とその友人が会場をこっそり抜け出しナイトクラブへ繰り出したことに気づいて、あきれはてたものです。わたしならそんな大胆なことは夢にも思わなかったでしょうが、ケアリーにはもともとおてんばなところがあったのです。

　お裾持ちの残りのふたり、ジェイン・ヒースコート＝ドラモンド＝ウィロビーとモイラ・ハミルトンとは初対面で、仲よくなるのにいくらか時間がかかりました。というのは、ノーフォーク公爵が取り仕切るリハーサルは――わたしたちは母たちと同様、黒いスーツと帽子と手袋で参加しました――公的な行事で、おしゃべりするような時間がなかったからです。

　世襲の紋章院総裁（軍務伯）を務めるノーフォーク公爵は、これまでにジョージ六世の戴冠式を執り行なうなど、経験豊富なだけに、何ごともゆるがせにしないご性分でした。九四枚もの進行表を作成し、そこには戴冠式の各部分が分刻みの所要時間とともに記され、各時間に割り当てられたひとつひとつの所作が細かく定められていました。手回しがいいことに、当日テレビカメラが頭上からの映像も映し出すのに備えて、公爵ご本人の禿頭に何度かおしろいをはたくのに必要な時間まで見積もられています。調整や修正を要する箇所は数え切れないほどあるので、大勢の人がリハーサルに参加していました――戴冠式の実況放送を国民に届ける役目のＢＢＣの解説者リチャード・ディンブルビーもそのひとりで、準備段階から熱心に関わり、ウェストミンスター寺院のそばにいられるようにと自宅を出て、寺院近くの波止場にボートを係留しそこで寝泊まりしていました。

　わたしたちお裾持ちの役割は、女王が寺院内を進まれる際、女王がお召しになっている、アーミンに縁取られた真紅のビロード地のローブの、六メートル四〇センチもある裳裾(トレーン)を捧げ持つことで、そのあいだ六人は女王の真後ろに付き従います。女官長のデヴォンシャー公爵未亡人がそのあとにつづき、さらに衣装係官、ついでふたりの上級女官――わたしの母とユーストン伯爵夫人――そして四人の女官がつづきます。母の役目は多分に儀礼的なものでしたが、デヴォンシャー公爵未亡人には大事な役割がありました。女官長（ミストレス・オブ・ザ・ローブズ）という肩書きにふさわしく〔直訳すれば衣装担当長〕、式部卿の第五代チャムリー侯爵を補佐して、女王の王衣着用のお手伝いをするのです。

チャムリー侯爵は絵に描いたような美男子で、本人も内心ご自慢のようでした——いつも背筋をしゃんと伸ばし、首をややかしげた姿勢で着席されています。問題は、服のホックをかけるのがおそろしく下手なことで、他人の介添えはおろか、自分もひとりで正装されたことがなかったのではないでしょうか。紋章院総裁のノーフォーク公爵がくりかえしお手本を示しても、かえってもたつくので、業を煮やした公爵はとうとうホックをスナップに付け替えるように命じました。

戴冠式のあとで、チャムリー侯爵が王衣の背中をうまく留められたかどうか、女王におたずねしたところ、侯爵はスナップを留めるたびに背中をどんと押すので、あれにはまいったわ、とおっしゃっていました。

行商の日々は、まるで存在しなかったかのようでした。全米各地の店の床で陶器を荷解きする代わりに、立居振舞、裳裾の持ち方、お式のあいだ女王に付き従いながら、女王の背後にお裾が優美に広がるにはどうすればよいか等々を教わる毎日です。数十回におよぶリハーサルに女王も参加されましたが、陛下ご自身は式の一部始終をおさらいする必要があるので、ご一緒したのは、最終リハーサルのうち一度だけでした。女王がご不在のとき、わたしたちはノーフォーク公爵夫人のあとを歩きました。チャールズ皇太子からのちにうかがった話では、あるとき皇太子が女王の書斎に入ると、女王は王冠をかぶったまま執務されていました。何をしているのと訊くと、王冠はとても重いから慣れておきたいのよと説明されたそうです。

女王も出席されたリハーサルは、バッキンガム宮殿で行なわれました。何ごともそつなくこなされる女王は、ノーフォーク公爵にお式に関わる質問を山ほど投げかけ、答えに熱心に耳を傾けられました。私たち六人をあとに従え、ローブの代わりにカーテンをまとってホワイト・ドローイング・ルームを何往復もされたのです。

わたしたちは十日間一日も欠かさず、いつも黒いスーツを着て練習に励んできたので、自分のドレスが届いたときはそれはそれは胸がおどりました。六人は全員、王室御用達のノーマン・ハートネルがデザインした、象牙色のシルク地に金の刺繍をあしらったおそろいのドレスを着ます。ドレスには裏地がついていなかったので、刺繍の裏側がちくちくし、おまけに、すこぶる細身に作られていました。それでも、ドレスはこのうえなく優美で、みなたいそう気に入りました。頭飾り（ヘッドドレス）も美しいものでした。金に真珠がちりばめられ、五年前の女王の結婚式で花嫁付添人（ブライズメイド）がつけたものとよく似ていました。

試着は何度もしていていたとはいえ、ある程度まとまった時間そのドレスを着たのは、ウェストミンスター寺院での最終リハーサルが初めてでした。ノーフォーク公爵からわたしたち全員に、デザインが外部に漏れないようドレスの上から何かはおるようにとの注意がありました。ところが、リハーサルが終わってわたしが階段を下りていると、ショールが風でひるがえり、ドレスが丸見えになってしまったのです。そのときはカメラマンが階段に潜んでいることに気づかなかったのですが、翌日、新聞の一面にわたしの写真がでかでかと載りました。「秘密とはご存じなく」等々の見出しとともに。わたしは血の気が引き、ノーフォーク公爵からすぐさま電話がかかってきてお払い箱になるのだと思いました。ほっとしたことに、その類いの電話はなく、公爵は何もおっしゃいませんでした。戴冠式の数日前、妹たちがロンドンに上京し、ガーおばあちゃんの家に泊めてもらいました。祖母はふたりが除け者にされたとひがまないように、精一杯もてなしてくれました。祖母のフラットは全員が泊まれるほど広くないのですが、母はリハーサルで頭がいっぱいで、ホテルの部屋を予約し忘れ、ロンドンのホテルはすでにどこも満室でした。そこで、わたしと母は、父の大叔父にあたるジャックおじさんのフラットに泊めてもらいました。都合のいいことにバークレー・スクエアのはずれにあり、バッキンガム宮殿からも近かったのです。あいにく寝室はひとつしかなく、母がその部屋を使いました。わたしは床にマットレスを敷いて眠り、ジャックおじさんは気の毒にも自宅を明け渡すはめになりました。おじさんは、メアリー太皇太后の侍従を務めていたころ、地方の離宮に随行しては、太皇太后さまの熱心なご指示に従って、しぶしぶ鉈をふるって木やらツタやらを切り倒してきた苦労人なので、人生の苦楽を平然と耐え忍ぶことに慣れていたのです。

わたしが床で寝ていた夜の十一時ごろ、お裾持ちのひとりモイラ・ハミルトンのお母さまは、娘のために、茶色の庭用サンダルを必死で金色に塗っていました。モイラの大きなおみ足にぴったり合う金色のサンダルが見つからなかったので。

戴冠式の前日、バッキンガム宮殿の小姓が、女王陛下のイニシャル「ＥＲ」の文字をかたどったダイヤのブローチを届けてくれました。女王の手書きの文字からデザインされたもので、当日それを着用してほしいという直筆のメモがついていました。わたしは歴史の一ページに参加するという幸運をあらためて感じ、胸が高鳴りました。

その夜はほとんどまんじりともせずに過ごしました——気持ちが高ぶって、そわそわし、マットレスを床に敷いているので、なおさら落ち着きません。やがて空が白みはじめ、夜明けの最初の光がフラットに差しこんで、部屋の隅に吊るしておいたドレスをまばゆく照らしだしました。何時間もひとりで床に横たわり、明日はどんな感じだろうとあれこれ想像し、式次第をひととおり頭のなかでおさらいしたり、まちがいをしでかすのではないかと気をもんだりしているうちに、朝がきて、あわただしい一日が始まったのでした。

午前五時、小さなフラットは人でごった返し、わたしと母はテレビ用の強烈なライトの下でふつうに見えるようにと、化粧品をこってり塗りたくられました。日の光で見ると、ふたりとも異様なありさまで、口紅と同じくらい赤い頬紅や黒々と太い眉は、芸人のジョージ・ロビーがパントマイムで演じたおばさんそっくりです。美容師は到着すると、わたしの髪をカールすると言い張り、おそろしく時間がかかったあげく、鏡を見たわたしは腰を抜かしました。「なんてこと、これじゃまるで羊だわ！」

外は曇り空でした。雨がひと晩じゅう降りつづいて肌寒く——天気ニュースによれば気温は一二度、六月ではこの百年で一番という冷えこみです。ラジオ放送はすぐに戴冠式の準備に戻り、解説者のジョン・スナッグが、何千人もの人が通りで一夜を明かし、行進の道筋に沿って場所取りをしていると伝えて、興奮をかきたてます。

母とわたしがドレスに着替えているあいだ、ジョン・スナッグはリスナーにダイヤルはそのままでと言いつつも、ＢＢＣテレビの生中継が始まる時間を伝えました。

数百万もの人びとがテレビを見ていると考えると、空恐ろしくなりました。緊張のあまり何も喉を通りません。そうこうするうちに母はバッキンガム宮殿に出発しました。宮殿で朝食をいただき、同じお役目のユーストン伯爵夫人とともに馬車で、ウェストミンスター寺院まで行進するのです。

母が出かけて数分後、車が到着し、わたしを乗せてウェストミンスター寺院に向かいました。その十五分の道のりほど現実離れした経験は、これまでの人生で数えるほどしかありません。ロンドンは日常とかけ離れた光景が広がっていました。土砂降りのなか、陽気にはしゃぐ人びとが、ある者は立ち、ある者はすわりながら、通りを埋め尽くしていました。戦後の重苦しい世相を思えば、目を疑うような光景でした。この日の早朝、エドモンド・ヒラリーがエヴェレストに初登頂したというニュースが戴冠式に華を添え、いっそう興奮をかきたてていました。「ヒラリーがエヴェレストの頂上に立ったぞ！」と行列を待っている観衆が叫びました。車がウェストミンスター寺院に近づくと観衆は歓声をあげ、車からおずおずと降りたわたしは、戴冠式のために仮設された別館のドアからすばやく招き入れられました。

ウェストミンスター寺院は、まだがらんとしていました。青いカーペットは掃き清められている最中で、儀式を取り仕切るノーフォーク公爵が最後の準備に余念がない一方、天井近くまでずらりと並んだ数千の座席は、あと一時間ばかりは空席のままです。

ＢＢＣの解説者リチャード・ディンブルビーは夜明けから詰めていて、身廊を見下ろす中層のトリフォリウムに設けられた自分の席から寺院を見渡していました。聖歌隊の少年たちも席につき、そわそわと体を動かしています。彼らの緊張とエネルギーが伝わってきて、いよいよ始まる儀式が、間近にせまってきているのにどこか現実ではないようにも感じられるのでした。

ロージー・スペンサー＝チャーチルとジェイン・ヴェイン＝テンペスト＝ステュワートはお裾持ちのなかで最も高貴な家柄とされ、バッキンガム宮殿に出向いて、女王の行進に加わることになっていました。それほど高貴でないあとの四人は、ひとかたまりになって、ウェストミンスター寺院がしだいに満席になっていくのを眺めていました。わたしたちもすわるように勧められましたが、礼服に身を固めたとても高齢の方が大勢いらっしゃるので――なかには完全武装といってもよい方も見うけられ――席をお譲りすべきだと感じたのです。

行列は五つに分かれてウェストミンスター寺院に向かい、戴冠式のあとはひとつにまとまります。参加しているのは、イギリス連邦諸国の首相たち、王室ご一行、そして王器（レガリア）奉持役の貴族たちで、全員が軍服や色鮮やかなローブをまとっています。ウェストミンスター寺院は照明で美しく照らされていました。外の陰鬱な天候にもかかわらず、テレビ撮影用のライトが陽光のように降り注ぎ、窓のステンドグラスを輝かせ、刺繍や宝石をきらめかせています。

人びとは押し殺した声でおしゃべりし、わたしたちの目の前で大勢の人が次から次へと到着して、寺院は混み合ってきました――何千人もの人がドアから列をなして入ってきます。中世のタペストリーから抜け出したような光景です。いくつもの出来事が同時に起こっています。自分のローブを整える人、他人の世話を焼く人、貴族の宝冠（コロネット）はハンドバッグ代わりで、サンドイッチから裁縫セットまで取り出されたり、しまわれたりしています。女王が王冠を戴くまではかぶらないことになっているのです。

写真家のセシル・ビートンが高みにある梁に腰掛け、スケッチを描き、写真を撮っていました。一方、聖歌隊は午前十時の少しまえになると連禱を歌いはじめました。戴冠式まであと一時間。雰囲気は盛り上がり、期待のざわめきは肌で感じられるほどです。

やがて主席司祭がいつもの厳めしい顔つきで、ほかの参事会員や聖職者たちを引き連れて、祭壇から西玄関へと進んでいきました。王器を別館へ運んでいるのです。聖杯、王笏、宝珠、聖エドワード王冠はひとつずつ、うるわしい横顔の式部卿の采配のもと、特別なテーブルに安置されます。式部卿の小姓を務める十一歳のアルスウォーター子爵は、王器がテーブルに並べられるのを目を丸くして眺めていました。

そのころ公式の行列はすでに始まっていました。女王は八頭の葦毛の馬に引かせた黄金儀装馬車（ゴールド・ステート・コーチ）に乗って午前十一時ぴったりに到着される予定で、夫君のエディンバラ公とともにバッキンガム宮殿を午前十時二十六分ちょうどに出発されていたのです。王室騎兵隊を含む千人もの近衛兵が周囲を固めています。あのジョニー・オールトラップも、女王の侍従として騎乗していました。

うちの母は、女官長の「ムーチャー」ことデヴォンシャー公爵未亡人と一緒に到着しました。嫁に当たる現公爵夫人の「デボ」は、十八世紀から伝わる真紅のビロードのローブを、襟ぐりが深い象牙色のシルクのドレスの上にはおっていました。母の話では、そのローブは、「ファッションの女帝」として名を馳せた第五代公爵夫人ジョージアナ・キャヴェンディッシュのもので、デヴォンシャー公爵の邸宅チャッツワース・ハウスのトランクの奥から見つかったそうです。二百年も昔のものなのに、時代を超越したようなこの晴れの舞台ではちっとも場違いに見えませんでした。

寺院の外では、参列者が到着するたびに、特別に設けられたスタンドから観衆の歓声が上がっています。世間の耳目を集めている人ほど、熱狂も高まります。ウィンストン・チャーチルがガーター勲爵士の正装でウェストミンスター寺院に到着すると観衆は沸き立ち、エリザベス皇太后とマーガレット王女がアイリッシュ儀装馬車から降り立つと、大きなどよめきが起こりました。皇太后はマーガレット王女と一緒にすべるような足取りで寺院に入ってこられました。マーガレット王女は刺繍を施した明るい金色のドレスをお召しで、ふたりそろっておとぎ話から抜け出てこられたようです。近衛歩兵連隊のグレナディア・ガーズから選ばれた衛兵が玄関ホールの持ち場につき、恰幅のよい体つきに厳粛な表情を浮かべたグロスター公爵がご家族とともに入ってこられました。

ロージーとジェインも到着して、六人全員で別館の階段の下で女王をお出迎えします。わたしたちは小さな瓶に入った気つけ薬を渡され、めいめい白い長手袋の内側にしのばせていました。ところが折悪しく、カンタベリー大主教が近づいてこられたとき、握手の際にロージーが大主教の手を強く握りしめたせいか、その瓶が割れてしまいました。鼻につんとくる強烈なにおいが立ち昇ります。

「これはしたり！」大主教は思わず叫ばれました。「いったい何をやらかしたのかね」。わたしたちはこらえきれずくすくす笑いだしました。大主教は冗談じゃないとばかりに、ハンカチで手をふきふき退出されました。

観衆の歓声がひっきりなしにつづき、地響きのような音がヴィクトリア・エンバンクメントの方角から迫ってきたので、女王がもうじき到着されるとわかりました。幼いころから王室ご一家を存じあげていましたが、女王を乗せた金色の馬車が角を曲がってきたときは、夢を見ているような気分でした。群衆のせいでその思いはいっそう強まり、馬車が止まると歓声は頂点に達しました。あたかも全国民が興奮に沸き立っているかのように。

小姓が進みでて馬車のドアを開けると、エディンバラ公が反対側から降りるなりわたしたちのところへ駆けよられ、万事手抜かりはないか、ためつすがめつ細々と確認されました。女王のために非の打ちどころのないお式にしたいと、ひと肌脱いでいるおつもりなのでしょうが、わたしたちはお役目をしっかりわきまえていたので、エディンバラ公のあたふたした動きは緊張を高めただけでした。

女王陛下は血色がよく、瞳は輝き、すばらしくおきれいでした。そしてついに、わたしたちも国民も、戴冠式用のドレスを目にしたのです。議会の開会式でもお召しになる真紅のビロードのローブ——いまではわたしたちもすっかりお馴染みのもの——の下に。そのドレスはこのうえなく優美なもので、ノーマン・ハートネルがデザインし、象牙色のシルクの地に、バラとアザミをはじめとするイギリス諸島ならびにイギリス連邦各国の象徴が一面に刺繍されていました。

わたしはこれまでにもたびたび、女王は緊張されているご様子でしたかと訊かれてきました。いいえ、いつもと同じように落ち着いておられました。ご自分のなすべきことを充分に心得ておられたのです。お父さまの戴冠式をごらんになり、当時はまだお小さかったとはいえ、一部始終を記憶にとどめられたのでしょう。

女王が馬車から降りると、わたしたちは真紅の裳裾のところに集まりました。絹製の持ち手をつかむと、ビロードの生地が手の上で小さく波打ちました。公爵のローブをまとったノーフォーク公が、ウェストミンスター寺院の石段でお迎えします。一九三七年五月の亡きジョージ六世の戴冠式の日と同じように。その日、公爵はお若いエリザベス王女にもご挨拶されましたが、十六年後の今日、その少女を女王エリザベス二世陛下としてお出迎えしているのです。ご挨拶のあと公爵はあとずさり、わたしたち六人は女王の後ろについて、エディンバラ公が寺院のなかへ入って王族公爵のローブをはおり、王器奉持役の貴族たちの準備が整うのを待ちました。ノーフォーク公爵は、青い絨毯に赤い糸でしるしをつけたいまの位置からゴシック・アーチまで、女王は五十五秒で歩かれると見積もっていました。そこに到達するとトランペットがファンファーレの吹奏を始めます。

女王の到着から寺院入場までは十五分、それが戴冠式の始まりです。わたしは女王の後ろに侍立しながら、信じられないほどの幸運を嚙みしめていました。わたしがここにいるのは、たまたま所定の条件を満たした人間で、たまたまこの時代この場所に居合わせたというだけなのに、まさしく文字どおり、女王につき従っているのです。女王が足を踏み出されるまえ、周囲には沈黙が立ちこめました。わたしたちの前に立たれている女王から西玄関までは約九メートル。そのとき、女王が振り返っておっしゃいました。「さあ、行くわよ」

わたしたちはうなずき、女王につづいて寺院のなかへと入っていきました。このときは一瞬ひやりとしました。というのは、女王の歩みが、これまで何週間も一緒に練習してきたノーフォーク公爵夫人より心持ちゆっくりしていたからです。わたしたちは急きょ歩調を調整することになりましたが、あれだけ何度もリハーサルを重ねてきた六人は一糸乱れず、足並みはぴたりとそろいました。

五十五秒後、女王はゴシック・アーチに到達しました。王室のトランペット奏者がファンファーレを吹き鳴らし、会衆は一斉に起立。わたしたちを従えて女王は通路を進まれ、聖歌隊はヒューバート・パリー作曲の七分近い聖歌（アンセム）《我は喜べり》を歌いました。聖歌隊の少年たちは一心に澄んだ歌声を響かせ、その声は戴冠式の栄光を鳴り響かせます。

戴冠式から数十年、わたしはこの歴史的な一日を映像で何度も見直してきましたが、新しい発見がしょっちゅうあります。いつもきまって、ふと気がつくとわたしは息を止め、自分もほかのだれも失敗しませんようにと祈っています。取り返しのつかないような大失敗は何ひとつ起こらないと知っているのに、戴冠式が無事に終わるとほっとし、あの日と同じように安堵の息をつくのです。

じつは式典の途中で、あわや惨事になりかねない場面がひとつありました。お式は、大主教が会衆に女王を紹介する「承認式」から、申し分ないスタートを切りました――この「承認式」のあいだに、女王は寺院の四方すべてに向かって膝を曲げてお辞儀をされました。美しいしぐさですが、めったに見られません（議会の開会式では、議員にむかって二度会釈されます）。つづいて女王は宣誓を行ない、大主教から聖書が授与されました。その後、もっとも厳粛な「聖別式」が始まります。この塗油による「聖別」がどの戴冠式でも、儀式の中心とみなされているのは、この神聖な儀式を経ずして、新しい国王または女王は王冠を戴くことができないからです。聖別式はあまりにも重要であまりにも神聖なので、四人のガーター勲爵士が伝統的な聖別式幕を女王の頭上にかざしているにもかかわらず、テレビカメラは、女王の姿が映らないように向きを変えたので、この儀式を見ることができたのは、わたしも含めてほんのひと握りの人間だけです。

その後、撮影はふたたび許可され、頭上の天蓋も除かれました。聖歌隊が《祭司ザドク》を歌うなか、女官長の介添えを受けた式部卿の手で女王のローブが脱がされ、簡素な白い王衣のドレスを戴冠式のドレスの上から着用します。わたしはほかのお裾持ちと二列になって寺院の柱のそばに控え、女王が聖壇と玉座のほうに向かって歩いていかれるのを見守っていたのですが、そのとき急にめまいに襲われたのです。

幸いわたしは後列で、やや陰になっていました。隣にいるのは黒杖官で、頭から足までビロードの黒づくめの衣装に、ビリヤードのキューのような杖を持っています。黒杖官とほかのお裾持ちたちが女王を一心に見つめているあいだ、わたしは視界がみるみる暗くなっていくのを必死でこらえていました。

神聖な「叙任式」がいままさに始ろうとするとき、体が揺れはじめました。儀式を台無しにしてはいけないと思い、気つけ薬の小瓶を割りました。残念ながら、効き目ははかばかしくありません。必死で足の指をよじってみましたが、こちらも効果なし。気絶してはだめ、絶対にだめ、何百万人、何十億人もの人が見ているのよ。わたしは、全イギリス連邦の前で気絶するわけにはいかないという、その一念にすがっていました。

わたしがぐらついていることに、ジェイン・ヴェイン＝テンペスト＝ステュワートが気づき、ありがたいことに黒杖官も気づいてくれました。黒杖官は冷静にさりげなく、わたしに腕をまわしてしっかり支えると、そばにある柱に体をもたせかけられるように誘導してくれました。はたしてその脳裏にはどんな思いがよぎっていたのやら。そのときの黒杖官はサー・ブライアン・ホロックス陸軍中将で、何度も軍功を立て、連合国遠征軍の最高司令官アイゼンハワーをして、「モントゴメリー元帥麾下のもっとも傑出したイギリス人将校」と言わしめた戦時の英雄でした。そういう人物だからこそ、わたしが気絶して騒ぎになることを阻止できるという、わずかな希望を捨てなかったのでしょう。第二次世界大戦中、砂漠での勝利に貢献した数々の戦いはともあれ、ホロックス中将はみごとにわたしを窮地から救ってくれました。お互い大いに胸をなでおろしたことに、中将に支えられているうちにめまいは収まったのです。

アドレナリンが放出されたのか、戴冠式の残りは、自分が気絶するのではないかという心配で台無しにならずにすみました。時間はあっというまにたち、女王は金色の生地の長いチュニックを着用し、王器のひとつである拍車を授与されましたが、女王は女性の君主なのでそれを身につけられることはありません。さまざまな祝福や授与のあいだ、わたしたちは同じ場所に侍立していました。最後に式部卿が王衣のローブのスナップを留め、整った横顔をもう一度見せつけながら、直立不動の姿勢をとりました。

女王がさまざまな王器を授与されると、いよいよ大主教が女王に戴冠するときがきました。八〇〇六人の会衆は一斉に起立します。全世界が待ち望んでいた瞬間です。きっとだれもが総毛立ち、だれもが固唾をのんで見守るなか、大主教が両手を伸ばして、聖エドワードの王冠を女王の頭上高く掲げます。大主教が王冠を新女王の頭にかぶせると、息詰まるような沈黙が破られ、「女王万歳！」の歓喜の叫びが寺院に響きわたりました。列席の貴族と夫人たちがこぞって各自の冠をかぶる、あわただしい動きがつづきます。

トランペットのファンファーレが、歓呼の声に加わります。外では観衆も万歳を叫び、砲兵隊が発射する祝砲のとどろきが遠くから聞こえました。

儀式の残りはあいまいにしか覚えていません。「奉戴式」と「臣従式」のあと、「聖餐式」が始まり、《よろずのくにびと》をとりわけ心をこめて歌ったのをおぼえています。その後、休憩となり、聖エドワード礼拝堂に移動しました。約二キログラムの重さがある聖エドワード王冠を下ろして、女王もほっとされたことでしょう。ここで、戴冠式用の王衣から紫のビロードのローブに着替え、王冠もやや軽い「大英帝国王冠」に取り換えました——毎年、議会の開会式でかぶっておられるものです。

この小休止のあいだに、カンタベリー大主教はブランデーが入った小さなフラスクを取り出し、周囲に勧めました。女王もほかのお裾持ちも辞退しましたが、わたしはひと口いただきました。朝食抜きでまだ気分が悪かったので、元気づけになればと思ったのです。

儀式がほぼ終わったのでほっとし、幸せな気分がじんわりと広がっていきます。エルガーの《威風堂々》に合わせ、女王のあとから通路を歩いていきましたが、この曲は戴冠式の喜びに満ちた雰囲気を余すところなく表現していました。行列を組んで通路を下がっていくよりも感動的だったのは、寺院を出たところで外の観衆に迎えられた瞬間です。熱狂は頂点に達し、まるで全国民が声をそろえて快哉を叫んでいるようでした。

歩調を乱すことなく石段を下りていくのは容易ではありませんでしたが、自分もこの瞬間の一部なのだという驚きと喜びに満ちた感覚は、いまでも鮮明におぼえています。女王は優雅に階段を下り、ありがたいことに、お裾持ちもひとりも転ばずにすみました。そのまま別館に入ると、招待客用に

「戴冠式（コロネーション）のチキン〔鶏肉をカレー風味のクリームソースで和え、宝石に見立てたレーズンやアンズを添えた軽食〕」が用意されていました。この日のために特別に考案されたお料理です。わたしはもうお腹がぺこぺこのはずでしたが、女王の動きに合わせて裳裾を支えられるよう、立ち位置の確認で頭がいっぱいでした。

　そのころには、ロンドンは土砂降りでしたが、観衆はその場を離れず、女王がふたたびお出ましになるのを待っていました。長らく待たずにすみました。わたしたちがお手伝いして女王が王室馬車に乗りこまれたとき、ふたたび女王と間近に接した観衆から、喜びのどよめきが起きました。馬車が遠ざかるなか、高揚した人びとが雨のなか手を振る姿を、わたしは見つめました。

　女王が、別の馬車に乗ったロージー・スペンサー＝チャーチルとジェイン・ヴェイン＝テンペスト＝ステュワートを伴ってロンドンの半分を行進されているあいだ、残りの三人のお裾持ちとわたしは車でバッキンガム宮殿に移動し、女王が長い行進をすませてお戻りになるまで待機することになっていました。

　バッキンガム宮殿に到着すると、女王をお出迎えするため入り口のすぐそばに控えていました。そのあいだにほかのお客さま方がつぎつぎと到着し、わたしたちの前を通り過ぎていきます。トンガのサローテ女王はコウゾの樹皮からつくったタパ布のスカートをはき、髪には聖鳥クラの赤い羽根を挿した盛装ですが、全身ずぶ濡れでした。観衆からよく見えるようにと、ずっと馬車の屋根を下ろしていらしたのです――なかなかできることではなく、市民の敬慕を集めました。サローテ女王はわたしたちの前を、大柄なお体に満面の笑みで通っていかれました。

　さらに大勢の方々が通り過ぎたあと、ようやく女王が到着されました。馬車から降りるとすぐに、いつもの魅惑的な笑顔でわたしたちをご覧になり、立派にやり遂げましたねとねぎらってくださいました。わたしは心底ほっとして——全員そうでした——まだいくらか残っていた不安や思いつめた気持ちは、たちまち晴れがましい気分に取って代わられました。

バッキンガム宮殿のなかは、ウェストミンスター寺院とよく似た高揚感が感じられたものの、格段にくつろいだ雰囲気でした。まだ公式の行事とはいえ、国民全体が息を詰めているという感じではなく、テレビカメラもないので、目の前の出来事を楽しむゆとりがあったのです。ここでもお裾持ちの役得はとても大きく、女王のおそばに控えているので、みなさんを間近で眺めることができました。

チャールズ皇太子とアン王女は女王に会うために招き入れられると、すぐさまドレスの下にもぐりこみました。女王はちっとも気になさいませんでした。それだけ心が浮き立たれていたのですが、女王が王冠をはずして所定のテーブルに載せると、チャールズ皇太子はまっしぐらにそちらに向かい、王冠に飛びつこうとしました。だれかが——うちの母だったかもしれません——推定相続人たる皇太子から王冠を取り上げ、テーブルに戻しました。

寺院の場合と同じく、時間はあっという間に過ぎました。わたしとほかの五人は女王のあとについて、バッキンガム宮殿の長くて幅の広い廊下のひとつを通って、写真撮影に向かいました。女王がはしゃいで駆けだされたので、わたしたちも走りました。女王が廊下にある赤いソファにどすんと腰を下ろすと、ドレスがふわりと膨らんで、女王の足もとに広がりました。わたしたちも並んで腰かけ、女王がふざけて両足を跳ね上げたときは、わたしたちもまねしました。このうえなく楽しいひとときでした。

一方、わたしたちが一世一代の晴れ舞台を満喫しているあいだ、女王が依頼なさっていた私的な映像には、マーガレット王女の寂しそうなご様子が映っていました。後年、わたしはこの件を王女さまにぶつけてみました。「そりゃそうよ、アン」と王女さまはおっしゃいました。「大好きなお父さまを亡くしたばかりなのに、姉までなくしてしまったんですもの。これからはすごくお忙しくなるだろうし、もうバッキンガム宮殿に移られていたから、わたしと皇太后さまはふたりきりだった」

戴冠式から二週間もたたずに、マーガレット王女のひそやかな希望がついえてしまうとは、王女さまご自身、またほかのだれにとっても思いもよらないことでした。マスコミが王女さまと亡き父君の侍従武官だったピーター・タウンゼンド空軍大佐が恋仲だと報じ、しかもそれは事実だったのです。ピーター・タウンゼンドは凜々しい大戦の英雄で、王女さまより十六歳年上。戴冠式の日、ウェストミンスター寺院の外で、王女さまが彼の制服から糸くずをはらっている姿が目撃され、マスコミが飛びつきました。それがスキャンダルとなって王室を揺るがし、世論を二分することになるのです。

とはいえ、戴冠式当日に話を戻すと、マーガレット王女が感じていらした悲哀にまで気がまわりませんでした。女王と一緒にホワイト・ドローイング・ルームに行き、公式写真を撮ってもらうことで頭がいっぱいだったのです。ウェストミンスター寺院から直行したセシル・ビートンが、すでに二枚の背景幕を用意し、ひと組がポーズを取っているあいだに、もうひと組を撮影できるよう準備を整えていました。女王はふたたび王冠をかぶって中央に立たれ、わたしたちは指示を待ちました。

エディンバラ公は友人の男爵に写真を撮らせたかったのですが、セシル・ビートンをひいきにされていた皇太后がそれを覆されたのです。エディンバラ公はまたしてもあれこれ口をはさみ、わたしたちにどこに立てとか、いつ笑えとか、すこぶるえらそうに指示を出されます。セシル・ビートンも、カメラの後ろからにらみを利かせています。差し出口を嫌うのは有名で、エディンバラ公が意見を言えば言うほど、ますますご機嫌が悪くなりました。

エディンバラ公は、自分が写真家のじゃまをしていることに気づいていないのか、それとも気にしていないのか、いっこうにやめる気配がなく、とうとうセシル・ビートンの堪忍袋の緒が切れました。カメラを下ろすとエディンバラ公をにらみつけ、「ご自分で写真をお撮りになりたいのなら、どうぞご遠慮なく」とカメラを手で示すと、立ち去ろうとしました。女王の顔色が変わり、皇太后さまも同様で、やりすぎたことに気づいたエディンバラ公は、その場をはずされました。

写真撮影がようやく終わると、女王はバルコニーに出られ、わたしたちもお供しました。今日一日のなかで、もっとも感動した行事のひとつだったと思います。大観衆が集まり――まさに立錐の余地もないほどで――宮殿前の大通りはアドミラルティ・アーチまでびっしり埋まり、セント・ジェームズ・パークも大勢の人でにぎわっていました。女王がバルコニーに姿を見せると観衆から割れんばかりの歓声が沸き起こり、その声がバルコニーにいたわたしたちにまともにぶつかってきました。

わたしはバルコニーに立ちながら、この歓声は新たなエリザベス時代の幕開けを示すものだと感じました。わたしたちは戦争を戦い抜き、まだその被害に苦しんでいるとはいえ、今日は祝賀の日なのです。

わたしは、これと同じ規模の観衆を即位六十周年の記念日にふたたび目にする幸運に恵まれました。そのとき痛感したのが、その折の観衆と一九五三年に集まった観衆のちがいです。当時の人びとには色彩がありませんでした。戦争の生々しい爪あとです。まだ配給制が敷かれ、多くの人は軍服姿でした。戦後何年ものあいだ、妹とわたしは、だれもそうだったように、フェルト製の手作りのスカートをはいていました。フェルトは配給ではなく、縫いやすかったからです。だからノーマン・ハートネルのシルクのドレスを着て、王器に囲まれてバルコニーに立っていることが、なおさら夢のように感じられたのです。

女王は温かな歓声に見るからに感動され、国民の支援を目の当たりにして涙ぐんでおられました。下にいる観衆とともに、わたしたちは空を見上げ、翼をトげて女王に敬意を表しながら宮殿上空を祝賀飛行した飛行機を見送りました。パイロットたちも戦争を生き延びた仲間です。しかも生還しただけではなく、国民全員を危機から救ってくれました。わたしたちは、みなそれを知っていました。今日この日を迎えられたのは彼らの活躍のおかげで、したがってこの祝賀飛行は、未来をかいま見せてくれると同時に、わたしたちが苦難を乗り越えて自由と平和を享受していることをあらためて思い出させてくれる、壮大な証しだったのです。国民全員が統合と希望をはっきり意識し、その思いを共有していること、そしてそれを女王が誇りに思っていらっしゃることが、わたしにもありありと伝わってきました。

飛行機が飛び去ると、観衆は女王に注意を戻しました。女王がなかへ入るそぶりを見せるたびに、歓声が女王を呼び戻します。とうとう宮殿に戻られたあとも、人びとはその場に残って拍手喝采でお見送りしました。

歓声がつづくなか、バッキンガム宮殿のなかを行ったり来たりしているうちに、お開きとなりました。宮殿を出たのは夕方でしたが、また戻ってきました。女王が晩餐のあと国民にもう一度挨拶するためにバルコニーに姿を見せられるのを知っていたからで、友人のひとりに頼みこんで付き合ってもらい、観衆に加わったのです。ほんの数時間前にはバルコニーで女王の隣に控えていたというのに、フェルトのスカート姿に戻り、観衆に混じって女王に手を振り歓声を上げるのは妙な気分でしたが、その喧噪(けんそう)はいつまでも浸っていたいほど心地よいものでした。わたしがそこにいることを女王はご存じありませんが――あとでお話ししたと思います――わたしたちはその場にとどまり、イヴニングドレスでお出ましになった女王に声援を送りました。その歓声は体を貫くほどでした。

　でも、わたしの一日はそれで終わりではなく、さらに一風変わったおまけがありました。王室に仕えている者はみな、外国要人の接待を仰せつかっていました。うちの父はギリシアのフレデリキ王妃のお世話をして、立派な方だと感銘を受け、当時皇太后さまの特別宮廷取次人（エクストラ・ジェントルマン・アッシャー）を務めていた叔父のトム・ハーヴェイ少佐は、バーレーンの首長シャイフ・サルマーン・ビン・ハマド・ビン・イーサ・アール・ハリーファと、クウェートの首長シャイフ・アブドゥッラー・アッ＝サーリム・アッ＝サバーハの接遇を仰せつかりました。

　トム叔父は二人を「四〇〇クラブ」――レスター・スクエアにある紫煙もうもうたる薄暗いナイトクラブ――に案内することにしました。バンドがひと晩中演奏し、夜明けに朝食が出ます。お酒をボトルで買って、客の名前を記し、もしあまれば次回の来店までキープできます。おしゃれな人たち御用達の店で、彼らはビロードのシートでくつろいで、夜更けまでお酒を飲むためにこぞって訪れるのです。

　イギリスの貴族にもとても人気があるので、トム叔父はシャイフたちもお気に召すだろうと考えて、わたしに接待を手伝ってほしいと頼んだのです。戴冠式までは当日の壮麗な儀式のあれこれを思い描いていましたが、よもやその締めくくりに、煙が立ちこめるうす暗いクラブで、場違いな思いをしながら、ふたりのシャイフたちと会話をはずませようと苦労しているとは思いもしませんでした。

　シャイフたちの胸のうちは、表情からはほとんど読み取れませんでした。おふたりはダンスもせず、お酒も飲まずで、トム叔父は店がにぎわってくれれば気分もほぐれるだろうと考えていましたが、わたしたちはすわっているばかりで、おもてなしはあっというまに手詰まりに陥ってしまいました。お客さまはなんとも気前のよいことに、高価な金時計をくださいました。わたしはその手の贈り物に慣れていなかったので、はにかみながら受け取ったものの、それにふさわしい歓待ができなかったことで、ますます気がとがめました。

その夜、ジャックおじさんのフラットの床で眠りについたとき、今日の出来事のいずれについても、なかなか実感が湧いてきませんでした。ただ、この思い出は胸にしまって、死ぬまで大切にするだろうということだけはわかりました。

これだけの歳月がたったいまでも、戴冠式の日についてしょっちゅうたずねられ、そのたびにできるだけ正確にお伝えしてきたつもりですが、どれだけ言葉を尽くしても充分とはいえない気がします。あまりにも多くのことが起こり、ほかのお裾持ちたちと思い出話に花を咲かせても、みなの記憶はいつもどこかしら違っているのです。それでも、何にもまして心の中に響いてくるのは、女王がその日、生涯を国民のために尽くすと誓われた厳粛な約束です。女王はその誓いをこれまでずっと誠実に守ってこられました。一歩たりとも道を踏み外されたことはありません。女王は史上最高の女王陛下であらせられ、まさに生涯を国民に捧げてこられたのです。

5　喜びのときも、悲しみのときも

戴冠式のあと、わたしの写真はいくつかの雑誌の表紙を飾り、見知らぬ人から妙なお手紙を二、三通いただいて結婚を申し込まれるということもありましたが、ふさわしいお相手は見つからず、わたしは独身のままでした。

きょうだいは妹ふたりで、兄も弟もいないので、そもそも異性のことはよくわかりません。男の人たちは旧弊で、保守的で、型どおりに見えました。興味があるのは、日中なら狩りなど田舎の娯楽、夜になるとかつての戦友との食事で――そのどちらも、言うまでもなく、女性はお呼びではありません。社交シーズンは数多くの出会いを用意してくれました。ナイジェル・リー＝ペンバートンは男性にも繊細な面があることを教えてくれましたが、ジョニー・スペンサーの手厳しい拒絶はそれとは相反するものでした。わたしはこれからどうなるのだろう、父に説得されて、スコッツ・ガーズの父と同年配の友人のだれかと結婚することになるのかしら、とわが身の行く末が案じられました。

一九五五年の夏、二十二歳のときに、ノースボーン卿夫妻が娘のサラのためにリッツで開いたお披露目パーティーで、コリン・テナントと初めて会いました。わたしが友人とバーで待ち合せていたところ、ノースボーン卿夫妻はコリンとも知り合いだったらしく、敬愛する継母のエリザベス・グレンコナーと一緒に彼がそこにいたのです。エリザベスはいつもコリンと機知に富んだやりとりをし、わたしにもとても親切でした。コリンはどうやらわたしがお気に召したようで、彼から電話がかかってきて、お付き合いするようになりました。わたしは内心ほっとし、胸がときめきました。男の人がわたしと真剣に交際しているというだけでなく、その人がこれまでに会っただれとも違うタイプだったからです。

コリンは背が高く、ものすごくハンサムで、魅力にあふれていました。第二代グレンコナー男爵の息子で、スコットランドの南東部ボーダーズにある一族の地所グレンとロンドンで育ちました。ロンドンでは少年時代、ハムステッドのアドミラルズ・ハウス〔イギリスの風景画家コンスタブルの油彩画で有名。ハムステッドはロンドン北部の高級住宅地〕に住んでいました。イートン校ではボート部に入り、その後オックスフォードのニュー・カレッジに進学。寮の部屋で豪勢な朝食パーティーを開いて人気を集めたそうです。

卒業後は近衛歩兵連隊のアイリッシュ・ガーズに入隊し、やがてスコッツ・ガーズに転属になり、その後一族の投資銀行C・テナント&サンズに入りました。テナント家は富豪なので、コリンもとても羽振りがよく、口実を設けてはパーティーを開いていました。友人をよくもてなしていたのが、叔父のデイヴィッドが経営する会員制クラブ「ガーゴイル」です。ソーホーのディーン通りにあり、こちらも人気の「マンドレイク」と軒を並べていました。コリンは「マーガレット王女の取り巻き（セット）」と呼ばれる、ほぼ男性ばかりからなる社交グループの主だったひとりで、彼らは「四〇〇」のようなクラブで何時間も時間をつぶしていました。

コリンはさらに、現代画家のルシアン・フロイドや作家のイアン・フレミングなど芸術家とも親交がありました。驚いたことに、わたしと出会う数年前には、イアン・フレミングとロンドンで一緒に暮らしていたそうです。ある晩ディナーのあとで、コリンやほかの客たちは、フレミングが書きあげたばかりの本の草稿を数ページみなで朗読し、荒唐無稽な話の筋を笑い飛ばしました。やがてそれがスパイ小説の嚆矢として世界的名声を得るとは知るよしもなく。その本こそ、イアン・フレミングのジェームズ・ボンドシリーズ第一作『カジノ・ロワイヤル』だったのです。

コリンの経歴はほかの人たちと似通っていたかもしれませんが、強烈な魅力、鋭い機知と知性がひとつになって、彼をまたとなく個性的な人間にしていました。お酒はほとんど飲まず、薬にも手を出さない。コリンの活力はあくまで生来のもので、わたしがこれまで出会った人たちにはなかった創意にあふれ、一緒にいて楽しい人だったのです。

彼が部屋に一歩足を踏み入れると、人びとは彼に惹きつけられます。マーガレット王女もそのひとりでした。ふたりの友情はプラトニックなものでしたが、コリンはわたしと出会うまえに何人もの女性と浮名を流していました。モデルで、のちにアンディ・ウォーホルに乗り換えたアイビー・ニコルソン、イギリスの元首相デイヴィッド・キャメロンの妻サマンサ・キャメロンの祖母に当たるパンドラ・クリフォード、第十一代アーガイル侯爵の娘で、アメリカのケネディ大統領やキューバのカストロ議長を含む多くの有名人を恋人にしたジーン・キャンベル等々。

コリンの魅力が相手に通じなかったことはまれですが、一度、「四〇〇」で、ケント公の未亡人マリーナ公妃と話していたときに、墓穴を掘ったことがありました。コリンは、サファイアの真贋は水につけて色落ちしないかどうかでわかると説明していました。本物のサファイアは色落ちしないことを証明するため、彼はマリーナ公妃がはめていた特大のサファイアの指輪をグラスの水に落としてみるように勧めたのです。公妃はそうなさいましたが、コリンが肝を冷やしたことに、サファイアの色がさめてしまったのです。コリンはすぐさま、自分はその説をあべこべに覚えていたに違いないと取り繕いましたが、公妃はご気分を害されたようでした。

この社交界の寵児が、どういう風の吹きまわしか、わたしと付き合いだしたのです。夏のあいだじゅう愛車のサンダーバードであちこち連れていってもらいましたが、車高があまりにも低いので、乗りこむのにたいそう苦労しました。コリンの運転は猛スピードでむらがあるので、あまり楽しめませんでした。バークシャー州のブレイまで足をのばし、ゆっくりランチをとったあと、牧場で長い時間、寝そべって過ごしたこともあります。ロンドンではわたしを夕食に連れだして友人たちに紹介し、そのあと彼のフラットに戻って、ひとしきり濃厚な触れ合いがつづきました。

わたしの頭のなかにある愛やロマンスは、もっぱらグレース・ケリーやケーリー・グラントといったスターが主演するハリウッド白黒映画の大ヒット作で、母や妹と一緒に近くのウェルス・ネクスト・ザ・シーの映画館で見たものがお手本でした。現実はそうはいきません。ロマンスはコリンの性に合っていませんでした。あふれんばかりの魅力とは裏腹に、愛情をあらわすのが苦手で、ヒースクリフとはまったく違うタイプだったのです。エミリー・ブロンテの『嵐が丘』に出てくる彼が、わたしの思い描く夢の恋人だったのですが。

それにコリンはひどい癇癪（かんしゃく）持ちで、つきあって間もないころから怒りを爆発させる場面を何度か目撃しました。そのたびに彼はきまって「ああ、アン、ぼくたちが結婚したら、もう癇癪を起こさなくてすむのに」と言うのです。これはプロポーズかもしれないと胸がドキドキし、彼のたったひとつの欠点らしきもので求愛をはねつけてはもったいない、彼はきっと約束を守ってくれると自分に言いきかせました。なんといってもコリンは才気にあふれ――父のお堅い友人たちと似ていないところも、魅力のひとつだったのです。

善意からとはいえ、コリンは不満を胸にしまっておくような人ではありませんでした。彼のお父さまにご挨拶するため初めて夕食にうかがったとき、なんらかの理由で、コリンはお父さまのわたしに対する配慮が足りなかったと感じました。帰り道、コリンは憤懣やるかたないようすで、父のせいで面目丸つぶれだ、あれではわたしに失礼だ、とわめきちらしました。わたしから見れば、文句のつけようのない歓待ぶりでしたが、それは関係ないみたいでした。

うちの母もコリンが癇癪を起こしている場面に遭遇していました。ふたりは同時期にバハマ諸島を訪ねたことがあり、母はとある船の上で、激昂している彼を目撃したのです。また母が小耳にはさんだところでは、前年の夏バルモラル城でも何度か茶番を演じたらしく、王室の人びとはコリンを疎んじ、粗暴な人間とみなしているとか。母はコリンの激しい気性についてあらかじめ注意してくれましたが、コリンは結婚したら何もかもうまくいくと、わたしを説き伏せました。

夏の終わりに、コリンをホウカムに連れていって父に紹介しました。父はにこりともせず、疑い深そうな目で彼をにらみつけました。それからほどなく、幸か不幸か、わたしたちは結婚の約束を交わしました。わたしは父に報告するために実家を訪ねました。その知らせを予期していた父は、周到にその知らせを、つまりわたしを、避けつづけました。ホウカムで、わたしは無数にある部屋を通り抜けて、父を家じゅう追い回しましたが、父は「いや、だめだ、だめだ、いまはなしだ、アン」と聞く耳を持ちません。それでもとうとう追いつめて、吉報をひと息に伝えました。父はまともに反応せず、祝福の言葉もかけてくれません。わたしを自分の友人と結婚させるという思いつきにまだこだわっていただけでなく、テナント一族をクック家よりはるかに格下だと見下していたのです。クック家が創設されたのは十五世紀で、法曹界のちには領地が財産の基になっている一方、テナント家は産業革命時に発明した漂白剤によって資産を――莫大とはいえ――築きました。彼らは商売人であるばかりか、父から見れば、新興成金だったのです。

クック家の若い世代が結婚相手をホウカムに連れてきて、すげない反応しか得られなかったのはこれが初めてではありません。わたしの祖父、第四代レスター伯爵は、祖母のマリオン・トレフューシス――すばらしい貴婦人だった美貌の祖母を、懐かしく思い出します――と恋に落ち、彼の祖父に当たる第二代レスター伯爵に引き合わせました。二代伯爵はもはや耳も言葉も不自由というふりをして、移動式ベッドに寝たままメモで意思を伝えることにしていました。マリオンをひと目見るなり、なぐり書きのメモを祖父に渡しました。「その女をあっちへ連れていけ」と。

一九五五年十二月十六日、わたしたちの婚約がタイムズ紙に告知されると、父はすぐさまコリンに手紙を書き、これからも自分と妻のことは「ロード・レスター」「レディ・レスター」と呼ぶように、と明確に伝えました。コリンはこれにはかなり鼻白んだようで、わたしもばつの悪い思いをしました。うちの母なら、コリンから「エリザベス」と呼ばれてもちっとも気にしないだろうとわかっていたので、なおさらです。

何年もたってから知ったのですが、わたしたちの婚約が公になるまえ、マーガレット王女はコリンの件で母に手紙をくださり、コリンのことを「かなり放埒な男」だと述べて、母の心配はもっともだと同意されたうえで、「アンを選んだのは趣味がよい証拠」だから、「きっと心を入れかえたに違いない」と請け合ってくださったのでした。

この手紙はわたしには伏せられていて、母が亡くなったあとたまたま見つかりました。マーガレット王女がコリンを「放埒」とおっしゃったのはまさに言い得て妙で、あまり口出しせずに見守るというのは、いかにも王女さまと母らしい態度でした。母が当時その手紙をどうして見せてくれなかったのか理解できますし、いまとなっては、その手紙を読んでわたしが考え直したかどうかはわかりません。

婚約から四月の結婚式まで三か月しかなかったので、わたしはあわただしくさまざまなリストを作り、お花から音楽まで何もかも手配し、一方妹のケアリーはブライズメイドのドレスをデザインしました。わたしのドレスについては、ノーマン・ハートネルとヴィクター・スティーベルのデザインを見くらべました。ヴィクター・スティーベルも当代一流のデザイナーで、のちにマーガレット王女の新婚旅行用のお衣装を仕立てるのですが、わたしが強く惹かれたのはノーマン・ハートネルのほうでした。刺繡を施した絹地で仕立てたAラインのドレスは、えもいわれぬ美しさでした。

父は嫡男の結婚式のように準備に精を出しました。父について領地をまわったときに知り合った使用人や小作農家の人たち全員が参加できるようにと、庭園にテントを三つ設置してそれぞれケーキを用意し、披露宴は館の貴賓室で開かれることになりました。

結婚式の数日まえから、近隣の一帯は招待客に占拠されました。コリンの実家であるスコットランドのグレンから列車でやってきた大勢の使用人たちもそうで、彼らの多くは海を見るのが初めてでした。ロング・ギャラリーにはお祝いの品がところ狭しと並べられ、女王ご夫妻から贈られた銀のインク壺、皇太后さまからの金の手鏡もありました。近隣じゅうから人びとが見学にやってきました。

一九五六年四月二十一日、わたしと夫はホウカムの領地にある聖ウィズバーガ教会で式を挙げました。お披露目の舞踏会のときと同様、わたしは大理石の階段にたたずみましたが、今回は社交界にデビューしたときのパラシュート製のドレスではなく、ノーマン・ハートネルのウェディング・ドレスに身をつつみ、クック家に伝わるみごとなダイヤモンドのネックレスをつけた姿で、この瞬間を胸にきざみました。今回は使用人にシャンパンをついでまわることも、ダンスを申しこまれることもありません。同世代の社交界の花形コリン・テナントの花嫁として、自立した既婚女性となる門出を迎えたのです。

父のロールスロイスはぴかぴかに磨きあげられ、スミスという運転手が庭園を通りぬけて、わたしたちを教会に送りとどけてくれました。父は神経を尖らせていて、ささいなことであれこれ文句をつけていました。母はひと足先に教会に行って、吊りランプの周囲を花で美しく飾ってくれました。

結婚式はぼんやりとしか記憶に残っていませんが、教会から出ると、大勢の人がわたしたちを見て拍手喝采してくれたことはよく覚えています。村やその周辺から、わたしたちを見ようと、とくにマーガレット王女と皇太后さまの姿がちらりとでも見えるのではないかと、大挙してやってきたのです。皇太后さまは毛皮のストールをはおって、にこにこと手を振っていらっしゃいました。女王はご自身のお誕生日を祝っておられたのでご欠席でした。父が結婚式の日取りを決めたとき、うっかり失念していたのです。

マーガレット王女とはお披露目の舞踏会以降ごくたまにしかお目にかかっていなかったのに、ご出席くださって嬉しく思いました。王女さまはロンドンで多くの時間を過ごし、ナイトクラブによく出入りされていましたが、わたしはホウカムで陶器の仕事に打ちこんでいて、そちらはまったくだったのです。

コリンのおかげで、わたしたちは再会し、よみがえった友情は終生つづくことになりました。とはいえ、わたしたちの結婚式では、王女さまはご機嫌斜めでした。口さがない世間では、王女さまは友人が結婚するのがお気に召さず、それはおそらく、ナイトクラブにエスコートしてくれる男友だちが減ってしまうばかりか、自分がまだ独身であることを思い知らされるからだ、などと申しております。わたしたちの結婚式に到着された王女さまは、濃青色のコートに青いお帽子と手袋というお姿で、少々野暮ったい看護師のように見えました。結婚式の写真を撮っていたトニー・アームストロング＝ジョーンズと四年後にご結婚されるとは夢にも思われず。

　トニーはイートンとケンブリッジを出ているというのに、うちの父は写真家は商売人だという考えで、失礼にも「写真屋トニー（トニー・スナップショット）」と呼んで、披露宴の昼食にも招きませんでした。トニーが階下でひとり昼食をとっていたころ、未来の花嫁は披露宴の主賓でした。トニーが撮った写真はじつにすばらしく――だからこそ彼を雇ったわけですが――まさに当代随一のカメラマンで、人びとがもてはやすのももっともでした。けれども彼はコリンをひと目で嫌いになり、その思いは後年ますます露骨になりました。ちなみに、セシル・ビートンも公式カメラマンになりたくて父に打診しましたが、もうトニーに頼んだと言われてがっかりしました。父はセシルを客として招待し、彼は何枚かよい写真を撮ってくれましたが、その請求書を送りつけて父の不興を買いました。

　コリンとわたしは披露宴に出るためにロールスロイスで屋敷に戻り、伝統にのっとり、敷地をぐるりと一周して、地元のみなさんにも見てもらえるように村を通り抜けました。運転手のスミスは村の丘で車をエンストさせてしまいました。車が立ち往生しているので、村人たちが押し寄せてきて、窓からなかをのぞきこみます。わたしはすっかり見世物になった気分でやきもきしました。「スミス、急いで。エンジンがかからないの？　ここでじっとすわっているのは、決まり悪いったらないわ」。彼もひどくうろたえていましたが、ようやくエンジンがかかって、わたしたちはその場を離れました。

庭園の三つのテントで、そして邸内の貴賓室で、お客さま方は出迎えを受け、ケーキは切り分けられ、祝辞が述べられました。ついで雲ひとつない青空を背景に写真が撮られました。わたしは祝宴を楽しんでいましたが、時間がたつにつれ、注意がおろそかになるのを感じました。どの花嫁もみな婚礼の日のどこかで、ふと現実が遠のいていくような思いを味わうのではないでしょうか。わたしの場合、コリンとわたしがホウカムを出発するときに心をよぎったのは、初夜にたいする不安と期待でした。当時、わたしのような家柄の花嫁はたいてい未経験でした。ジョニー・オールトラップへの失恋を除けば、わたしも恋愛に関してまったく奥手だったのです。

性のことは母から教わっていました。わたしは十一歳で、家を離れて寄宿学校に入る少しまえのことでした。生理もまだ来ていなかったので、母はそのことも話題に含めました。飼い犬のビスケットのことから話が始まります。「ビスケットのお尻から血が出ているとき、閉じこめておくでしょう？　あなたの体にももうじき同じことが起こるわ」つづけてこう言いました。「いずれ大人になって結婚したら、お父さまのラブラドールがビスケットの上にまたがっていたのを覚えているわね？　結婚したらあなたもそういうふうになって、セックスをします。ただし、あなたの場合はベッドで横になっているでしょうけど」それが手ほどきのすべてでした。

日が暮れるころ、わたしは母の寝室へ行って、ウェディング・ドレスから青いシルクのコート、帽子、手袋に着替えました。そのときになって恐怖の波に襲われました。この家だけでなく、これまでなじんできた人生からも出て行くのだと思い当たって。わたしが泣きだしても、母は驚きませんでした。

「そんなことだろうと思っていた」と母は言いました。「まったく新しい人生の始まりですからね」母は、わたしが感じている重苦しさは自分にもおぼえがある、でも自分はそのときまだ十九歳で、二十三歳のあなたよりずっと若かったのよ、と。コリンは、ようやく戻ってきたわたしの目が赤くなっているのを見て、心配になったようです。というのは、ホウカムから小さな飛行場までの道中はぎくしゃくした雰囲気だったので。

飛行場から、小さな自家用機に乗ってロンドン南部のクロイドンまで移動し、そこでパスポートの審査を受け、そのままパリに向かいました。六か月つづく新婚旅行の最初の目的地です。凱旋門のすぐ隣にあるオテル・ロティに到着したときにはもう夜中で、くたびれきったわたしはすぐにベッドに入ろうとしました。ところがコリンはちがいました。部屋にシングルベッドが二台並んでいるのを見たとたん、血相を変えて怒りだしたのです。

彼はフロントまで行き、そこにいた夜勤の小柄なポーターは、居丈高な態度のイギリス人が腕を振りまわし、屋根までひびき渡るような声で、宿泊客全員を起こしてしまうことなどおかまいなしにわめきちらすので肝をつぶしました。ポーターはまもなく、この客を落ち着かせるには、自分と客のふたりで、地下にあるダブルのマットレスを抱えて階段を四、五階分のぼるしかないと悟りました。コリンは階段をのぼりながらずっと怒鳴っていたので、ほかの宿泊客たちはいったい何ごとかと廊下に出てきました。ようやく、ツインベッドの上に、薄汚れてたわんだダブルのマットレスがどさりと載せられました。疲れはてたフランス人を下敷きにして。

わたしのほうは、シルクのハンドバッグを胸に抱きかかえ、これからどうなるのだろうと思いながら、ひっそりと待っていました。驚いたことに、コリンはベッドにのぼると、あっというまに大いびきをかきはじめました。わたしは横になって茫然としていました。コリンは早くも誓いを破ったのです——教会を出てわずか数時間のうちに、わたしは結婚生活がコリンのせいでめちゃめちゃにされるのを目撃したのでした。

初夜は翌朝までおあずけとなりましたが、わたしたちの初めての性の試みは、期待していたような喜びに満ちたものではありませんでした。ぎくしゃくして、苦痛を伴い、夢見ていたような情熱の一夜でなかったのは確かです。コリンは見るからに物足りなそうで、わたしはいたたまれない思いでした。彼がこれまで何人もと関係を結び、フェザーストノー夫人が経営しているロンドンの高級娼館に足繁く通っていたことは知っていました。そこの「淑女たち」は、こづかい稼ぎのためにパートで働いている牧師の妻であることがままあり、夜になるとお上品な家庭に戻っていくのでした。

コリンはこれまで処女と床入りしたことがなかったのでしょうが、指導してくれるどころか非難がましく、緊張をほぐして夫婦の営みにいざなう代わりに、妙案を思いつきました。「今夜、面白いところに案内するよ」ルーブル美術館でやや気づまりな一日を過ごしたあと、コリンは言いました。リッツホテルに連れていってくれるのかしら、パレロワイヤルか、それとも老舗レストランの「ル・グラン・ヴェフール」かも。わたしはあれこれ想像しながら、一番上等の服を着て、胸をはずませていましたが、タクシーがパリの中心部を抜けて場末に向かうにつれ、不安になってきました。

昨日、わたしはウェディングに身をつつみ、皇太后さまとマーガレット王女、そして数百人もの人びとの前で結婚の誓いを交わしたというのに、いまでは車に乗せられ、パリのうらぶれた郊外を走っているのです。わたしの夢も希望も遠ざかっていく一方でした。それに輪をかけて気になるのが、この外出についてコリンがひと言も教えてくれないことでした。「見てのお楽しみ」と言うばかりで。

目的地は、まさにぞっとするような建物でした——寂れた、むさくるしいホテルで、妙なにおいが鼻をつきます。階段をいくつかのぼって、とある部屋に入り、赤いビロード張りのウィングバックチェア〔高い背もたれが側面まで覆う安楽椅子〕にそれぞれ腰を下ろしました。そして、コリンの「見てのお楽しみ」が始まりました。見知らぬ人がふたり、一糸まとわぬ姿で、わたしたちの目の前で交わるのです。

わたしは保守的に育てられました。いまも上品な絹のドレスを着ています。ハネムーンの初日だというのに、これが「お楽しみ」とは。コリンがどうして名案だと思ったのか、どうしてわたしが気に入ると思ったのか、いまだにわかりません。わたしたちは隣り合ってすわっていましたが、ありがたいことに、お互いの姿は椅子の大きな背もたれの陰になって見えません。わたしは頭を椅子の背に押しつけ、背筋をぴんと伸ばしてすわり、顔をしかめ目をぎゅっとつぶって、コリンは隣でいったい何をしているのだろうと怯えていました。

フランス人男女の生白い体が、湿っぽい音を立てながらベッドの上で絡み合っている光景ほどおぞましいものはありません。わたしは胸が悪くなりました。彼らはときどき、一緒にどうかと訊いてくるのです。わたしは丁重にお断りしました。「ご親切に、でもどうぞお気遣いなく」。彼らはつづきに戻り、わたしたちにはおかまいなく行為を終えると、起き上がって部屋を出て行きました。コリンとわたしは椅子にじっと腰かけたままで、ひと言も言葉を交わしませんでした。こんなハネムーンがこの先六か月つづくなんて。六か月も。どうやってしのげばよいのやら。

パリからはクイーン・メアリー号でニューヨークに向かいました。乗船した最初の夜、コリンはまたもやひどい癇癪を起こしました。怒鳴ったり、金切り声でわめいたりで、やがて慣れっこになるとはいえ、そのときは度肝を抜かれました。今回はわたしのミスでした。うちの父は換気にうるさく、わたしは窓を開けて寝るようにしつけられていました。そこで船室に入るなり、小さな丸い舷窓を開けておいたのです。その夜、外洋に出たあと、大きな波が船にぶつかり、海水がその窓からどっと入ってきて、わたしたちも室内もびしょぬれになってしまったのです。コリンは怒りくるい、わたしがわざとやったと非難しました。そのあと風邪を引き、よくなるまでずっと、窓から波が入ってきたせいだとあてこすりました。コリンが寝こんでしまったので、わたしは数日間、夫とは別行動になりましたが、いまとなってはありがたい息抜きでした。クイーン・メアリー号の船内を散策し、シネマや売店や食堂をのぞいてみました。椅子にすわって乗客を眺めているだけでも楽しめました――とてもお年を召したご婦人がたくさんいて、宝石をジャラジャラ身につけ、若いツバメにかしずかれていたのです。

ニューヨークに着くころにはコリンも元気になり、わたしたちは政情不穏なキューバに直行しました。カストロ人気が高まっているとはいえ、当時はまだバティスタ大統領が政権を握っていました。わたしたちが宿泊したホテルはまだ完成しておらず、島じゅう蚊がうようよしていましたが、ハネムーンは順調でした。趣味の悪い「お楽しみ」はもう登場せず、コリンとわたしは仲睦まじくやっていたのです。コリンも少し落ち着いてきたようだったのですが、その矢先、闘鶏見物に出かけたことで状況は一変しました。

どうやら闘鶏は、少なくとも当時のキューバでは、社交の中心のようでした。わたしたちは裸電球がぼんやり照らす薄暗い部屋で、円形のリングをびっしり取り巻いている見物客に混じってすわりました。リングには若い雄鶏が二羽と数人の男がいました。わたしはくつろげず、興味も持てませんでした。闘鶏が楽しいものとは思えないし、周囲の雰囲気もどことなくうさんくさく感じます。パリでの経験が頭をよぎり、不安を募らせながら、これはパリの二の舞になるのではないかと恐れていました。気づまりな思いで見物していると、男たちはかわいそうな雄鶏の羽根を引っぱったり怒鳴りつけたりして挑発し、雄鶏は憤然として胸を膨らませました。ひとしきり怒らせると、雄鶏を互いに向かって放ち、いよいよ闘いの開始です。

とまあ、ふつうならそうなるところでした。ところが今回は、一方の雄鶏が相手に飛びかかる代わりに、舞い上がってまっしぐらにわたしに向かってきたのです。その会場で金髪の人間はわたしだけでした。思うに、雄鶏はわたしの髪を麦わらとかん違いしたにちがいありません。というのは、気がついたときには、雄鶏はわたしの頭に止まり、爪を食いこませたので、血がぽたぽたと顔のわきをしたたり落ちていたのです。コリンの反応はといえば、おまえのせいで勝負は台無しだ、賭け金もすべておじゃんだと、かんかんになってわたしを怒鳴りつけました。すぐに見物客も口々にわめきだし、わたしは、まだ頭にしがみついている雄鶏ともども、うろたえるばかりでした。

そのショックが尾を引いて、張りつめた雰囲気のまま、ハネムーンはその後も不愉快な出来事が積み重なっていきました。ワイオミング州のイエローストーン国立公園に向かう列車の長旅では、コリンはまたもや、今度はトランプをめぐって癇癪を起こしました。オリエント急行のような豪華列車の旅ではないので、車内ではあまりすることもなかったのです。わたしたちはほとんどの時間を個室で過ごしました。室内は、コリンが座席に、わたしが寝台に腰かけてもぎゅうぎゅうで、少しでも広く使えるように、寝台はレバーで壁に折りたたむ仕掛けでした。ふたりともトランプが好きですが、ひとつ大きな問題がありました。コリンは負けるのが嫌いなのです。今回、わたしの手元にはコリンよりもよい手札が集まりました。どうか悪い札を引きますようにと祈りましたが、そうはうまくいきません。わたしの勝利は目前に迫り、コリンの機嫌があやしくなってきたのがわかりました。と、だしぬけに夫は感情を爆発させ、血相を変えて立ち上がると、わざとレバーを押したのです。わたしがすわっていた寝台は、まるで罠のようにバタンと閉じました。わたしは押しつぶされて、両手両足を突き出し、頭は壁に押しつけられました。幸いにも、また、これまで何度もひどい目に遭わされたことを考えると、むしろ意外にも、コリンはわたしが傷づいていることに気づきました。うしろめたそうな、どちらかといえば殊勝な態度で、あわてて助け出してくれました。

ありがたいことにイエローストーンで、ハネムーンも厳しい試練も幕となりました。わたしが妊娠してつわりの症状が出始めたので、旅行を切り上げることになったのです。いくらかほっとしました。むしろ個人的には、新婚旅行はいやというほど堪能したので、早めの帰国にはなんの異存もありませんでした。それでも、イエローストーンをあとにしながら、わたしは暗澹たる思いにとらわれていました。帰国したあとも結婚生活はつづき、厄介な事態に山ほど見舞われるのはまずまちがいないだろうと。

そのすべての始まりがパリでした。わたしはそれ以来、パリで心からくつろげたためしがありません。なにしろコリンと二度目に訪れたとき、夫がわたしを連れていったのは、男がロバと性交するショーだったのです。

6　手のつけられない癇癪持ち

コリンは何ごとにつけ極端なたちで、説明するのは難しく、理解するのはさらに骨が折れました。ただし、つまらない人間でなかったことだけは確かです。話題がとても豊富で、パーティを開くのが好き、しかも着道楽で、ありとあらゆる色鮮やかなスーツを持っていました。一番のお気に入りは、さまざまなタータン〔スコットランド高地の伝統的な格子縞、各氏族特有の柄がある〕を組み合わせたスーツで、「氏族の集会」と呼んでいました。ひと晩に何回も、それもかなり唐突に、着替えることも珍しくありませんでした。あるとき、友人のパトリック・プランケットとの昼食の席で、頭の先から爪先まで全身、ポリ塩化ビニルの服で決めていた夫は、どんなに暑くなっても上着を脱ごうとせず、その数分後には気を失ってしまったのです。でも夫に関するかぎり、これは人騒がせなエピソードのほんのひとつにすぎません。コリンは目立ちたがりで、世間をあっと驚かすのが生きがいでした。飛行機では、周囲の乗客などおかまいなしに通路で着替え、人前で醜態を演じることもなんとも思っていませんでした。結婚の常として、わたしは夫という人間丸ごとと結婚したのです。コリンは魅力にあふれ、怒りっぽく、愛嬌があり、滑稽で、他人を操るのに長け、傷つきやすく、頭が切れ、甘ったれで、勘がよく、一緒にいて楽しい人でした。わたしは夫の良い面も悪い面も知ることになりました。

さて新婚当時に戻ると、六か月の新婚旅行を前倒しして三か月で帰国したわたしたちには、住む家がありませんでした。初めての子どもがお腹にいたので、コリンは実母パメラの家に同居することにしました。わたしはパメラが好きでしたが、新婚生活を、強烈な個性の持ち主である義母の家で始めることに、不安がないわけではありませんでした。

パメラも着飾るのが好きで、話上手で、人目を引かずにはおかない人でした。運転に関していえば、コリンを上まわるほどの荒っぽさです。私道からバックで出るときは猛スピードで、どのミラーも確認しません。歩行者とぶつかりそうになっても、まったく気にかけないか、あるいは、そもそも気づいていないのでした。一度、コリンとわたしが義母の家から近い道路を歩いていたとき、一台の車が猛スピードで通り過ぎ、路肩に駐車していた車のミラーを片端からなぎ倒していったことがあります。「おやおや、あの運転手は母さん並みの下手くそだな」とコリンは言ってから、まさに母親だと気がついたのでした。

パメラはコリンにとって、無軌道きわまりないお手本のような存在でした。母親のひときわ華やかな気質と、ほかの親戚たちのそれとよく似た性格がコリンのＤＮＡに織りこまれ、産業革命期に培われた抜け目のないビジネス感覚という揺るぎない土台と共存しているように、わたしには思えました。初代グレンコナー准男爵チャールズ・テナントはコリンの曾祖父にあたりますが、その二代前の同名の祖父が一七九八年、漂白剤の発見によってテナント家の財産を築きました。子孫の浪費癖にもかかわらず、この莫大な富が代々受け継がれてきたのです。

一族には奇人変人の血が流れていました。薄切りベーコンを本のしおりに使ったとか、夜になるとグレンの屋根に登ったとか、屋敷のなかまで馬で乗り入れたとか、逸話にはこと欠きません。コリンの父方の祖母パメラ・ウィンダムは、現在ニューヨークのメトロポリタン美術館に展示されているジョン・シンガー・サージェントの油彩画《ウィンダム姉妹》のモデルのひとりです。祖母と母、ふたりのパメラに血縁関係はないにもかかわらず、不思議なほど似ている点が多く、コリンの親戚がみなそうであるように、見るからに魅力にあふれ、その魅力で部屋じゅうの人びとを難なくとりこにしてしまうのでした。そしてパメラ・ウィンダムと同様、一族はみなわがままな子どものようにふるまったのです。その性癖は年齢とともに丸くはなりませんでした。聞いたところによると、パメラ・ウィンダムは自分にしかるべき関心が払われていないと感じると、むっつり押し黙って席を立ったとか――怒りにわれを忘れると、床に寝ころがってカーペットをかじることで有名だった、とコリンはよくみなさんにお話ししていました。パメラは、末の息子でコリンの叔父に当たるスティーヴン・テナントが幼少のころ、ずっと女の子の格好をさせていました。息子ではなく娘がほしかったからです。

結婚後すぐ、コリンに連れられてスティーヴン叔父に挨拶にうかがったときには、唖然としました。ウィルトシャー州にある叔父の家ウィルスフォード・マナーに到着すると、管理人のスカル夫妻が出迎えてくれたのですが、六十歳を超えたスティーヴン叔父がまだ幼児であるかのような口ぶりでした。

「スティーヴン坊ちゃまはお二階でお待ちかねですよ」

わたしたちは埃が積もった古い邸宅の階段を上っていきました。魚釣りの網、貝殻、鳥の羽根のコレクション、造花などがそこらじゅうに散らばり、いくつもの大きなシャンデリアで照らされています。寝室に近づくと、スティーヴン叔父の大きな声がしました。「さあ入って、入って！　よくきてくれたわね！」

叔父はベッドに横になっていました。若いころは美男子だったのに、その面影はもうありません。むくんだ顔に厚化粧を施し、貝殻や花がまわりを取り囲んでいます。わたしたちのあとから、スカル氏がどっしりした銀のティーポット、やかん、カップとソーサーを載せたお茶のお盆をもって、よろめきながら階段を上ってきました。スティーヴン叔父は上目遣いに哀れっぽくわたしを見つめ、「ねぇ、アン。わたしはもう力がなくてね。お茶を注いでいただけるかしら」と言いました。

わたしの力でもティーポットはほとんど持ち上がらず、四苦八苦してお茶を注いでいると、叔父はコリンに注意を移しました。「顔色が少し悪いわね。坊や。まえにも言ったでしょう。アイシャドーをちょっぴりつけて、唇にもほんの少し紅をさすといいわ」自分の化粧道具に手を伸ばし、コリンを手招きします。ぞっとして見つめていると、叔父は「こっちへいらっしゃい、坊や！」と言いながら、鮮やかな紅色をコリンの唇にそっと塗りました。

スティーヴン叔父は体が悪くて寝たきりだと思っていたら、じつは健康にはなんの問題もなく、ただベッドから起き上がらないだけだとわかりました。六月にお庭のバラを見る以外は。「まあね、べつに見たいものがあるわけでなし。でもバラだけは、そうもいかなくて」。わたしはコリンがかなり変人だと思っていたのですが、この数分のうちに新婚の夫を見直しました。

帰りがけ、スティーヴン叔父はわたしの両手をぎゅっと握って、「アン、あなたってかわいい人ね。わたしはほんとうに気に入った人としかおつきあいしないの。あなたにはお手紙を一、二通お送りするつもり」

心底ぞっとしたことに、手紙はたくさん送られてきました。むせ返るようなにおいがしたのは――叔父がかなりの手間をかけて、香水を盛大に振りかけた絹のハンカチを封筒に忍ばせていたからです。郵便配達員にどう思われたことでしょう。その手紙は、ぴちぴちのズボンをはいた水兵の猥褻な落書きでいっぱいでした。叔父は、下腹部のふくらみを強調した絵をじっくり見ることが、わたしの勉強になるとでも思ったのでしょうか。夫の年配の親戚のひとりと下品な文通を楽しんでいると、メイドに誤解されたくなくて、手紙は隠しました。

スティーヴン叔父の母親パメラは、「ソウルズ」と呼ばれた、結束の固い少数の貴族のグループに属し、あだっぽく知的で、旧弊な社交界から一線を画した新しい世代のひとりでした。スティーヴン叔父も若いころは、「ブライト・ヤング・シングス〔一九二〇年代のイギリスで、華やかなパーティや悪ふざけなど、大胆で刹那的な行動で世間を騒がせた上流階級の若者たち〕」として名を馳せた一派（セット）のなかでも「ブライテスト」と謳われていました。そしてコリンはわたしと家庭を持つまえ、「マーガレット王女の取り巻き（セット）」の中心人物でした。血は争えないということでしょう。コリンが変わっているのも無理はなかったのです。

危惧したとおり、新婚の三か月間、コリンに加えて義母と同居するのは、ハネムーンに優るとも劣らない試練でした。コリンが癇癪を起こしたときどう対処すればよいのか、パメラに助言を求めたことがあります。パメラは、あの子を落ち着かせるのは簡単よ、と言いました。「寝るまえにココアを一杯飲ませればいいのよ」。パメラが見てみぬふりをしているのか、それともコリンが理不尽な振る舞いをするのはわたしの前だけなのかは、わからずじまいでした。いずれにせよ、ココアが役に立たないことは確かでした。

ありがたいことに、それからほどなく、わたしたちの友人で、女王にたいそう気に入られ当時は侍従でのちに宮内次官を務めることになるパトリック・プランケットが、アフリカに駐在している弟の留守宅に住んではどうかと勧めてくれました。わたしたちはロンドンのパメラの家を出て、イングランド南東部のケント州に引っ越し、数か月後の一九五七年二月、長男のチャールズが誕生しました。

コリンとわたしは天にも昇る心地でした。チャーリーはみなさんからかわいいと言ってもらい、おまけに男の子だったので、わたしもコリンのためにすぐに跡取りを生んだことで称賛されました。心からほっとしたものです。

生活はやがて落ち着き、決まった日課ができました。毎朝コリンはウエスト・モーリング駅から父親が経営している投資銀行に通勤します。山高帽をかぶり傘を抱えた姿は、当時のシティで働く男性の制服のようなものでした。わたしは家でチャーリーの面倒を見ながら、さまざまな慈善事業に関わりはじめ、寄付金集めの活動に取り組んでいました。この先もこういう生活がつづいていくものと思っていたのです。

ところが、この型どおりの生活はうわべだけで、夫はわたしにはとうてい理解のおよばない問題を抱えていました。コリンが二度も神経衰弱をわずらい、彼と気が合い、同じように変わり者だったクレア伯母の紹介でスイスのクリニックで療養していたなんて、結婚前はだれも教えてくれませんでした。あるときはパジャマに裸足でロンドン市内を病院まで走り、自分の心臓が止まったと訴えたそうです。もしそれが事実なら、どうやって病院までたどり着いたのか、お医者さま方は首をひねったに違いありません。

とはいえ、コリンにはすばらしい長所もたくさんありました。これまでまったく知らなかったさまざまなことを教えてくれ、周囲のだれよりも話し上手でした。夫の話は生き生きと熱意にあふれていました。機嫌がいいときは、一緒にいてあれほど楽しい人はいません。ただ困ったことに、夫が楽しそうでも愛想がよくても、いつ気分が変わるかわからないので、気が気ではありませんでした。一瞬のうちに、コリンは人が変わってしまいます。みるみるうちに狼男のような憤怒の形相になって、怒りを爆発させるのです。手近にあるものはなんでも、甚大な被害をこうむりかねません。いちどC・テナント&サンズのオフィスで、禁煙のストレスから窓の厚板ガラスを蹴破り、足の動脈を切ったこともありました。

怒りの引き金になるのはいつもささいなことでした。夫からは、いったん癇癪を起こしたら、落ち着くまではぴくりとも動くな、ときつく言われていました。わたしが動けば夫の怒りをさらにあおるので、息を殺し、夫の気がすむまでウサギのようにじっとしていることを学びました。そのあと夫は、まるで何ごともなかったかのようにふるまうのです。ガス爆弾にはガスマスク、雨なら傘というぐあいに、解決策や防具、身を守る術があるものです。でもコリンにはお手上げでした。

まだ新婚のころ、夫の癇癪に愛想を尽かして、実家に帰ったことがあります。コリンと結婚したのは大間違いだったと思いながら。いったい母にどうしてほしかったのか、いまとなってはよくわかりませんが、別居したいというわたしの考えは、すげなく一蹴されました。「すぐに帰りなさい。奥さんなんだから」

母は少しでも甘い顔を見せれば娘がすがりつくとわかっていたのでしょう。それに、わたしはすでに結婚し、もうお腹にチャーリーがいたので、別れるのは得策ではなかったのです。それが母のやり方でした。どんな問題が起ころうと、折り合いをつけて生きていく。みんなそうしていました。母はそのお手本のような人で――感傷よりも現実を重んじ、問題に立ち向かうのではなく目をつぶるという、まさに妻の鑑でした。

というわけで、わたしはこれも運命とあきらめて、早々に夫のもとに帰りました。コリンが床で丸くなってしゃべりつづけるので、わたしもひと晩中起きていることがよくありました。当たり前ですが、そんな胎児みたいな格好でまくしたてている大の男を相手にした経験など、まったくありません。夫はやることなすこと常識はずれで、ほかの人にはしごく当然なことでも、いちいち文句をつけるのです。お芝居を観にいくのが嫌いなのは、幕間がじれったいからで、いつも後半が始まるまえに帰ってしまいました。それにお皿はめったに使わず、紙袋から手づかみで食べるのです――一時、ゆで卵のゼリー寄せにやみつきになり、心底ぞっとしました。おまけに、家を買うのが趣味でした。夫の数々の茶番と同様、この趣味も受け入れて対処するしかありません――ほかに道はなかったので。やぶからぼうに新しい家を買ったと告げられ、ただちに引っ越しという場合もしばしばで、ときにはいまの家に引っ越したばかりのこともありました。わたしにはひと言の相談もないので、あきらめて慣れるしかなかったのです。ロンドンではいったい何軒の家に住んだのやら。

うちの父は夫のこの突飛な癖を見て、ホウカムにある空き農家を買ってはどうかと勧めてくれました。わたしにも安定した拠点があれば、心丈夫だと考えたのです。候補は二つありました。ひとつは沼地にあるオランダ風の破風屋根の家で、荒涼とした冬とマグウィッチ〔ディケンズ作『大いなる遺産』で、沼地に潜んでいる脱獄囚〕がぬっと現われるところが頭に浮かびました。そこでもう一軒の、もっと内陸にある、ホウカムの館からほど近い農家にしたのです。ただではありませんが、割引価格で購入しました。コリンは、ロンドンの家では選定から装飾まで自分が采配を振るってきたので、わたしの家に泊まることに乗り気ではなかったのですが、わたしは内装を終えた家がとても自慢だったので、どうしても夫に見せたかったのです。

バスルームは新築してカーペットを敷き、コリンが初めて家を見にきたときには、その上にビニールの覆いをかけておきました。コリンが入浴したあとはいつも、バスタブのお湯がほとんど床にこぼれているからです。お風呂に入ろうとした夫は、ビニールの覆いを見て気を悪くしました。「どうしてビニールを敷くんだ、ぼくのせいか？」と息巻きました。「ぼくからカーペットを守ろうってわけか。なるほど」

そう言うなり、コリンは服を着て姿を消しました。どこへ行ったのか見当もつきません。外を探していると、道路をはさんだ農場の廃屋からうめき声が聞こえてきました。その音をたどり、錆びたトラクター二台の奥にコリンがしゃがんでいるのを見つけました。彼は出てくるのを拒み、この騒ぎが村の人たちの耳に届いたらどうしようと、わたしはあせりました。

母に電話すると、母は医者を連れてきてくれました。医者はトラクターの下に苦労してもぐりこみ、コリンに注射しました。鎮静剤が効いてうめき声は止まりましたが、今度はぐったりしたコリンをトラクターの後ろから引きずり出さなければなりませんでした。手を焼いている医者を母とわたしも手伝ってコリンを家のなかに運びこみ、ベッドに寝かし、医者に礼を言いました。医者はそそくさと帰りました。翌日、コリンは何ごともなかったようにふるまいました。それは母も同様です。

ふたりの演技力はあっぱれとはいえ、この一件で不安を募らせたわたしは、コリンを説得して医者に連れていきました。夫にも、わたしにも、なんらかの支援が得られるのではないかと期待して。医者たちは夫の症状について、ほかの人よりも皮膚が薄い、つまり、繊細で神経過敏だと説明しました。こんなおざなりな説明では、厳しい現実には役立ちません。そこで、精神科医にかかってはどうかと何か月も勧め、ようやくコリンも同意してくれました。あわただしく医者めぐりをし、どこも初診だけで二度と行かなかったのですが、ようやく自分に合った老医師を見つけました。治療のようすをたずねたところ、「ぼくは何もしない。ただベッドに横になっているだけだ。むっつりとね。むっつりと押し黙っている」。

そんな治療がたいして役に立つとは思えません。肝心なのはお医者さまと話すことなのに、コリンはむずかしい顔をして寝そべっているのが効くのだと言い張るのです。たしかにしばらくはそれなりに効果がありました。でもやがて、老医師は亡くなってしまい、またもやわたしがコリンの相手をしなければならなくなりました。こうして夫は終生、世界じゅうで癇癪を起こしつづけたのです。

あるとき、わたしたちは夫の従妹で作家のスザンナ・ジョンストン、通称ザナと一緒にロシアを訪れました。コリンの母方の祖母、レディ・ミュリエル・パジェットの戦時中の業績、とくにバルカン半島での赤十字設立を称えて献呈された銘板の除幕式で、コリンがスピーチをするために招かれたのです。そのスピーチはロシアのテレビで生中継されることになっていました。その道中、コリンは熱意あふれる面持ちで、わたしとザナに、祖母がかつてチェコスロバキアの初代大統領トマーシュ・マサリクをスカートの陰に隠してロシア領内を横断したという逸話を披露してくれました。「ソビエトの憲兵が車両に検札にきて、全員に起立を命じたとき、祖母は拒否した」コリンは敬意もあらわに説明しました。「『レディ・パジェットに向かって起立しろですって？』と答えて、傘を振り回したんだ」

コリンの気分はリハーサルに向かう途中も高揚したままでした。銘板の除幕式は、レディ・ミュリエルが第一次世界大戦中、傷病兵のためのアングロ・ロシアン病院に代用したサンクトペテルブルクのドミトリー宮殿で行なわれます。ところがわたしたちは途中で迷子になってしまったのです。コリンはすぐさま、道を間違えたのはわたしのせいだと非難し、大声で罵りだしました。通りがかった日本人の団体観光客がいぶかしげに眺めています。

わたしはそのまま橋をわたって、旅行案内所に道を訊きにいきました。背後でぞっとするような悲鳴が聞こえたので急いで引き返すと、ザラがコリンの上にかがみこんでいました。コリンは手足を縮め、体をふたつ折りにして、舗道に倒れています。さっきの日本人の観光客グループが、サンクトペテルブルクのまんなかで地面に寝転がっているコリンを遠巻きにして、写真をバシャバシャ撮っていましたが、コリンはだしぬけに起き上がり、あっというまに走り去りました。ザラとわたしは夫の姿を求めてあちこち見まわしましたが、このままでは遅刻してしまうので、宮殿に向かいました。主催者からコリンはどこにいるのか訊かれて、わたしが「夫は頭痛で」と言うのと、ザラが「従兄は腹痛で」と言うのは同時でした。先方は疑わしそうにわたしたちを見つめました。彼らはコリンに会ったことがなかったのです。

翌日の除幕式で、コリンは通訳にむかっ腹を立てました。聴衆が反応しなかったので、通訳が彼のジョークを省いたのがわかったのです。テレビで生中継されているというのに、彼はスピーチを中断して通訳に詰めより、主催者にスピーチが台無しになったと文句をつけました。わたしはいまさら驚きはしなかったものの、穴があったら入りたい気持ちでした。

後年、コリンとわたしが下の子どもたち三人を連れてインドを訪れ、アメリカ人の友人でインド在住のミッチ・クライツが同行してくれたときも、コリンは派手に切れました。わたしたちはトゥクトゥク〔三輪自動車のタクシー〕に乗ってデリーの市街地に買い物に出かけ、コリンとミッチが先に店に到着しました。わたしと子どもたちが着いたとき、コリンの罵声が店内から聞こえてきました。店主と激しい口論になり、相手の胸ぐらをつかんでいます。みるみるうちに、通りは怒ったインド人でいっぱいになりました。ミッチはわたしを見るなり叫びました。「子どもたちを連れて、トゥクトゥクですぐに引き返せ！」。わたしは子どもたちの手をつかんでトゥクトゥクに飛び乗り、何度も立ち往生しながら、ホテルに急ぎました。その時点では、コリンが八つ裂きになろうと知ったことではなかったのですが、幸いにも、落ち着きと威厳を兼ね備え、ヒンディー語にも堪能なミッチのおかげで、その場は収まりました。

「何があったの?」わたしはその日の夕方、ミッチに訊きました。

「コリンの態度は無礼千万だった。あれじゃ痛い目にあうぞ。もっと礼儀をわきまえないと」癇癪を引き起こした原因については、ミッチにも思い当たる節がなさそうでした。

わたしはコリンに慎重に話しかけました。夫がどんな精神状態なのかよくわからなかったので。「リンチにあってもおかしくなかったのよ。あんな態度はよくないわ」

コリンが問題を起こしたのはそれが最初でも最後でもなく、そのうちにだれかが仕返しにくるのではないかと気をもみましたが、コリンはまったく態度を改めませんでした。いつも気前がよくて、絶好調のときは、職業も地位も問わずだれとでも仲良くなりました。何かと言えばパーティを開き、完全な買い物依存症――ガラクタ収集の名人ですが――癇癪はつねに夫の一部でした。どうして人を怒鳴りつけたりするの、と訊いたことがあります。「相手をひるませたいんだ。度肝を抜いてやりたい」というのがコリンの答えです。

そんな不埒な考えにはとうてい共感できませんでしたが、その代わりに、わたしは夫の長所に注意を向けることにしました。そしてわたしがそうするだろうと、コリンははなからお見通しだったのです。都会的であか抜けたガールフレンドが山ほどいたのに、どうしてわたしを選んだの、と思い切って訊いたことがありました。コリンならだれとでも結婚できたでしょう。それなのにどうしてわたしに求婚したのか、と?

夫は答えました。「まあ、きみとならやっていける、きみなら絶対に投げ出さないとわかっていたからね」

ご名答。わたしは夫と五十四年間添い遂げました——愛想を尽かしかけたことは、その後も数え切れないほどあったとはいえ。

7　マスティク島事始め

一九五八年、コリンは一族が所有している土地を見せるために、わたしを連れてトリニダード島に向かいました。長男のチャーリーは家に残して、乳母に面倒を見てもらいました。そんな遠い異国にはこれまで行ったことがなかったので、とても楽しみでした——貴族の子弟が教育の仕上げにヨーロッパ大陸を旅するグランド・ツアーの時代はすでに終わり、わたしの実家はたびたび旅行を楽しむだけの余裕がなかったのです。一方、コリンは旅行の経験が豊富で、なかでも西インド諸島は何度も訪れてすっかりほれこんでいました。とはいえ、テナント家の全員がトリニダードの暮らしを気に入ったわけではありません。コリンの父クリストファーは二十代のころいちど訪ねましたが、好みに合わず、再訪することはありませんでした。それでもワニを何匹か船で連れ帰り、弟のスティーヴン（あの変わり者のスティーヴン叔父）にプレゼントしました。叔父はワニをしばらく飼ったあと、しぶしぶ動物園に引き取ってもらいました。保温のために食堂のホットプレートに載せていたところ、しょっちゅう逃げ出し、そのたびに家政婦がほうき片手に家中をさんざん探しまわって、ドアの後ろやソファの下で見つけるのがつねだったからです。

わたしは暖かい気候、紺碧の海と白い砂州に魅了されました。わたしたちが泊めてもらったジョンとジャネットのラヴェル夫妻の家は、C・テナント&サンズが所有しているオルティノーラという地所の、熱帯雨林に囲まれたマラカス・ヴァレーにありました。コリンはラヴェル夫妻を敬愛していました。そもそも、そこまで西インド諸島が好きになったのも、オックスフォード大学を出たあとこの家でお世話になったときの、おふたりの存在が大きかったのです。

今回のトリニダード滞在中に、コリンはグレナディーン諸島にあるマスティクという島——フランス語の「moustique（蚊）」に由来——が売りに出されていることを耳にしました。マスティクは、クレオール人〔西インド諸島および中南米のスペイン語圏生まれのヨーロッパ人子孫〕一族のハゼル家が百年近く所有していましたが、島の綿花農園は衰退する一方で、しだいに金のかさむ重荷となり、コリンの目に留まったときには、売りに出されて五年が経過していました。興味を引かれたコリンは、見にいく手はずを整え、一方、わたしはひと足先にチャーリーの待つイギリスに戻りました。コリンは船で島を一周したあと、一歩も上陸しないまま、四万五〇〇〇ポンドでその島を買いました。リスクがらみの資産で、水道も電気もなく、綿花を栽培しているのは全体のほんの一パーセントほどの面積で、およそ五・三平方キロメートルある島の残りは痩せた不毛の土地でした。

ほかに購入を検討した人がいたとしても、マスティク島は成功の見込みなしと判断したでしょう。同じグレナディーン諸島最大の島のひとつ、セント・ヴィンセント島ですら、はるかに近代化していましたが通信状態はお粗末きわまりないものでした。手紙は、無事に届いたとしても二週間かかり、電話も通じません。飛行機での移動が必要なら、小型の水上飛行機になり、滑走路から離陸しても、降りるのは海に着水なのです。あらかじめ警告されていないと、乗客はさぞ肝を冷やすでしょう。それに輪を掛けて懸念されたのは、コリンが綿花についても農業全般についても、熱帯植物その他を含め、何ひとつ知らなかったことです。

ところがコリンは、あたかも西インド諸島で暮らすために生まれてきたかのようで、マスティク島ではは見るからに生き生きとしていました。カリブ海の島の暮らしがとても性に合い、パナマ帽は山高帽よりはるかに似合いました。島を買った瞬間から夫の気持ちは高揚し、島の化身さながらマスティク島の暮らしになじみ、わたしにも島を見せたがったのです。

わたしも楽しみにしていましたが、初めてマスティク島に行ったときはショックで茫然としました。まず島にたどり着くまでがひと苦労で、イギリスからバルバドス、バルバドスからセント・ヴィンセントに飛び、そこで船に乗り換えて、大荒れの海を二時間かけて渡りました。ようやく降り立った岸は、白い砂浜がどこまでもつづき、うっそうと茂ったマンチニールの林が浜辺のすぐそばまで迫っていました。ほっとしたことに、そこでコリンがわたしを待っていてくれました。わたしたちと島で一本きりの道路のあいだには野生の牛がうろついていました。コリンとわたしは二度マンチニールの木によじ登らなければなりませんでした。マンチニールは世界一猛毒の木ですが、獰猛な牛の角で突かれるよりはましだったからです。

ようやく道路にたどり着くと、トラクターに乗りました。もっとたくさんの乗客を乗せられるように、プラスチックの椅子をひもで固定したトレーラーが後ろについています。トラクターはコリンの愛車サンダーバードとは大ちがいでしたが、夫は意気揚々と島を一周しながら、弾んだ声であれこれ紹介してくれました。その道路はマラコニ・ビーチから石造りの建物コットン・ハウスまでつづいています。そこは綿花の加工場で、島の女性たちが摘んだ綿の実をエプロンにくるんで、ここまで運んできます。それを全部床に広げて、種を取り除き、ふわふわした綿のかたまりを棒状にまとめます。それを船でセント・ヴィンセント島に運び、そこで梱包してさらにイギリスへ送り、イギリスで紡いで綿糸にするのです。それぞれの段階について知ることができて勉強になりました。陶器づくりにも通じるものがあります――すてきなマグやお皿づくりにたくさんの人が関わっていることを、末端の買い手はおそらく考えないでしょうし、わたし自身、自分の木綿の服やベッドのリネンがどこから来たのか、じっくり考えてみたこともなかったのです。

ほかに大きな建物といえばグレート・ハウスぐらいで、石の土台の上に建ち、広いベランダがついています。なかは大きなひと部屋になっていて、三十人ほどすわれる細長いテーブルがあります。不思議に思って、コリンにたずねました。「どうしてこんな大きなテーブルがあるの？　ここでどなたかをおもてなしするとか？」。コリンの説明によると綿の買い付け業者用で、年に二度やってきて、このテーブルを囲んで値段を交渉し、見本を念入りに調べてから契約を結ぶそうです。

綿花関連の建物とは別に、島には小さな漁村があり、島民たちはトタン屋根の小屋に住んでいました。それだけです。イギリス人になじみのあるものは、ほぼひとつもありません。綿花農園の見学は興味深かったものの、島のあちこちを歩きまわっても当惑は募るばかりで、どうしてコリンがこの島にそこまで惹かれるのか不思議でした。

景色は息をのむほど美しく絵はがきのようですが、土地は瘦せていて、少しのあいだでも住んでみたいと思えるような場所ではないのです。おまけに、すこぶる始末の悪いことに、島じゅう蚊がうようよいました――マスティク（蚊）という名はだてではなかったのです。わたしの雪白の肌はカリブ海の島向きではありませんが、蚊たちのお気に召したのは確かです。ひと休みしようと腰を下ろした籐椅子の隙間からも蚊に刺され、肌に赤いぽつぽつができ、やがてミミズ腫れになりました。

夫がわたしを振り返り、意見を求めてきたときには、歯に衣着せず言いました。「コリン、こんなの狂気の沙汰よ」

夫はわたしをじっと見て、「いいか、よく覚えとけ」と肩をそびやかして言いました。「いずれ、マスティク島の名を世界にとどろかせてやる」

コリンは見るからに自信にあふれていましたが、わたしは、この先どんな生活が待ち受けているのだろうと胸がふさがれる思いでした。トリニダードに小旅行に出かけただけなのに、これまでの平凡な生活ががらりと変わろうとしているのです。

わたしたちはケントからロンドンに引っ越し、それからというもの、夫婦でマスティク島とイギリスを行き来する生活が始まりました。島には数週間つづけて滞在するので、チャーリーはお留守番です。夫婦そろって乳母と家庭教師に育てられたうえ、当時、子どものために食事を作ったり、子どもと食卓を囲んだりする母親は、知り合いにはひとりもいませんでした。わたしの子ども時代、母親は偶像のように崇めたてまつられ、おみやげや特別なイベントと結びつけられる一方で、地道なしつけや日常の世話の大部分は、他人の手に委ねられていたのです。子どもには子どもの生活が、大人には大人の生活がありました。妻の務めは、母親の務めよりも優先されました。コリンは結婚生活全般を通して支援が必要でした。自分ひとりでやっていけるようには見えず、いざというときのために、つねにわたしが身近にいる必要がありました。マスティク島への同行を断るなど考えたこともなく、知り合いのだれもがそうだったように、妻として夫のそばにいたのです。

コリンはわたしより長い時間外出していたので、そのあいだはひと息つけました。熱帯の孤島を所有しているというと聞こえはいいですが、現実はそれほど甘くありません。そもそも冬は凍てつくようなノーフォークで、下男やメイドに囲まれて育ったわたしには、何週間も缶詰の豆を食べ、夜は汗だくで眠れないという生活は思いもよらないものでした。母から受け継いだ現実的な性格、戦争中に培われた内面の強さ、紅一点の巡回セールス員という経験がなければ、とうてい切り抜けられなかったでしょう。コリンには「将来の展望」がありましたが、わたしのほうはこの当世風ロビンソン・クルーソーの暮らしにいずれなじめるかどうか自信がなく、イギリスに帰るたびにほっとしたものです。

それでも、じょじょに島の生活に慣れはじめました。どうせなら潔く受け入れ、文句は言わないことにしたのです。ほぼ三食魚を食べていたので、気分転換に、ロブスター釣りにもよく出かけました。コリンとふたりで浜辺をめざして低木の茂みを抜け、野生の牛を避けつつ、干潟に向かいます。浅瀬で巣穴にひそんでいるロブスターを見つけたら、手にタオルを巻きつけてつかみ、引きずりだすのです。水温の高い海で育ったロブスターはとても獰猛なので、おいしいとはいえ手間がかかりました。また、島には水道がないので、屋根に雨水をため、穴をあけたバケツを家の裏手にある木の枝に固定して、シャワーを浴びます。原始的とはいえ、それでしのぎました。じつを言うと、コリンはまったく気にならないようでしたが、わたしはお風呂が恋しくてたまりませんでした。

マスティク島を有名にするという夢と並行して、コリンは住環境とインフラを整備して、島全体を豊かにしたいと考えていました。トリニダード島のオルティノーラ荘園で、苦労の末、公正で安定した環境を作りだしたラヴェル夫妻をお手本に、コリンは労を惜しまず働き、島で改善できるもの、島民の暮らしに役立ちうるものを探りだそうとしました。

マスティク島の綿花プランテーション事業は衰退の一途で、島民たちの先行きを脅かしていました。コリンは綿花産業については素人でも、商才に長けていました。彼は島民一人ひとりに自己紹介してまわり、だれとでも気軽に話し、島民たちとの絆の構築に乗り出しました。わたしも夫を見習いました。これという目的があるわけではありませんが、地元の人たちの暮らしぶりを知ろうと努めました。漁船が帰ってくるのを出迎え、漁師の作業を見学しているうちに、ほとんどの人は「パトワ」と呼ばれる訛りのあるフランス語と片言の英語しか話さないにもかかわらず、しだいに打ち解け、とくに魚を買うと喜ばれました。わたしは島の小さな学校に出かけて、女性の校長先生と親しくなり、もっと本があればありがたいという状況に気がつきました。船便を手配して本が届いたときには、たいへん感謝されました。

コリンよりもわたしのほうが気楽だと感じて、相談にやってくる人もぼつぼつ現われ、「テナントのだんなをわずらわせたくなかったんだが……」という前置きで、話しだすのでした。わたしはいつも注意深く耳を傾け、それぞれの問題の解決に役立つ方法を考えました。

ジョン・キドルという青年が唐突に連絡をよこし、自分は熱帯農業の経験があるから雇ってほしいと頼んできたとき、コリンはその場で採用しました。ジョンが持参したのは、商売仲間にありったけのお金を持ち逃げされたという哀れな身の上話と、牧師からの紹介状だけでしたが、コリンは一緒に働く仲間ができて嬉しかったのです。コリンとジョンが忙しく働いている一方、わたしはひとりで過ごす時間が多く、ひまを持て余して一日中読書にふけることも珍しくありませんでした。ジェイン・オースティンやプルーストを読み、大好きなエミリー・ブロンテの『嵐が丘』を再読しました。

そもそも、島ののんびりした暮らしになじむのはひと苦労でした。急用などひとつもなさそうな毎日はじれったく、この地域では時間の概念がいい加減なことも苦痛でした。厄介なのは、何ごとにつけゆっくりした土地柄だけでなく異文化そのもので、故国とはあまりにもちがう環境で、新しい暮らしになじもうとがんばっている自分が、もどかしく思えることもしばしばでした。もし父の友人のステア卿と結婚していたら、スコットランドにある大きなお屋敷を切り盛りしていたでしょう。ジョニーと結ばれていたら、イギリスにどっしり腰を落ち着けていたはずです。ところが、いまのわたしはさびれた熱帯の孤島で、これまでとはまったく違う人生を軌道に乗せようと苦労しているのでした。

一九五九年、次男のヘンリーを妊娠したことがわかって、めでたく帰国がかないました。イギリスの社交界――化粧漆喰で正面を塗ったロンドンのお屋敷と格式ある晩餐会――に戻るのは、いきなり別世界に放り出されたような気分でした。ロンドンではクルマエビのカクテル、カモ肉のオレンジソース、それにクレープ・シュゼットが一世を風靡し、ミニスカートとビーハイブヘア〔一九六〇年代に流行した、蜂の巣のように高く結い上げる髪型〕」革命のまっただなかでした。あまりの違いに、マスティク島がイギリスおよびイギリスの文化全般と同じ時代に存在していることが、すんなりと納得できないほどでした。

わたしはその後もイギリスとマスティク島を行き来し、コリンと暮らしたあと、今度は幼い二人の子どもたちと暮らすという二重の生活をつづけました。コリンは水を得た魚のように、島に情熱と愛情を注ぎながら、じょじょに自分の夢を形にしていきました。島では素の自分を出すことができ、バケツのシャワーも電気がないこともまったく苦にならないようでした。

この初期の段階で島を訪ねてきてくれたのは、友人のなかでも度胸のある人だけでした。一九六〇年、コリンがマスティク島を衝動買いした二年後、マーガレット王女が、わたしとコリンの結婚式の写真を撮影したトニー・アームストロング＝ジョーンズと結婚されました。スノードン伯爵の称号を与えられたトニーは、見る見る頭角をあらわし、時代を象徴する写真家のひとりとなりました。

ふたりの婚約が発表されたとき、わたしたちはマーガレット王女のために喜びました。国民はこぞってこの慶事を祝いました。というのも、王女が離婚歴のあるピーター・タウンゼンド空軍大佐と結婚できなかったことを、みなたいへんお気の毒に思っていたからです。挙式のあと、王女ご夫妻はカリブ海への六か月の新婚旅行に出発されました。ふたりは群衆の歓呼に手を振って、王室所有のヨット、ブリタニア号でロンドンを離れ、テムズ川沿いの港湾地域ドックランズ、そしてロザーハイズ通り五九番地にあるトニーの有名な写真スタジオ「小さな白い部屋」を通り過ぎました。マーガレット王女が人知れずトニーと多くの時間を過ごされた思い出の部屋です。

ふたりはカリブ海に到着すると、マスティク島に立ち寄られました。コリンは興奮を抑えきれない様子でしたが、わたしは悲惨な結果になるのではないかと心配していました。以前にもロンドンでご夫妻をおもてなししたことがあり、場所はわたしたちの二度目の引っ越し先、ナイツブリッジのラトランド・ゲイト・ミューズの家でした。コリンは、マーガレット王女が何よりお好きなのは牛タンだと思いこみ、ハロッズまで買い出しに出かけました。夫が持ち帰ったのは、箱いっぱいの丸まった灰色の牛の舌でした。食欲をそそる眺めではありません。はっきり言うと、ぞっとする代物でした——なお悪いことに、全員が晩餐の席についたとき、マーガレット王女は分厚い灰色の牛タンをひと見て、お顔が真っ青になりました。トニーもしかりです。牛タンがそれぞれのお皿にドサッと載せられました。わたしたちはお行儀よく野菜の後ろに隠し、だれもひと言も話題にしませんでした。おふたりは二度とミューズでの晩餐会にきてくださらなかった、とだけ言えば充分でしょう。

双眼鏡で水平線を見渡していると、ブリタニア号が見えてきました。わたしは複雑な心境でした。ヨットはウォーカーズ湾、改め「ブリタニア湾」に停泊しました。しゃれた小型のボートがやってきて、海軍の白い制服を着た男性が、ヨットでの食事会の招待状を携えて現われました。わたしはお返事を書きました。「王女さま、ご親切にありがとうございます。ご招待をお受けしたいのは山々ですが、なにぶん、わたしどもはふた月あまり入浴しておらず、ひどくにおいますので、遠慮させていただいたほうがよろしいかと存じます」

返事がきました。事情はよくわかったが、それでもお越しいただきたいので、船室をひとつ提供する、という内容でした。わたしは感激し、心ゆくまで湯船につかりました。天にも昇る心地とはこのことでしょう。昔ながらのお風呂ならどんなものでも嬉しかったでしょうが、王室のヨットで入浴するのは格別でした。

翌日、マーガレット王女とトニーが島に上陸し、わたしたちは島を案内しました。あっさりお断りになるかと思いきや、ふたりともトレーラーにさっと乗りこまれました。しかもマーガレット王女は満面の笑みで、気取らない雰囲気を楽しんでおられるごようす。島に滞在中は、どこでもお気に召したビーチを使っていただくようお勧めし、ご夫婦水入らずでお過ごしください、だれもじゃましませんから、と念押ししました。というわけで、毎日水兵たちがやってきて、おふたりのためにテントを設営しました。最後の日、ご夫婦で訪ねてこられ、一緒にお酒を飲みました。わたしたちがお出しできるものはあまりなくて、ラム酒と「ソレル」というひどい味のドリンクだけでした。はでなピンク色で、原住民がハイビスカスから醸造した、やや酸味のある飲み物です。マーガレット王女は一口のんで顔をしかめられました。わたしも同感でした。

その席で、コリンがこう言いだしたのです。「王女さま、わたしどもはまだ結婚のお祝いをしておりませんでした。小さな箱入りのプレゼントがお望みですか、それとも土地をひと区画にしましょうか？」

マーガレット王女はトニーをちらりとご覧になり、返事を待たずに、心を決められました。「そうね、ひと区画の土地はとてもすてきじゃないかしら」

トニーが島を訪れたのはこれが最初で最後でした。彼が二度とやってこなかったのは、コリンへの反感によるところが大きいのですが、そのきっかけはかなりまえにさかのぼります。コリンとマーガレット王女は一九五〇年代に、エリザベス女王の結婚式でブライズメイドのひとりだったエリザベス・ランバート主催のカクテルパーティーで意気投合しました。一九五四年の夏、コリンがマーガレット王女の客としてただひとりバルモラル城に招待されると、マスコミは彼が王女に求婚したのか、あるいはこれからするのだと決めつけました。それはデマだったとはいえ、トニーが王女のお相手として登場したとき、コリンのことが気にくわなかったのでしょう。わたしとコリンの結婚式で、父がトニーのことを「写真屋」と呼んでいるのを耳にして、そのことも根に持っていたのではないかと思います。後年トニーは電話でコリンのことを訊かれ、あんなやついつも大嫌いだった、と思わず本音を漏らして、電話を乱暴に切ったそうです。どうやらトニーはマスティクを「マステイク」〔ミスティクのもじり〕と呼んでいたとか。一方、マーガレット王女にとって、マスティク島はやがて真新しい人生をもたらしてくれる場所となるのです。

ご訪問が成功し（少なくともマーガレット王女にとっては）、コリンはますますマスティク島に情熱を傾け、ジョン・キドルの助力も得て、綿花プランテーションの将来はやや明るくなってきたようでした――コリンのボーナス作戦が功を奏して労働力が確保でき、生産率も安定してきたのです。努力の成果に鼻を高くして、コリンは意気揚々と帰国しました。

その一九六〇年のクリスマス、コリンがどうしてマスティク島の生活の自由と気軽さに惹かれるのか、思い当たる出来事がありました。わたしたちはクリスマスを、わたしの実家のホウカムで過ごしました。もともと父が鳥猟について厳格なルールを定めているせいで、あまりくつろげる雰囲気ではありません。コリンにとっての問題は、昔からのしきたりで、射撃手の配置が身分によって決まることでした。王族は猟場の中央に陣取り、その年のクリスマス・イヴはエディンバラ公が参加されていました。公の侍従たちは公のおそばに付きます。そのつぎが臣下の公爵。つづいて侯爵がいれば侯爵、そして伯爵、子爵と並びます。コリンはそのどれでもないので、集団のしんがりにいました。猟場を移動するたびに、父は夫に言います。「コリン、きみは勢子たちと一緒に歩きなさい」。コリンも列に並んで撃ちたいので面白くないのですが、内心の怒りをどうにか押し殺していました。

そのうちコリンは、厳密に定められた日程の半ばに当たる昼食時、父に向かって「ちょっと寒い」ので「家に戻ります」と申し出るという、許しがたい罪を犯しました。父はその厚かましさに、あわや卒倒するところでした。ホウカムの鳥撃ちに招かれるのはとてつもない名誉で、実際、みんな招かれたくてうずうずしていたのです。なので、コリンが寒いので帰りたいと父に申し出たことは、たいへんな不評を買いました。一方うちの母は、結婚前はコリンに懸念を抱いていたにもかかわらず、夫とは互いにとてもうまが合いました。

そのクリスマス・イヴ、コリンが喫煙室で、相手かまわずマスティク島についてあれこれ話し、妹のケアリーとサラに遊びにおいでと誘っていたところ、電報が手渡されました。「グレート・ハウス全焼ス」。わたしたちは愕然としました。とりわけ、火事が放火によるもので、ジョン・キドルが事故に見せかけて建物を燃やしたと知ったからです。のちにわかったところでは、彼は見つけられるかぎりのお金をスーツケースに詰めて排水溝に隠し、火をつけたあと、スーツケースを取りに戻り、従業員全員の給料に当たるお金を持って島から逃走したのでした。幸いけが人はひとりも出ませんでしたが、教区牧師の推薦状はその程度のものだったのです。

この事件のあと、コリンはプロジェクトそのものへの信頼を失い、マスティク島を売却しようとしましたが、だれも興味を示さなかったので、グレート・ハウスの代用としてプレハブ小屋を建てるよう手配しました。島に戻って建物が完成しているのを見ると、夫の夢もよみがえりました。

それから数年後、コリンは新たにかきたてた熱意と活力を二か所に振り分けることになりました。一九六三年、夫の父が地中海のコルフ島に隠居して趣味の絵画三昧の生活を送ることに決め、スコティッシュ・ボーダーズにある一族の本邸グレンを、コリンに譲ったのです。グレンはスコテッィシュ・バロニアル建築の傑作で、灰色の石造りの邸宅が、長い私道を曲がった先に、まるでおとぎ話のお城のようにそびえています。館が建っている美しい谷を登っていくとエディ湖があり、周囲は一面ヒースの原野です。スコティッシュ・ボーダーズに住むと思うと、わくわくしました。戦時中、ブリジェット大叔母とジョー大叔父、オグルヴィ家の男の子たちと共に暮らした思い出は懐かしく、またいつかスコットランドに住みたいとずっと思っていたからです。コリンがマスティク島に夢中になったように、わたしはグレンに胸をときめかせました。

館の新たな管理人となったコリンは、マスティク島からグレンに駆けつけ、ある部分は現代化し、また別の部分は修復しました。グレンはコリンの継母の手で「ジョージ王朝風」に改装されていました。当時を代表するインテリア・デザイナーのひとりシリー・モームに助言を求め、もとの暖炉をはがし、部屋を真四角にし、塔を隠したのです。わたしたちは変更された部分をすべてもとに戻しました。ウィリアム・モリスの壁紙を貼り、壁との境に帯状（モールディング）の装飾が施されていた元の天井に戻し、美しい刳形（コーニス）と漆喰仕上げの天井が見えるようにし、さらにテナント一族のタータンを織りこんだカーペットを客間に敷きました。

屋敷にはとてもたくさんの部屋――寝室が二六に、浴室が一六――がありましたが、それだけの広さにもかかわらず、くつろげる、居心地のよい屋敷でした。使用人はそのまま雇い、料理人のミセス・ウォーカーは近隣のカントリー・ハウスで一番の腕前でした。週末になると、彼女は屋敷のどこかにいるわたしを探し出して、翌週の献立案のリストを手渡します。わたしはそれに目を通して、どれにするかを選ぶだけ。当時はそういう時代だったのです。あのときもっと台所に立っておけばよかったと悔やまれます。というのは、いまでは自分の食事は全部自分でこしらえているので、そうしていればミセス・ウォーカーから役立つこつをたくさん教わっていただろうに、と思うからです。

コリンとわたしは一緒にグレンの改装を楽しみ、夫はわたしがスコットランドの生活を心から楽しんでいる様子を見て喜んでいました。マスティク島でへこたれずにがんばっていることも褒めてくれました。一九六四年ごろには年間の大まかな予定が決まっていました。クリスマスが終わればマスティク島へ行き、夏はグレンで過ごします。残りの期間については、コリンは島と家を行ったり来たりで、わたしはロンドンにとどまりました。チャーリーとヘンリーは六歳と四歳になり、乳母と一緒にグレンにくると、コリンが、エディ湖から流れてくる「小さな川（ウィー・バーンズ）」へ魚釣りに連れて行きました。

八月は友人や親戚がハイランドへ避暑に行く途中で立ち寄り、しばらく滞在するので、てんてこ舞いの忙しさです。とにかく、あまりにもお客さまが多いので、ホテルを経営しているかと思うほどでした。「ロンドンに帰ったら、リッツで雇ってもらおうかしら」とある夏、コリンに言ったことがあります。「ホテルの切り盛りならお手のものだから」。コータッチー城とダウニー・パークをやすやすと取り仕切っていたブリジェット大叔母の姿が頭をよぎりました。いつもしゃれたキルトと上質のカシミヤのアンサンブルを着て、足早に屋敷を歩きまわりながら、てきぱきと指示を出していたのです。

わたしが一番楽しみにしていたひとつが、学友のサラ・ヘンダーソンが、わたしが教母を務めた息子のシェイマスを連れて訪ねてきてくれることでした。サラはシェイマスとうちの息子たちを連れて、険しい谷をのぼりウサギ撃ちに出かけるので、みんな大喜びでした。サラは花を飾るのも手伝ってくれましたが、ふたりでも二日がかりです。すべての化粧室、寝室、浴室に、コリンが蒐集したウェミスウェア〔スコットランドの手描き陶磁器。素朴なデザインが特徴〕の花瓶を置いて、そこに花をぎっしり飾りました。花はすべて庭師が見つくろってくれますが、庭師がとくに力を入れていたのがグラジオラス――彼らの呼び方だと「グラッズ」――でした。薄緑と薄ピンク色の花を受け取り、鮮やかな色合いのものを庭師に返すと、とても喜んでくれました。ホールと客間は、実家のホウカムに負けないぐらい広いので、小ぶりのアレンジメントだと目立ちません。そこでサラとわたしは特大の花瓶に花を飾ったので、屋敷じゅうにすばらしい香りが立ちこめました。

食材はみな領地でまかないます――ライチョウ、キジ、鹿肉、さまざまな野菜はどれも菜園と巨大な温室で採れたもので、温室ではモモとネクタリンを栽培していました。わたしは食品を買い出しに行ったことがありませんが、それというのも、領地で手に入らない食材が必要になれば、ミセス・ウォーカーがそれを注文し、童謡の「ラブ・ア・ダブ・ダブ」のように「肉屋とパン屋と……ろうそく屋」が配達してくれるからです。みな勝手口から出入りし、ミセス・ウォーカーにこれからもひいきにしてもらえるように、ちょっとした心付けを渡すのでした。

グレンは一年を通して美しい自然に恵まれています。八月には丘の斜面は紫色のヒースに覆われますが、ある夏、万年床から起きだして訪ねてきたスティーヴン叔父は、ヒースがお気に召さないようでした。「ちょっと、あなた」とコリンに文句たらたらです。「谷間のあの下品な紫色ときたら、見るに堪えないわ」。コリンはスティーヴン叔父のがっかりした顔を見たくなくて、家を飛び出すと、青い紙の造花を何万本も買い求め、谷を走りまわってヒースのあいだにばらまきました。そのかいあって、屋敷から見ると、景色は青一色に変わりました。「おやまあ！　ずいぶんよくなったじゃない」とスティーヴン叔父は言うと、注意をべつのものに移しました。

秋になると、うっすら黄色味をおびた日射しが、館を美しく照らしだします。そしてグレンのクリスマスは圧巻でした。外の景色は一面、こんもりと積もった白く輝く雪で覆われ、館のなかでは、領地から切り出した巨大なクリスマスツリーがホールに堂々とそびえています。第一次世界大戦前の美しいオーナメントがしまいこまれていたのを見つけて飾り、本物のろうそくを灯しました。

こんなに人里はなれた場所でも、コリンは新たな友情を結び、新しい知り合いができ、屋敷に招いたり泊まってもらったりすることがままあったので、思わぬ借家人ができたときも意外ではありませんでした。ある昼下がり、コリンが地元の町へ出る道路を歩いていると、ヒッピー風の身なりをした一行が私道をのぼってくるのと出会いました。コリンは興味を引かれて挨拶し、ここで何をしているのかと訊ねました。髪にヒースを挿した若い娘のひとりが答えました。「じつはあたしたち、住む場所を探しているんです。どこかご存じありませんか？」

コリンは、領地で「長屋（ロウ）」と呼ばれている、壁で仕切られた連棟式のコテージを紹介しました。コテージは荒れ果てた状態でしたが、けっきょく若者たちはそれでもいいということで入居しました。やがて彼らがミュージシャンだとわかって、ひょんなことから、わたしたちは「インクレディブル・ストリング・バンド〔一九六六年にエディンバラで結成された、サイケデリック・フォーク・バンド〕」というすてきな名前の、専属の楽団を持つことになったのです。家賃代わりに、お客さまがあるときはいつも——晩餐会でも、庭園でも、ピクニックでも——グレンじゅういたるところで演奏してくれました。

またあるときは、コリンがニューヨークからグレンへ向かう途中で電話してきました。「ブルック・シールズという女優さんと知り合いになって、いまグレンに向かっている。二、三日泊まるから」

その女優さんのことは初耳でしたが、到着した彼女はとても感じのいい人で、数日間うちに滞在しました。とびきりの美人とはいえ、あのもじゃもじゃの眉毛は、当時はまだ流行していませんでした。わたしたちのすることにはなんでも参加し——ピクニックに出かけ、湖でボートを漕ぎ、子どもたちと遊んでくれました。

お客さまのなかにはかなり気難しい方もいました。コリンだけが世話のやける人間というわけではないのです。夫は計画を立て、お客さまを招待するところまではしますが、あとは全部わたしに丸投げで、おまえには熱意が足りないとよく文句を言われました。あるとき夫は、のちにスペンサー伯爵と再婚して、ダイアナ皇太子妃の継母となるレイン・ダートマスと、クラリッサ・エイヴォン、ミック・ジャガー夫人のビアンカ・ジャガーを同時に招待したと言いました。「あなたは、わたしが知っているなかで一番手間のかかる女性三人に声をかけたのよ。一人一人はすばらしい人だけど、三人一緒ですって？　きっとひどいことになるわ」

三人全員が顔をそろえる夕方、わたしが廊下を歩いていると、ガンガンというものすごい音がレイン・ダートマスの部屋から聞こえてきました。わたしは家政婦のミセス・サンダーソンを呼びました。彼女が説明するには、「レディ・ダートマスからお聞きになっていませんか？　クローゼットのレールが低すぎてイヴニングドレスを吊り下げられないとおっしゃって、大工をお呼びになりました」。
その工事のまっ最中に、イーデン元首相の夫人クラリッサ・エイヴォンが到着しました。クラリッサはコリンとたいへん仲がよく、かつて夫と関係を持ったことがあるのではないかとわたしは疑っていました。そのせいか、うちに滞在中もやけに自信たっぷりに見えました。わたしがお風呂につかってつかのまの休憩を取っていると、部屋のドアがバンバンと叩かれました。

「どなた?」わたしは声をかけました。「少し待ってくださらない?」

「クラリッサよ」という声が聞こえました。「あなたのダイヤモンドを貸してくださるというお話だったわね」

「ええ、お貸しするわ」と答えました。「でもいま入浴中だから」

「いいから、出てきて」と有無を言わさぬ口調です。

やむなくわたしはお風呂から出て、タオルを巻きつけた格好で、ダイヤモンドを渡しました。

そのあいだに、ビアンカ・ジャガーも入室していました。どの客室にも呼び鈴がついていて、お客さまはメイドか家政婦に用事があるときはそれを鳴らします。ビアンカは部屋にいるあいだ、ほぼひっきりなしに呼び鈴を鳴らし、コーヒーを頼んでいたようです。おかげでミセス・サンダーソンはお代わりを用意しては、階段をふうふう言いながら上り下りしていました。「リン、リン、リン」とビアンカの呼び鈴が鳴り、コーヒーが階段を行き来するのです。

猫の手も借りたいほどの忙しさでした。わたしはディナーとランチの座席表を作成しなければならず、席順にはしばしば細心の注意を払う必要がありました。しかも、このお三方がまだ滞在中に、マーガレット王女が到着されたのです。幸い、王女さまははるかに手がかかりませんでした。ご自分のメイドを連れてこられ、つねに礼儀正しく接してくださいました。

大勢のお客さまが出入りされるので、わたしもミセス・サンダーソンを手伝って、つぎにくる友人や親戚のために寝具を交換し、準備を整えるために多くの時間を費やしました。お客さまが全員到着されたら、それぞれ必要なものがそろっているかを確認し、気持ちよく滞在していただけるように努めます。ときには手に余ることもありました。もうたくさん、という気分のときは、だれからも遠ざかるために散歩に出かけました。森のなかで、「インクレディブル・ストリング・バンド」のひとりとすれちがうことがよくありました。ジプシーが使うような幌馬車を売買していたのです。ある日、散歩の途中で、真新しい幌馬車のそばを通りかかり、ふと思いついて、「その馬車をわたしに売ってくださる気はない？　息抜きできる場所がほしいから」と頼んでみました。

彼は面食らったようでしたが、それでも幌馬車をわたしに売り、屋敷から充分離れた場所まで移動させて、わたしが平穏なひとときを過ごせるように手を貸してくれました。そこはわたしのお気に入りの隠れ家になり、赤と白の手編みのクッションを置いて、同色のカーテンもつけました。この隠れ家を見つけるまで、わたしはお客さまにも家政婦にも家中追いまわされていました。だれもかれもが質問攻めにするのです。小さなジプシーの幌馬車のおかげで、ずいぶん気が楽になりました。そこに行けば、だれも居場所を知らないので、わずらわされることなく読書を楽しむことができたからです。

コリンは逃げ出すなど夢にも思わず――お客さまが全員到着すれば、夫はさながら楽園の舞台監督でした。客間に舞台を設え、コリン一流の余興が大のお気に入りのマーガレット王女も含めて、全員がそこで出し物を披露するのです。コリンは村人に頼んで観客になってもらいました。彼らがどんな感想を持ったのかはわかりません。わたしは、子どものころ疎開先のコータッチー城でポーランド人兵士のためにお芝居をしたことを思い出しました。グレンではみな図書室で着替えをし、フランス窓から外に出て客間に入り、全員が一堂に会します。

ある夏、わたしたち一家は「白鳥の湖」を上演しました。初夏に家族でアメリカに旅行したおり、コリンが白鳥の衣装を全部調達したのです。夫はウィネベーゴ社の大型キャンピングカーを借りることにし、その怪物のように巨大な車で、わたしたちは各州を巡りました。コリンは目にした店に興味を引かれると、どこであれおかまいなしに駐車し、外に出ていくのです。夫がとある店内にいるあいだに、バイクに乗った二人組のでっぷり太った警官が近づいてきて停車し、バイクから降りて言いました。「奥さん、ここは駐車できません、法律違反ですよ。車を動かしてください」

「わたしは運転できないんです」と答えました。「夫はお店をのぞきにいっただけで、すぐ戻ってきますから」

たしかに、コリンはまもなく店から出てきました。ショッキングピンクのバレエ用チュチュを着て、プラスチック製のおっぱいとティアラをつけ、魔法の杖を持って。「すみません、お巡りさん」とコリン。「すぐに動かします」。警官は口をあんぐりと開け、ひと言も口をきかずに、バイクにまたがって走り去りました。

またべつの夏には、マーガレット王女がセクシーな米国女優メイ・ウェストの扮装で、「いつかわたしに会いにきて」を披露されました。そんなときはいつも、「インクレディブル・ストリング・バンド」が夜遅くまで伴奏してくれたのです。

わたしには平穏と静けさが必要になったときに逃れる場所があったので、それが叶えられるかぎり、グレンでの生活を心から楽しみました。グレンはつねに変わらぬ、安住の地でした。なにしろロンドンの住所はしょっちゅう変わっていたので。

　ようやくわたしたちの結婚生活も軌道に乗り、大勢の使用人を抱えた部屋が五十以上もあるグレンの切り盛り、ロンドンの瀟洒なタウン・ハウス、そしてバケツでシャワーを浴び、素手でロブスターを釣るという島流しさながらのマスティク島、その三つを転々とするせわしない暮らしにも、うまく頭を切り替えて適応できるようになったのです。

8　パジャマ姿の王女さま

友人たちの大半は、先祖代々伝わる大邸宅のいわば管理人として、本邸に腰を落ち着けていましたが、コリンはつねづね新しいものに目がなく、ロンドン界隈のさまざまな屋敷に住んでみるのが何よりも好きだったので、わが家は引っ越しに次ぐ引っ越しでした。まずコリンの母親の住まいから、ケント州にあるパトリック・プランケットの弟の家、さらにロンドンに戻ってナイツブリッジのラトランド・ゲイト・ミューズに移り住みました。この家はリノリウムの床のせいで、わたしはどうしても好きになれませんでした。

つづいて一九六三年に、コリンはまたべつの家を買ったと発表しました。こんどの家は、十九世紀のアメリカ人画家ジェイムズ・ホイッスラーのかつての住まいで、チェルシーのタイト・ストリートにありました。この通りは芸術家や文化人に人気があり、過去の住人には、オスカー・ワイルドをはじめとする作家に、ジョン・シンガー・サージェントなど他の画家、および作曲家、映画評論家、小説家など、そうそうたる顔ぶれが名を連ねています。

ロンドンのなかでもこの創造力に富む地区がコリンを惹きつけ、また家自体も堂々たる構えでした。ただし問題がひとつあって、長年のあいだに家が泥の地盤に沈下してかなり傾いていたので、いったん取り壊して建て直す必要があったのです。いかにもコリンらしく、招待客がヘルメットをかぶって金槌を振るうという、取り壊しパーティーを開きました。わたしたちが支援している慈善事業のどれかに寄付してもらうのと引き換えに、心ゆくまで壁をたたき壊すことができます。夫の母は最後に帰ったひとりでした。

もとの家がすっかり解体されると、新たに家を建て、内装も施しました。完成までに二年ほどかかったので、そのあいだわたしたちはほかの家を転々としました。ようやく新居に引っ越したあと、さすがに数年間は腰を落ち着けました。

一九六〇年代、コリンとわたしがイギリスにいるときは、毎晩のように社交行事があり、週末ごとに友人の邸宅に招かれて、国内のいたるところを訪ねました。大規模なダンス・パーティーともなれば三〇人から四〇人もの客が招待されることがままあり、大勢の客を呼べるように、しばしば近隣の屋敷に泊めていただき、そこの方たちとも知り合いになりました。バックルー公爵邸ボウトン、ソールズベリー侯爵邸ハットフィールド、デヴォンシャー公爵邸チャッツワースを訪ね、ウェントワース・ウッドハウスにもいちど狩猟で訪れました。ちなみに、ここはイギリスで一番大きなお屋敷ですが、炭鉱の上に建っているので、コークスのひどいにおいが立ちこめ、ヒースも真っ黒でした。バックルー公爵夫人のジェインに招かれ、スコットランドのドラムランリグ城にマーガレット王女と一緒に滞在したこともあります。そろそろ就寝の時間となったとき、ジェインから「これから照明を全部消すから——はい、懐中電灯」と渡されたのです。わたしたちは小さな懐中電灯をたよりに真っ暗な廊下をいくつも歩くはめになり、くすくす笑いながら、なんとか寝室にたどり着きました。

夫とわたしはブレナム宮殿にもよく招かれました。初めてうかがったとき、当主のマールバラ公爵バートは頭の回転が速く、それに輪を掛けて短気な人だという評判だったので、わたしはびくびくしていました。到着するなり、ウィッグの具合を整えるために早々に部屋に退きました。その当時、貴婦人はみなウィッグをつけていました。いまでもその習慣があればいいのにと思います。あのころ美容院には一度も行かずにすんだので。わたしは巻き毛のウィッグをもっていましたが、それをかぶるとマルクス兄弟の次男ハーポ・マルクスそっくりになりました。ハーポは男性にしてはめずらしく、ブロンドに脱色した髪をパーマでチリチリにしていたのです。

ウィッグを整えて再び登場すると、わたしはバートとブリッジをやらずにすみますようにと祈りました。というのは、ブリッジの相手が公爵の求める厳しい基準に達していないと、ご機嫌が悪くなるという恐ろしい噂があったからです。でももちろん、バートは「アン、お手合わせをお願いするよ」と言ったのです。

「おそれ多くて、とてもお相手はつとまりません」わたしは勇を鼓して言いました。「あなたはとてもお上手ですし、愚か者には容赦なさらないので」

ありがたいことに、ふたりとも手札に恵まれ、わたしはバートがつねに上手を行くように、それとなく仕向けることができました。公爵の態度も紳士的でした――コリンだったらとてもこうはいかなかったでしょう。

知人のだれもがそうだったように、わたしたちは週末に留守にするときは、子どもを乳母や家庭教師にあずけて出かけました。乳母のほかに、子ども部屋づきのメイドをひとり雇い、執事と家政婦と掃除担当のメイドもふたりいたので、屋敷はわたしたちがいてもいなくてもきちんと運営されていました。長男チャーリーの最初の乳母はホワイトばあやで、チャーリーを目のなかに入れても痛くないほどかわいがってくれました。乳母車にのせて散歩に出かけるたび、チャーリーがケーキ店を見つけて指さすと、ホワイトばあやは店に入って、特大のアイスド・バン〔甘いロールパンにアイシングをかけたもの〕を買ってやるのです。チャーリーがばあやにあんなになついていたのも無理はありません。次男ヘンリーの出産後、わたしは助産師を伴ってホウカムに里帰りしました。帰宅すると、コリンから、ホワイトばあやをごくささいなことで首にしたと告げられました。じつは、ばあやはなかなか気難しく、これまでも、ばあやのひと言、またはひとにらみでコリンの神経がおかしくなってしまったことがあったのです。これまで辞めてもらわなかったのは、チャーリーがあまりにもばあやになついていたからでした。

チャーリーはすっかりしょげこんで、ヘンリーのせいだと思ったようです。三歳の子どもの目から見れば、ヘンリーがやってきてマミーを連れ去り、どういうわけか、大好きなばあやまでいなくなってしまったのです。かわいそうにチャーリーはちょっとしたノイローゼみたいになって、トウモロコシ畑に駆けこんでしまいました。チャーリーの髪はトウモロコシのひげとよく似たブロンドで、おまけに畑はとても広く、チャーリーはとても小さいので、見つかるまでに長い時間がかかりました。わたしたちは大声で名前を呼びながら探しまわり、とうとうウサギのようにうずくまっているのを見つけました。かわいそうで胸が痛みました。

新しい乳母を雇ったのですが、あまり優しい人柄ではなく、そのことをすぐに見抜いてやれなかったことをいまでも後悔しています。彼女の後釜として、乳母をもうひとりと、気立てのよいオペア〔住み込みで子どもの世話をしながら、現地の言葉や文化を学ぶ若い外国人留学生〕を二、三人つけていました。ヘレンという聡明なスイス人の女子学生には、息子たちが寄宿学校に行くまでいてもらいました。

わたしは毎晩、チャーリーとヘンリーに会いに子ども部屋を訪ね、そのあと子どもたちはしばらく遊んでから、乳母の手で寝かしつけられます。というのは、わたしには毎晩のように社交の予定があったからです。寄付金集めのイベントでいつも忙しく、ロンドンの名門ホテル、クラリッジズで開いた「五〇〇ボール」はいまだに語り種です。その行事のために、わたしは頭飾りのコンテストを企画しました。見かけによらず負けず嫌いで、やる気がないと非難されるのもいやなので、美容師のジョン・オロフソンと相談して、金メッキのブドウと蔓をあしらった約七六センチもの、ひときわ目立つ頭飾りをこしらえてもらいました。あまりにも大きかったので、タクシーでは天井につかないように床に座らなければなりませんでした。

おおむね、こうした社交行事は未明までつづくので、子どもたちと過ごす時間を日課に組み入れました。朝、すでに入浴をすませ着替えた子どもたちが、わたしのベッドに入ってきて、わたしが朝食をとっているあいだにみんなでおしゃべりをします。日中家にいるときは、子どもたちを外に連れ出して遊びます。夜には、本の読み聞かせ。子どもたちのお気に入りは、『かいじゅうたちのいるところ』でした。

子どもたちがロンドンで暮らしているあいだ、コリンはほとんどの時間をマスティク島で過ごしていました。マスティク島は何年ものあいだ、子どもたちの生活に適した場所ではなかったので、もう少し大きくなるまではお留守番でした。子どもたちを残していくのは身を切られる思いでしたが、マスティク島では思わぬことがつぎつぎに起こるので、夫はわたしの内助の功を切実に必要としていたのです。

マスティク島の人気はじわじわと高まっていきました。一九六五年、コリンのイートン校の学友ヒューゴ・マネー＝クーツが再婚の妻ジンティと小型のヨットで島を訪れました。世界一周の旅の途上でしたが、ジンティは島に上陸するなり、船に閉じこめられるのはもうごめんだとコリンに訴えました。そこでコリンは島にしばらく逗留するよう勧め、ヒューゴは島の運営を手伝うことになりました。

ジンティは馬を船に詰めこんで島に輸送したことで名を馳せ、ヒューゴは怖いもの知らずでした。独学で飛行機の操縦を身につけると、ちっぽけな芝生の滑走路から飛び立ち、自宅の隣にあるクリケット場に着陸したのです。わたしたちは日用品を買いにセント・ヴィンセント島までよく乗せてもらいましたが、墜落にそなえた緊急対策を講じていないのはわたしだけでした。ジンティはつねにジンの瓶を抱いて窓際にすわり、海に飛びこむつもりでした。コリンは同じことを恐れて、シュノーケルとマスクを装着しています。わたしは移動の手段ができてほっとしていました。というのは、これでもう何か不測の事態が起こっても島に置き去りにされることはないからです——夫が思いもよらないほど、わたしはそのことを案じていました。

友人がいると、島の暮らしも楽になりました。わたしが何かに愛想を尽かしたとしても、ジンティはその気持ちをわかってくれるでしょうし、コリンが活力にあふれ、わたしがそうでないときは、ヒューゴと一緒に出かけてもらえばいいからです。

綿花農園を所有していたので、コリンは服やリネンに綿花をたっぷり使うことができました。カリブ海地域の限られた島でしかとれない海島綿（シー・アイランド・コットン）は上質で、絹のようにしなやかな肌触りなので、コリンは意気揚々と新しい服、とりわけ、さまざまな色に染めたパジャマ風のスーツを披露しました。人から褒められると、にっこり笑って、「わたしが栽培したんです」と自慢していました。

綿のパジャマ姿で、夫は島の近代化に乗り出しました。セント・ヴィンセント島から「パイプライン」というあだ名の地元の配管工を雇って、取水ポイントのあるダムをつくって水道を引くという課題に取り組みましたが、「パイプライン」はフィルターを逆に取りつけるという大失敗をしでかしたので、最初は水道の栓をひねっても沈泥ばかりで水は一滴も出てこないというありさまでした。

ある日、コリンとヒューゴがセント・ヴィンセント島にいたとき、バイクから投げ出されて溝に倒れている若者と出くわしました。若者の名前はバジル。二人はバジルを病院に連れていき、数日後、見舞いに行ったコリンは彼と親しくなります。バジルが無職だと知って、マスティク島でもうじき開店するバーでバーテンダーをしないかと持ちかけました。バジルはその誘いを受け、放火犯のジョン・キドルと違って、この抜擢は大当たりでした。バーは「バジルのバー」と命名され、いまも島にあります。

バジルは人づきあい、とくに女性の扱い方を心得ていました。マスティク島の開発が進んで、コリンが未亡人や離婚した女性に声をかけ、「太陽の下での気晴らし」のために島に呼び寄せたところ、もちろん、全員がバジルの魅力のとりこになり、やがてそのうちのひとり――ブロンド美人のヴァージニア・ロイストン子爵夫人――とバジルは一緒に暮らすようになります。とはいえ一九六〇年代半ばには、その魅力をひけらかす相手はあまりおらず、たいていはコリンとわたし、そしてヒューゴとジンティがカウンターに寄りかかって飲んでいるだけでした。

バジルのバーのほか、新しい学校も建ち、トタン葺きの集落は移転して、トタン小屋から永住できる住居に改築されました。お年寄りには年金を支給し、そうでない村人には仕事を提供しました。昔からの知り合いはみな、わたしを見るたびに「テナントのだんなが島に来てくれて」どんなに喜んでいるか伝えてくれるのでした。

長男のチャーリーが小学校に上がる少しまえ、わたしは次男のヘンリーともどもマスティク島へ連れてきました。校長先生がチャーリーに字の読み方を教えてくれましたが、チャーリーは島の探検にはるかに興味を示しました。息子たちは海につかるのが大好きで、浜辺で遊びました。ホウカムで過ごしたわたしの少女時代と同じように。

わたしの母と妹たちはかなり早くから訪れ、それからもよく来てくれました。母はとくに島の生活が気に入り、古い綿のズボンをはいて、イギリスでなじんできた格式ばった暮らしよりもはるかに気楽な生活を楽しんでいましたが、父は一度もやってきませんでした。「外国だって？」と父なら言うでしょう。「なんのために？」ホウカムには父が必要とするすべてがそろっていたので、父は領地に引きこもっていました。

一九六八年が明けたばかりのある日、なんの前ぶれもなく、マーガレット王女からコリンに電話がありました。「あの話は本気？　島の土地についてあなたが言ったことだけど」

「もちろんです」王女さまが興味を示してくださったことに感激して、コリンは答えました。マーガレット王女とトニーの結婚祝いとして土地を進呈したものの、ご夫妻はとうにお忘れになったと思いこんでいたので。新婚時代、マーガレット王女は芸術家気質で自由奔放な新しい友人たちとの交際にいっときのめりこみ、いまでは二児の母親として——長男のデイヴィッドさまは一九六一年、長女のセーラさまは一九六四年生まれ——家庭中心の生活を送っておられました。わたしたちもマスティク島であれこれ忙しく、やや疎遠になっていたのです。

「そのお祝いは家も込みで？」とマーガレット王女がおたずねになりました。

コリンは王女さまを失望させたくなくて、わたしが家をお建てしますと答えました。王女さまはたいそうお喜びになり、その土地を見に島に近々出向くつもりだと言って電話を切られました。

わたしは王女さまに連絡して、それは思いとどまられたほうがよいのではないか、島はまだ住める状態ではありませんので、と申し上げました。一九六〇年に新婚旅行で立ち寄られたときと比べると、マスティク島はずいぶん変わりしましたが、それでも一国の王女にふさわしい場所ではなかったのです。電気がまだ通っていないので照明はテリーランプ〔携帯用の灯油ランプ〕しかなく、水は屋根瓦の錆びでみかん色に染まり、もちろんお湯はありません。それでも王女さまはひるまず、島を訪ねるのが待ち遠しいとおっしゃいました。

数か月後、マーガレット王女は島に到着されると、不自由な暮らしをあっさり受け入れ、島の生活に難なくなじまれました。シャワーが浴びたければ、わたしたちと同様、木に吊したバケツを使われます。食事もごくごくお粗末でした。獲れたての魚以外は缶詰ばかりだというのに、苦にならないご様子でした。

家にはちゃんとした家具がないので、プラスチックや籐の椅子にすわり、本を読むには暗すぎるときはトランプをしました。コリンはマーガレット王女が相手なら、王女さまが勝っても、ただの一度も癇癪を起こしませんでした。

ベッドには蚊帳をつるしましたが、夜になると一風変わったネズミがうじゃうじゃ現われます。マーガレット王女はいみじくも「空飛ぶネズミ」と命名されましたが、彼らは蚊帳を駆けのぼると、つぎの蚊帳まで、重力の法則を無視するような大ジャンプをするのです。ことによると王女さまの驚くほどの適応力は、ご自身の経験のたまものかもしれません——これまでも両極端の人生を送ってこられたので。トニーのバイクに相乗りして街灯に照らされたロンドンの通りを疾走するのは、馬に引かせた馬車から手を振るのとは別世界のできごとでした。ドックランズにあるトニーの写真スタジオは、王家の暮らしからは想像もつかないものでした。そして彼の自由奔放な友人たちとの交際は、王室ご一家の交友範囲とは著しく異なっていたのです。

王女さまの別荘の予定地であるジェリゾー・ポイントにご案内すると、とても喜ばれました。島で一番高台にある半島で、コリンがここをお勧めしたのは、ここまでたどり着くのは難しく、だからこそ、なおさら安全だからです。もちろん、わたしたちにも簡単な道のりではなく、あたり一帯は低木に覆われていました。王女さまにはコリンの綿パジャマをお貸ししました。王女さまはコリンのパジャマに着替え、イバラでひっかいたり蚊にさされたりしないように、手首と足首をひもで縛って、山をよじ登られたのです。大きなサングラスをかけ、麦わら帽をかぶり、それをまったく気にされていない証拠に、満面の笑みが浮かんでいました。王女さまは虚飾とは無縁で、そのときどきの状況に折り合いをつけていかれるタイプでした。

建設用地に着くと、コリンが木の杭でしるしをつけておいた想像上の家のまわりを一周しました。夫が背を向けたとき、王女さまは杭を引き抜いて、下生えのなかに挿し直しました。

「どうかなさいましたか?」とコリンが訊きました。

「えーっと、もう少し土地があったほうがいいかと思って」と王女さま。

「その土地は何に使われるのですか?」とコリンが訊きかえします。

「護衛の詰め所よ」とマーガレット王女は言ってのけました。

こうしてその土地も王女さまのものとなりました。

王宮とは比べものにもなりませんが、マスティク島はマーガレット王女に夫君から離れてひと息つける場所を提供しました。コリンと同じようにトニーもお天気屋で、癖のある性格がよく似ていました。偏屈で、おそろしく世話が焼け、人の神経を逆なですることも少なくなかったのです。その半面、やはりコリンと同様、妙に憎めないところもありました。マーガレット王女とトニーは大恋愛の末に結ばれたとはいえ、夫婦の関係はしだいにぎくしゃくし、マスコミは王女さまの表情、外出、動作のひとつひとつを深読みしました。マスティク島には記者はひとりもいません。トニーもこの島は性に合わないと言っていたので、ここまで追いかけてくることはまずないでしょう。ただし彼は、王女さまの楽しみに水を差すかのように、自分も行くかもしれないとつねに匂わせていましたが。

マーガレット王女は、うちの母と似たところがあって、くよくよ悩んだりされませんでした。トニーの愚痴をめんめんとこぼされることもありません。それでもお言葉のはしばしから、王女さまの状況をうかがい知ることはできました――たとえば、いまでは自分でたんすの引き出しを開けずにメイドにやらせているのは、トニーが「きみはユダヤ人のネイリストみたいに見える、虫唾が走るよ」というような短い走り書きをあちこちにしのばせるようになったからだと。

王女さまは最上級の敬意を払われることに慣れておられました。だれもが頭を下げ、女性ならひざを曲げてお辞儀し、「さま（マーム）」付けで呼びかけます――たとえご自身では、友人への手紙はいつも「マーガレット」という署名で結ばれているとしても。わたしは気にしたことがありません。王女さまの父君は先代のイギリス国王で、王女さまも王室の一員なのですから、「王族らしさ」があったとしても不思議ではないので。格式や礼儀がわたしたちの友情を妨げたことは一度もありませんが、トニーはそういうところに反発を覚えたのではないでしょうか。王女さまにお目にかかった者はだれもが下へも置かぬ扱いをし、それが面白くないトニーは、わざわざ意地悪なメモを書いて王女さまの小間物入れのハンカチの下に隠すとか、本にはさむなど、独創的な方法でうさ晴らしをしたのでしょう。

わたしは、マスティク島がマーガレット王女に憩いの場を提供できたことが嬉しく、王女さまに必要なものがすべてそろっているように気をつけました――身の回りのことをご自分でなさる習慣がないので、ちょっとした頼みごとをしょっちゅうなさいましたが、知らん顔をするよりはやってあげたほうが楽でした。日中は一緒に泳ぎ、夕方にはよくバジルのバーに腰を落ち着けて夕日を眺め、太陽が沈んだすぐあと水平線上に現われるとされる「緑の閃光（グリーン・フラッシュ）」を、半信半疑で待ちました。どちらも信じているわけではないのに、いつも頭の片隅にあって、会話をついとぎらせ、もしかしたら見えるのではないかと外を見つめるのです。けっきょくその願いは叶いませんでしたが、楽しい習慣でした。

　夜になると、王女さまとコリンは別荘についてあれこれ検討しました。そんなある日、夕食をとりながら、マーガレット王女は、ご友人で、夫君のトニーの叔父に当たり、二十世紀を代表する舞台美術家のオリヴァー・メッセルに家の設計を頼んではどうかと言いだされました。バルバドスにあるメッセル邸をお訪ねになったおり、本人の設計によるその家がたいそうお気に召されたのです。自分の叔父が関わるとなれば、トニーが王女さまと過ごす時間も増えるかもしれず、コリンのことも好きになるのではないかという希望も口にされました。

　コリンは名案だと思い、オリヴァーと連絡を取りました。そして翌年、王女さまはふたたびマスティク島を訪れ、オリヴァーが考えた家の設計図をご覧になりました。夫はオリヴァーの参入を喜び、もともと目端が利く人間なので、依頼したのは家一軒の設計だけではありません。以前からオリヴァーの舞台セットのファンで、ニューヨークで上演されオリヴァーがトニー賞を受賞した、トルーマン・カポーティ原作のミュージカル「わが家は花ざかり」の舞台装置に感心していたので、コリンはオリヴァーに連絡し、マスティク島に建てる予定の家の設計をすべて委託したのでした。

　夫の関心は家の建設と販売に移っていました。綿花はまったくお金にならなくなっていたからです。この十年というもの、夫は事業を立て直そうと手を尽くしてきましたが、綿工業自体が衰退していました——天然繊維の代替となる化繊製品が中国ではるかに安価に、はるかに大量に製造され、カリブ海地域の伝統作物では太刀打ちできなかったのです。

島民たちの生計を考えると、コリンは住宅産業のほうが安定した雇用につながると考えました。というのは、各別荘は家事代行スタッフと抱き合わせで販売される予定だったからです。失業の危機に瀕している人びとにとって、代わりの勤め口のひとつになるでしょう。コリンは島の発展のために新事業に熱中し、自分の強みを大いに発揮しました。この計画は、マスティク島を有名にし、島民の暮らしを豊かにするという夢とも一致するので、夫はマスティク社という会社を設立しました。オリヴァーに加えて、スウェーデン人の建築家アルネ・ハッセルクヴィストが、少数の投資家とともに経営陣に名を連ねました。島の一部を宅地にし、各区画に美しい別荘を建てて、それを株主に売るという作戦です。株主はインフラの整備にも投資してもらいます。

オリヴァーを利用して甥のトニーを島に引き寄せるという作戦は失敗で、トニーは無関心なままでしたが、オリヴァーの起用自体は大成功でした。彼とコリンは何度か大げんかをしたものの、ふたりともとても神経質なので、それは予想されたことでした。

まだ家が一軒も建たないうちに、最初の区画が売れました。オナー・スヴェイダ、旧姓ギネス――著名なアイルランドの醸造業者――と彼女の二度目の夫フランキーが、バジルのバー目当てで島にやってきたのです。わたしたちと会ったとき、オナーはもう船はこりごりだとこぼしました。かつてのジンティと同じです。四方山話が終わるころには、彼女は島の一区画を買うことはできるかとたずね、コリンはその場で承諾しました。

オナーとフランキーは最良の区画二つとビーチをひとつ購入し、その入江を「オナー湾」と名づけました。フランキーは飲んべえなので、屋敷とはべつに、道路近くに木造のバーを建て、夕方になると通りかかった作業員をもてなしました。わたしの母が島にやってきたとき、オナーととても親しくなり、バスキャップをかぶり、腰に貝を入れる籠をつけて、ふたりでシュノーケルを楽しみました。日が暮れてからも、懐中電灯を持って出かけるほどでした。わたしはふたりほど貝殻が好きではありませんでした。きちんと洗わないとひどいにおいがすることを知ってからは。何度となく母と同じ飛行機で帰国しましたが、機内はしばしば母の貝殻のせいで悪臭がたちこめました。

コリンはビーチをオナーに売却したあとで、これ以上は売らないほうがよいと——ビーチはだれでも使えるように取っておくべきだと——気づきました。とはいえ、この販売は夫の励みになりました。島が利潤を上げると同時に島民の暮らしも豊かになるという理想が達成できる、つまり、島を贅沢な別荘地として経営できる自信が持てたのです。

9　母親の務め

一九六八年、わたしたち一家はようやくタイト・ストリートのホワイト・ハウスに引っ越しました。フランス人建築家に設計してもらった家は、待っただけの値打ちがありました。ほんとうにすばらしい家で、ロンドン一しゃれた邸宅という評判でした。マスコミはインテリアに興味津々で、二、三週間というもの、ソファの端に腰かけて、誇らしげに新居を紹介しているわたしの写真が、おびただしい数の雑誌に掲載されました。建物はいかにも「当世風」のポートランド石〔イングランド南部ポートランド島で切り出される良質の石灰岩〕造りで、鉄製の手すりがついたらせん階段があり、玄関ホールの大理石の床は、印象派に触発された、大きさの異なる黒、灰色、白のまだら模様です。八角形の外側ホールには自然光がふんだんに降りそそぎ、珊瑚の枝が壁に立てかけられていました。浴室には埋め込み式のバスタブにブロンズの蛇口がつき、食堂の壁は絹張り、家のあちらこちらにある銀製のドアノブは貝殻の形です。一階は、わたしたちのお気に入りの絵画――ターナー、ゲインズボロ、ヴァトーが一枚ずつ、それにアルチンボルドの果物を組み合わせて表現した一対の肖像画――を中心に設計されています。

新居が世間の評判になり、印象的な意匠が賞賛を浴びて、コリンはご満悦でした。一席ぶつのが好きで、ホワイト・ハウスはわたしたちが開いた数多くの豪勢なパーティーにうってつけの舞台だったからです。

　コリンはもりきってパーティーを開くのですが、わたしはどのパーティーもあまり楽しめず、とりわけ仮装パーティーが苦痛でした。注目を浴びるのが苦手なだけでなく、いつも開始まぎわになって自分の衣装をあたふたと繕うはめになったからです。パーティーのまえ、コリンはあちこちを駆けずりまわって最後の仕上げに大わらわで、わたしのほうは、夫が土壇場で癇癪を起こさぬよう、準備万端整えておくのに必死だったのです。

　奇抜な衣装にはもともと興味がなかったのですが、コリンは自分が賞賛の的でないと気がすまないので、これは幸いでした。夫の余興のなかで一番ばかばかしかったのは、紙製のニッカーズでしょう。一時期、それをパーティーの新手の出し物として、お客さま方に披露していました。「これからニッカーズを食べてごらんにいれます」という口上とともに、両手をズボンのなかに入れ、ニッカーズをちぎって、口に詰めこむのです。知り合いのなかでもとりわけお堅い面々をからかい、騒ぎを引き起こして悦に入っていたのです。

　ことによるとこういう突飛で型破りな父親を持ったことが、タイト・ストリートに住んでいたころ十歳と八歳になっていたチャーリーとヘンリーに災いを及ぼした可能性もあるものの、はっきりしたことはわかりません。夫は度を超した親ばかぶりにもかかわらず、幼い息子たちの子育てには関わろうとしなかったので。当時はそれがふつうでした。

　コリンはわたしよりはるかに留守がちで、わたしの父と同様、愛情を言葉や態度で表わすのが苦手でした。その埋め合わせに、帰国するたびに息子たちが喜びそうなプレゼントやお土産を持ち帰り、子どもたちは、背が高くて、ちょっぴりおっかなそうな父親をおずおずと、目を丸くして見上げるのでした。夫はすばらしい父親にもなれる半面――お話がとても上手だったので――機嫌が悪いときは、わたしは息子たちを遠ざけておくのに必死で、ふたりが巻き添えを食ってしまったときには、はらはらと気をもみました。

チャーリーは八歳ぐらいから、変わった行動を見せるようになりました。それが人の注意を引きたいという父親の例にならっているのかどうか、長い間、見きわめがつきませんでしたが、やがて紛れもない違いが見つかりました。チャーリーはコリンと同様、きわめて神経質ではあるものの、一族の血に流れている「テナントの癇癪」は起こさず、その代わりに、ばかばかしい儀式をいくつもつくりだし、それに何時間も費やすようになったのです――たとえば、だれかが付き添って階段を下りてくれるまでじっと待っているとか、毎回寸分たがわぬように慎重に、同じところをぐるぐる回るとか。まるで縁起を担いでいるみたいですが、その点では、舗道のひび割れを踏まないように歩くことが、いちばんまともな部類でした。

しだいに儀式が生活を支配するようになり、家のなかを一〇〇周してからでないと外出できなくなりました。ほぼ同じころ、心の闇の部分が表に現われるようになりました。プレップ・スクール〔パブリック・スクールへ進学するための私立小学校〕で、ほかの男の子たちは図書室でビアトリクス・ポターの『ピーター・ラビット』のような本を借りているのに、チャーリーはぞっとするような内容の本ばかり選ぶのです。恐ろしい悪夢にうなされるのも無理はありません。息子の精神状態を案じた担任の先生から、夫とわたしは緊急の面談に呼ばれました。先生はこうおっしゃいました。「チャールズは不幸な事情を抱えているようですね。ナチスの党員だったおじいさまのことをとても気に病んでいます」

コリンとわたしは驚いて顔を見合わせました。「ナチスの祖父ですって?」とわたしは答えました。

「いいえ、そんな祖父はおりません」

「あら」と先生。「あの子の机を見てください」

机のなかには、コリンの父親の頭部をナチスの将軍の体に貼りつけ、かぎ十字でびっしり覆った写真の切り抜きが入っていました。面談を終えたわたしたちは、チャーリーがどこでそんな忌まわしい想像を膨らませたのか、とまどうばかりでした。思い当たるふしはなく、男の子はみんな銃や戦闘に夢中になるものですから、夫婦であれこれ話し合ったものの、いまはそういう時期だと目をつぶることにしました。

男の子にありがちな血や暴力への憧れとちがって、チャーリーの儀式はそう簡単には片づけられない問題でした。とはいえ、子どもはばかげたことを山ほどするうえ、大げさに騒ぎ立てて問題がこじれることもよくあるので、わたしたちは、息子の奇妙な習慣についても取り合わないのが一番だと思いました。大げさに反応しなければ、いずれ卒業してくれるのではないかと期待したのです。でも、そうはなりませんでした。それどころか、息子の儀式はさらに時間がかかり、症状もひどくなる一方だったので、夫が精神科医につれていき、ノイローゼと言われました。いまなら強迫性障害と診断されるところですが、当時は、医者も含めて、だれもそんな病気は知らなかったのです。ノイローゼと診断されても何も解決せず、医者たちは症状を抑える方法についても答えを持ち合わせていませんでした。

当時を振り返り、小さな子どもだったころのチャーリーを思い出すと、胸が痛みます。息子がどれほど苦しんでいたかも、その後何年間も苦しみつづけることも、わたしたちは何も知らなかったからです。チャーリーは誇りであり喜びでした——待望の息子、長男、グレンの跡取りだったのです。

チャーリーと弟のヘンリーは仲が悪く、チャーリーはよく意地悪をしました——ヘンリーが隣にすわるとよそへ行ったり、ヘンリーが触れたものにはさわろうとしなかったり。ヘンリーのほうは兄とは性格が大ちがいで、手がかからず、気立てのよい子でした。机にかぎ十字の落書きをする代わりに、週に一度バッキンガム宮殿に通って、アンドルー王子と一緒にダンスのレッスンを受けるのをとても楽しみにしていました。

一九六八年、チャーリーとヘンリーにつづいて、三男のクリストファーが生まれました。赤ん坊のころから愛嬌たっぷりで、ふたりの兄の仲立ちをしてくれました。二、三年たつうちに、チャーリーは少し落ち着き、笑顔が増え、儀式も減ってきました。グレンにいるときが一番楽しそうで、猟場番と何時間も出かけたり、ミニバイクで地所をめぐったりしました。夫とわたしは、万事うまくいっている、チャーリーの悩める日々は過去のものだと思いました。わたしは心底ほっとしました。わが子の幸せを何よりも願っていましたし、そもそも子どもがほしくてたまらなかったのです。戦時中に子ども時代を過ごしたので、友人もわたしも大家族にあこがれていました。戦争で失われた世代を取り戻す自然な方法に思えたので。こうして三人のすばらしい息子に恵まれたものの、内心では娘もほしいと思っていました。いずれ娘ができたら譲るつもりで、子どものころに使っていたお人形も大切にしまってありました。一九七〇年、娘がひとりではなくふたり、双子のメイ May とエイミー Amy が生まれたときは天にも昇る心地でした。双子とは知らず、また大きな男の子だとばかり思いこんでいたのです――ヘンリーは約四五〇〇グラムもあったので。双子の娘が生まれて大喜びのコリンは、パリへ飛んで、ベビー用ディオールで洋服をひと揃い買いこみ、アナグラムになったかわいい名前も思いつきました。

人生は順風満帆に思えましたが、五人それぞれの子ども時代を考えると、クリストファーと双子は、チャーリーとヘンリーとははっきりとした違いがありました。チャーリーは双子たちより十二歳、ヘンリーは十歳年上で、クリストファーと娘たちが生まれたとき、兄たちはもう寄宿学校にいました。子どもたちの年が離れているので、まるでふたつの別の家族がいるみたいだったのです。

チャーリーとヘンリーの乳母が次から次へと交代した一方で、下の三人は安定した環境で育ち、それが功を奏しました。その安定をもたらしてくれたのは、バーバラ・バーンズという乳母でした。ホウカムの村出身で、父親は領地で働いていました。子どもたちはバーバラになつき、バーバラはわたしの頼れる相棒になってくれました。わが家で十二年間、双子が一九八二年に寄宿学校に行くまで勤めたあと、ウィリアム王子とハリー王子の乳母になりましたが、辞めてからもずっと家族の一員でいてくれました。

バーバラは子どもたちから慕われていただけでなく、コリンともよい関係を築き、夫が人騒がせなふるまいをしたときも上手に対処してくれました。あるとき、コリンの書斎からどすんという大きな音がして、夫のわめく声が聞こえてきました。バーバラは臆することなく書斎に入り、コリンがテーブルに上って足を踏みならし、叫んでいるのを見ると、「旦那さま、机から下りてお静かにしていただけませんか。お子さま方が怖がっています」と毅然といさめました。コリンはだまって従いました。いつもそんな調子でした。またべつのときには、コリンとバーバラと五人の子どもたちとわたしが小さな飛行機でマスティク島の近くまできたとき、パイロットから海面に不時着するかもしれないと急に警告されました。まえもって救命胴衣をつけるように言われていたので、わたしたちは万事うまくいくよう祈りながら、身じろぎもせずにすわっていました。コリンを除いて。夫はパニックを起こし、シュノーケルとマスクを装着しながら、大声で叫び、救命用のゴムボートをあたふたと探し始めました。夫がボートを見つけたとたん、ヘンリーがそのひもを引っ張ったので、ゴムボートはあっというまにキャビンいっぱいに膨らんでしまったのです。

バーバラがバッグからハサミを取り出し、救命ボートをパンクさせると、ボートはゆっくりとしぼんでいきました。この時点では、コリンはありったけの声でわめいていたので、バーバラは一喝しました。「どうかお静かに、旦那さま！ 旦那さまの声でみんな怯えています」。そして今回もまた、コリンはそのとおりにしました。わたしが同じことを言っても、まったく聞く耳を持たなかったでしょう。飛行機は不時着を免れましたが、外に出る前にまず救命ボートを片づけなければなりませんでした。コリンはシュノーケルとマスクをはずしてから、ややばつが悪そうに飛行機を降りました。

バーバラはいつもそばにいて、万事を取り仕切り、わたしと子どもたちのあいだをうまく取り持ってくれました。わたしたちは二人で一組だったのです。クリストファーの場合は、断乳するのが忍びなかったので、丸一年というもの、バーバラとクリストファーはわたしたち夫婦に同行して、週末のさまざまな社交行事についてきてくれました。双子が赤ん坊だったころは、わたしがひとりに授乳しているあいだ、バーバラがもうひとりに哺乳瓶で母乳を与えるという具合でした。

小さな娘をふたりも授かってとても幸せでしたが、双子はおおむねふたりでいるほうがよさそうで――ひとつのベッドで身を寄せ合って眠るのが好きでした。わたしはときどき疎外感を味わいました。というのは、双子にはお互いがいるので、わたしが期待していたようには母親を必要としてくれなかったからです。バーバラはそんな気持ちをわかってくれたので、慰められました。ほかのだれにも、とりわけコリンには、そんな愚痴はけっしてこぼさなかったでしょう。

バーバラがいてくれて助かったのは、留守中も子どもたちの面倒をきちんと見てもらえるというだけでなく、わたしと子どもたちの仲立ちをしてくれるので、母親と妻というふたつの役割を両立させることがいくらか容易になったからです。

双子たちがよちよち歩きをするようになると、バーバラはチェルシー王立病院の敷地にあるラネラー庭園に双子とクリストファーをよく連れていきました。ここはとても格式ばった場所で、乳母は雇い主の称号に応じて異なるベンチにすわることになっていました——伯爵家で働く乳母たちは、公爵家に雇われた乳母たちがずらりと並んだベンチには、まちがってもすわるわけにはいきません。

毎朝、わたしはクリストファーを連れて、そしてバーバラのお休みの日には、双子も戦車のようにがっしりした二人用の大きな乳母車に乗せて、みんなで庭園に出かけました。子どもたちはこの庭園が大好きでしたが、それというのも、ロンドンのたいていの公園とちがって、なだらかな芝生の代わりに、藪で覆われた小さな丘がいくつもあるので、大人たちの監視の目から逃れることができるからです。わたしは一部の人たちのお体裁ぶりにはいつも驚かされました——ある乳母車の側面には家紋が描かれ、ベビー服の袖を白いリネンの膝掛けにピンで止めた子ども何人かいました。乳母車で通りを歩いているとき、一分の隙もない外見を保つために。

思い起こせば、バーバラの人柄は、わたしが慕っていた家庭教師ビリー・ウィリアムズにそっくりで、ビリーがかつてわたしに及ぼしたのと同じ効果を、わが家の下の子どもたちに与えてくれました。日課がきちんと決まっているので、情緒が安定するのです。一方、チャーリーとヘンリーはすでに家を出て、クリストファーが生まれたころには、家族の中心から外れていました。コリンは口癖のように言っていましたが、もしバーバラがチャーリーの幼いころうちにいれば、チャーリーはあんなことにならなかったでしょうし、彼女のようによくできた乳母がずっと身近にいれば、奇行が表に現われることもなかったはずです。

乳母が家庭生活のかなめであるように、寄宿学校も子どもたちには欠かせぬものでしたが、子どもたちはバーバラを慕う一方で、家から離れて寄宿学校へ送られるのはいやがりました。ただし双子にはお互いがいるので、ましだったようですが。子どもたちが取り乱している姿を見ると、胸が痛みました。学校まで車で送っていくと、どの子も泣きだすので、わたしも感情的になり、別れがいっそうつらくなりました。夫とわたしはその埋め合わせに努めました。長期の休みには、コリンが子づれの家族旅行を計画し、異国や異文化に触れさせました。あるときは、ヨーロッパ各国の首都めぐりをしました。アムステルダム、マドリード、ローマを訪ねたものの、ベルリンには行きたくなかったので、コリンはバイエルン州にあるルートヴィヒ王ゆかりのお城や宮殿を訪ねるという名案を思いつきました。子どもたちはお城がとても気に入りました。ちなみに、ディズニーランドの「眠れる森の美女の城」はその城〔ノイシュヴァンシュタイン城〕がモデルになっています。ミュンヘンのニンフェンブルク宮殿にも子どもたちを連れていき、ルートヴィヒ一世が寵愛した女性――ノイシュヴァンシュタイン城を建造した孫のルートヴィヒ二世のほうは、おおむね同性のほうが好みでしたが――の肖像画を集めた一室で、わたしが祖先のひとりジェイン・ディグビー〔ジェインの母方の祖父が初代レスター伯トマス・クック〕を指さすと、みなはしゃいでくすくす笑いました。ジェインが壁から見下ろすなか、子どもたちに彼女の逸話を話してきかせました。ジェインはホウカムの図書室司書との不倫が見つかって館を追放され、ミュンヘンでルートヴィヒ一世の愛人になったのです。

これまで出かけたなかで最高の休暇旅行は、双子が十五歳のときでした。コリンの仕事仲間で親友のニック・コートニーも誘いました。コリンがヒマラヤのキャンプ旅行を企画し、ささいな理由からわたしに当たり散らすので先行きが案じられましたが、しばらくすると夫の緊張もほぐれました。山の空気が功を奏したのかもしれませんが、コリンは子どもたちと遊んでいるうちに、自分まで子どもに返り、牛が彼のテントに放尿すると、ヒステリーを起こす始末です。くつろいだ雰囲気で、みな大いに楽しんでいたところ、豪雨になってテントのなかまで水がちょろちょろと流れてきました。コリンはキャンプをたたむことにし、たちどころに名案を思いつきました。カシミールのハウスボートです。ボートは鮮やかな色で、広さもわたしたちにぴったりでした。旅行はつつがなくつづけられました。

こうした休暇は子どもたちにはすばらしい経験でした。コリンは歩く百科事典さながら、とても物知りで、絶好調のときは、子どもたちに新しいものの見方を教え、想像力をかき立てました。

双子がまだ幼く、マスティク島もまだ開発さなかのころ、わたしたちはクリスマスとイースターを家族そろってグレンで過ごしました。子どもたちがクリスマスの朝、靴下を開けたときの歓声、イースターの日曜日に卵を探して庭を走りまわるときのはしゃいだ声が屋敷に響きわたりました。グレンは子どもたちにとっては願ってもない家で、大きくて部屋がたくさんあるので、遊びならなんでもござれです。コリンとわたしは子どもたちとよく鬼ごっこをしました。だれかひとりが鬼になり、残りの全員が隠れます。ホールにあるソファが監獄で、鬼はソファを守るだけでなく、ほかの子たちを探しに行かなければなりません。見つかったらアウトです。コリンは鬼の役が得意で、探しながら、「いま行くぞう……そこにいるのはお見通しなんだから……イッヒッヒ……」などと鬼になりきって呼びかけると、リネン室やドアの後ろから忍び笑いが聞こえてくるのでした。

抜き足差し足で廊下を進み、鉢合わせしてどっと笑うこともあれば、裏をかくのが上手だったり辛抱強かったりする子がいて、何時間もつづくことがありました。この手の遊びにはグレンのような屋敷がぴったりでした。物陰や隙間がいくらでもあり、階段もひとつではないので、だれでもまわり道することができます。うちの家族はみな鬼ごっこが大好きでした。ビリー・ウィリアムズがその昔、わたしと妹のケアリーに教えてくれた「暗闇ゲーム」を思い出しました。部屋の明かりを全部消して、暗闇でものにぶつかったり、くすくす笑ったりしながら、逃げまわるわたしたちを捕まえるのです。人生には、単純でも、しみじみ幸せを感じることがままあります。わたしにとっては子どもたちやコリンと鬼ごっこをしたり、愛する妹や家庭教師と一緒に「暗闇ゲーム」をしたことが、最高に幸せな思い出のひとこまです。

毎年八月になると、マーガレット王女がお子さまのデイヴィッドとサラ、乳母のサムナーばあやを連れて、バルモラル城からの帰途グレンに立ち寄られました。王女さまがピアノを弾きながら、グレン・ミラーの「チャタヌーガ・チュー・チュー」を歌われ、わたしたちも声を合わせました。この歌は子どもたちにも根強い人気を誇っていました。昼間は、子どもたちはミリタリー・タトゥー〔エディンバラ城で毎年八月に開かれる世界最大規模の軍楽祭〕に、大人たちはエディンバラ国際フェスティバル〔エディンバラで八月から九月に三週間開かれ、オペラ、演劇、音楽、ダンス等の世界一流の芸術家が公演〕に出かけました。

グレンにはエリオというイタリア人の執事がいました。ある夜、わたしたちが帰宅すると、エリオが飛んできて、わたしに言いました。「奥さま、今晩、じつに不思議なことがありました。乳母のバーンズとサムナーにぜひおたずねになってください」

翌朝バーバラにたずねると、説明してくれました。「サムナーさんとわたしが七人のお子さま方を寝かしつけたところに、エリオがうろたえたようすで、わたしたちを呼びにきたんです。『急いで、早く、早く!』って。窓から外を見ると、緑色のライトがいくつもついた葉巻型の物体が上空に浮かんでいます。UFOみたいに見えました。谷に降りてくると小川を越えて、姿が見えなくなっていきました」

マーガレット王女にそのことを伝えると、「一杯やっていたんじゃないの」とおっしゃいました。でも三人がその物体を目撃したという場所に行ってみると、あたり一帯のヒースがなぎ倒されているのです。軍が演習をしていたのなら説明がつくので、コリンが最寄りの空軍基地に電話してみましたが、彼らにも心当たりがないというのです。それから数日というもの、ピーブルの町とその周辺地域でよく似た目撃情報がほかにも何件か寄せられ、あれはいったいなんだったのかとみな首をかしげていました。UFOはその後二度と目撃されませんでしたが、毎年八月には同じ行事が繰り返され、両家は楽しく交流しました。

グレンだけでなく、わたしたちはホウカムにも里帰りして両親と過ごしました。浜辺にピクニックに行ったり、松林を散策して松ぼっくりや貝殻を集めたりしました。妹のケアリーとサラもそれぞれ家族同伴でやってきました。ケアリーはホウカムの近くに住んでいて、皇太后さまの友人ブライアン・バセット〔母親が皇太后の女官〕と結婚したので、皇太后さまのスコットランドの別邸バーク・ホールをしょっちゅう訪ねて魚釣りをしていました。ケアリーはたいがいの男性よりずっと釣りが上手で、彼らをくやしがらせていました。三人の息子を連れてわたしたちとピクニックに出かけましたが、妹はうちの子どもたちに大人気でした。体が人一倍柔らかく、お尻を突き出すような滑稽な歩き方をしてみせるので、みな大笑いしました。

末の妹サラもデイヴィッド・ウォルターと結婚し、二人の息子とスコットランド中部のパースシャーに住んでいました。ケアリーの夫ブライアンはコリンの人柄を疎んじていましたが、デイヴィッドとコリンはとてもうまが合うので、サラのわら葺き屋根の家に子連れで泊まりにいくのは、いつも楽しみでした。子どもたちは小川のそばに隠れ家をこしらえて、キャンプファイヤーをし、サラはみんなを連れてキタリスを探しに出かけます。サラは夏にホウカムを訪れるときもよくダックスフントを連れてきて、双子たちは砂丘まで犬を散歩させました。そのあとみんなでカニ捕りをし、カニがバケツにいっぱいになると、バケツを横倒しにして、カニたちが大急ぎで海に戻っていくのを眺めるのでした。

わたしは子どもたち全員に、バーナム・オーバリー・ステイスの水路で、かつて母から教わったようにセーリングの手ほどきをしました。わが子にこの競技への愛を伝授できたかどうかは、自信ありませんが。セーリングはその人の一番悪いところが露わになるスポーツで、わたしはガミガミと口うるさかったのだと思います。いつもなら丁重にお願いするのが急に命令口調になり——セーリングには危険が伴うので、ふだんとちがって礼儀よりわかりやすさが優先されるからですが——ふと気がつくと、大声で矢継ぎ早に命令を下しているのです。「これを引っ張って!」とか「ちがう、そっちじゃない!」などなど。

当然、だれもセーリングのとりこにはなりませんでしたが、みなホウカムへの帰省は大歓迎で、暑い日には噴水に飛びこんだり、庭園を走りまわったり、わたしの子ども時代と同じことをして楽しんでいました。わたしはネルソン提督のことも折に触れては話して聞かせました。隣の村で育ち、わたしたちがセーリングをしている水路の土手を歩きながら、海を眺め、召集を待ち望み……という話は子どもたちの心をとらえました。

双子が大きくなると、イースターとクリスマスもしばしばマスティク島で過ごしました。毎年開かれるイースター帽子のコンテストに、双子は熱心に参加しました。メイはあくまで自作にこだわりましたが、エイミーはコリンに手伝ってもらい、夫は例によってはりきって取り組みました。ある年、エイミーは、コリンが「ゴルディロックス〔イギリスの童話で、クマの家に入り込んで寝入ってしまう金髪の女の子〕」と名づけた帽子をかぶり、髪に金色の長いリボンを付け足して優勝しました。その翌年、コリンはひょうたんをくりぬき、エイミーはそれを潜水用のヘルメットに見立て、シュノーケルとマスクまでそろえました。そのコンテストは、大人も含めてだれでも参加できるので――ビアンカ・ジャガーがサボテンをかぶって出場したこともありました。

子どもたちは家で楽しいときを過ごすと、なおさら学校へ戻るのをいやがり、どれだけ手を尽くそうと、別れは親子双方にとってつらいものでした。寄宿学校に送られるのが楽しい子どもなんているでしょうか――チャールズ皇太子は名門寄宿学校のゴードンストウン校からうちの母に長い手紙を書いて、どれだけ家が恋しいかつづられ、休日もなく延々とつづく学校生活の愚痴をこぼされました。一番長い学期は十四週間もあったのです。

わたしが学校にいたころは、両親が訪ねてくるのは年に一度だけで、生活環境も理想にはほど遠いものでした。上空から飛来するV-1ミサイルの恐怖に耐え、固くなった古いパンをオーブンで焼き直したものも我慢しました。一週間に五粒ずつ全員に支給されるあめ玉は、盗まれないように人形のペチコートに隠しました。卵を乾燥して粉状にした「粉末卵」は、ひどい味でした。

それに比べると、うちの子どもたちはよい学校に入り、休暇で帰宅すればちやほやされました。ロンドンにいるときは、グレンから新鮮そのものの食材が週に一度、夜行列車で届けられ、執事がそれをキングス・クロス駅に取りにいくのです。学校もすっかり変わり、うちの子どもたちの時代には、親が学校を訪ねたり、週末に子どもを連れ出したりするための短期休暇など、ありとあらゆる制度や機会が設けられていました。学期によっては、学校の中より外の時間のほうが多かったぐらいです。

それでも、わたしの数々の努力にもかかわらず、成人したチャーリーは、「子どものころ、両親は遠い存在でした」と述べています。息子の言うとおりですが、そう言われるまで、自分ではそんなふうに考えたことは一度もありませんでした。わたしと乳母のバーバラとの関係、そしてバーバラとうちの子どもたちとの関係を通してはじめて、母親の務めを果たすにもいろいろやりようがあり、わたしが知っていた方法、とりわけ年長の息子たちへの接し方は、母親のわたしにとっても、子どもたちにとっても、必ずしも満足できるものではなかったのかもしれない、と思い当たったのです。悲しいかな、そう悟ったときには、子どもたちはもう大人になっていました。

いま娘のメイを見るとつくづく感心するのですが、フルタイムで働き、夫を支えながら、そのうえさらに乳母の手も借りずに子育てし、わたしなど足下にも及ばないくらい、ふだんから子どもたちの日常生活に深く関わっています。わたしも同世代の一部の友人に比べれば、まだ子どもに手をかけたほうですが、娘世代と比べると、時代は変わったとしみじみ感じるのです。

10　女官就任

一九七一年初旬のある日、マーガレット王女にメイの教母になっていただいて、双子の洗礼式が無事に執り行なわれたあと、王女さまがこう切り出されました。「もう子どもを産むつもりはないわよね」

わたしは、「まったくございません。息子が三人に双子の娘とくれば、さすがに充分ですから」とお答えしました。

「そういうことなら」王女さまはわたしの答えが見るからにお気に召したようで、こうおっしゃいました。「わたしの女官（レディ・イン・ウェイティング）になってくださらない？」

そのお誘いは、これ以上ない絶妙のタイミングでした。というのは、ちょうどコリンがとりわけ難しい時期にさしかかっていたころで、マーガレット王女はそのことをよくご存じでした。王女さまがコリンの所業に少しも動じられなかったのは、亡き国王陛下の癇癪に慣れていらっしゃったからで――侍従だったうちの父も、王さまが部屋のあちこちに蹴飛ばされたゴミ箱をしょっちゅう片づけていたものです。マーガレット王女は陛下をなだめるのがだれよりもお上手だったので、陛下のご気分を変えるためによく呼び出されておいででした。コリンが何をしようとそしらぬ顔で取り合われない王女さまは、わたしのよいお手本でした。

ときおりマーガレット王女もコリンの騒々しい茶番を目の当たりにされましたが、表沙汰になった一件では、英国航空の社長ジョン・キングから、生涯にわたって搭乗禁止の手紙を受け取るはめになりました。王女さまとわたしたち夫婦の三人でアメリカからの帰途、マーガレット王女とわたしはファーストクラスのチケットなのに、なぜかコリンだけちがっていたのです。飛行機に乗りこむと、夫は右手に、わたしたちは左手に案内されました。

王女さまとわたしは、手違いに気づかず、席に着きました。夫はいきり立ってわたしたちの近くの席を要求しましたが、応じてもらえないと、通路の真ん中に寝ころがり、わめき散らしました。コリンの泣き叫ぶ声がこちらまで聞こえてきて、夫のあまりの醜態に血の気が引きました。とっさに席を立って駆けつけようとしたところ、マーガレット王女がぴしゃりとおっしゃいました。「おすわりなさい、アン」

そのあと、保安要員がコリンを飛行機から引きずり出そうとして、さらにひと騒動ありました。夫が「助けてくれ、アン！　アン！　助けて！」となおも叫びながら放り出されるのが、窓から見えました。マーガレット王女は、「知らん顔をしているのよ」とおっしゃいます。

コリンは逮捕され、飛行機は夫を乗せずに飛び立ちました。うちの母ならきっとそうしたように、マーガレット王女もこの件は不問に付されましたが、わたしにもときには休息が必要なことを充分に察してくださったのです。コリンは三日後に現われましたが、お互いに何も言いませんでした。

公的な役割とそれに伴う責任を与えられたことは、気晴らしにとどまらず、夫からの精神的な自立も強めてくれました。コリンは王室、とりわけマーガレット王女にこのうえない崇敬の念を抱いていたので、わたしが公務につくことをとても誇りに思い、王女さまのご提案をお受けするよう強力に後押ししてくれました。夫は、わたしが女官になれば自分と王女さまの親交も深まり、これまで以上に夫婦でお供できる時間が増えるはず、つまり、わたしがお招きを受ける行事にはなんであれ自分も同行できると思いこんでいたようです。ところがそうはならず、コリンは大いにがっかりしましたが、王女さまとご一緒の時間はたしかに増えましたし、夫はその機会をいつも心待ちにしていました。いまにして思えば、王女さまとの友情は、世間をあっと言わせたいという夫の願望をさらにあおるものでした——マーガレット王女がマスティク島に滞在されていればパーティーを開くための願ってもない口実となり、パーティーは大がかりになる一方でした。それは裏返せば、夫が創意に富んだ天才だと——実際にそのとおりなのですが——世間に認めてもらうという意味もあったのです。

マーガレット王女はご聡明な方ですから、女官は友人のなかから慎重に選ばれました。王女さまの従姉のジーン・ウィルス、ジェイニー・スティーヴンズ、ダヴィナ・アレクサンダー、そしてマーガレット王女にトニー・アームストロング＝ジョーンズを紹介したエリザベス・キャヴェンディッシュ、それに現在はエリザベス女王の女官を務めているアナベル・ホワイトヘッドといった面々です。

わたしはマーガレット王女が亡くなるまで三十年間、女官兼友人としてお仕えしました。公務としてお側にいることもあれば、べつの女官が王女さまを補佐し、わたしは友人として付き添う場合もありました。

わたしの母は一九五三年から一九七三年まで女王陛下の女官（レディ・オブ・ザ・ベッドチェンバー）でしたので、母娘で同じようなお役目を務めていた時期が二年ほど重なります。わたしたちのおもな役割は、王室のご公務および特別な機会に女王陛下やマーガレット王女に同行し、行事がつつがなく進行するように気を配ることでした。母は女王にお仕えし、わたしはわたしで、マーガレット王女がどこにおいでても、必要とあらば、気心の知れた信頼できる者が身近にいるとご安心いただくために、おそばに控えていたのです。

女官は王室に仕える人間のごく一部で、女王はマーガレット王女よりはるかに大勢のスタッフを抱えておられます。マーガレット王女には運転手、執事、料理人、洗い場メイドがひとりずつ、それに通いのメイドが二人いて、煙草を手放さない王女さまのために、灰皿の交換に多くの時間を費やしていました。ミセス・グリーンフィールドというお衣装係は、折々の衣装の組み合わせを考え、あらかじめ何着か用意しておいて、王女さまご自身がお召しになりたいものを選べるようにしていました。着付けのお手伝いのほか、毎晩お風呂の用意をするのもミセス・グリーンフィールドの役目でした。王女さま専用の美容師もいて、行事のまえに宮殿に参上することもあれば、王女さまが美容室に出向かれることもありました。ネイルの手入れはそこでしてもらいますが、お化粧はいつもご自分でなさっていました。護衛官は何人かいて、彼らを率いるジョン・ハーディングとは長年のうちに親しくなりましたが、何十年もその職についていました。以上が身のまわりのお世話をする職員で、そのほかに私設秘書のナイジェル・ネイピアが、四人の秘書と一緒に執務室に詰めていました。

マーガレット王女は職員への気配りぶりで評判がよく、お衣装係やメイドが同行すると、よい部屋をあてがわれているか、全員がきちんとした待遇を受けているか気にかけてくださいました。毎年、王女さまは女官を集めてクリスマスのお茶会を催されました。巨大なクリスマスツリーの下にプレゼントの包みがたくさん置いてあり、わたしたちに手渡してくださるのです。お心のこもったすばらしいプレゼントもあれば、実用品を頂戴する場合もありました。王女さまはキッチン用品に目がなく、あるときジーン・ウィルスはトイレ用ブラシをいただきました。「お宅に泊まりにいったとき、見当たらなかったから」と。じつは、ジーンは王女さまご来訪にそなえて、まえもって隠しておいたので、そのお心づかいに目を白黒させていました。王女さまが何度かお使いになった到来物のハンドバッグ、という場合もありました。そうかと思えば、気前のよいことに、お買い物のお供をしたときに、わたしがうっとりと眺めていたアンティークを頂戴することも。

公務で随行した先は、たいてい病院、工場、学校、あるいは王女さまが後援されている慈善団体などでした。日帰りの外出にはジョン・ハーディングと護衛官が二、三名付き添い、それ以上になると、私設秘書のナイジェル・ネイピアとお衣装係のミセス・グリーンフィールドも同行しました。

これらの公務はみな退屈かと思いきや、さにあらずでした。さまざまな分野の方にお目にかかるのは興味深く、慈善団体の場合は、マーガレット王女は心から支援したいものだけを選び、ぜひ力になりたいと、公務を非常に大切にされていました。王女さまの熱心な取り組みにより、わたしたちは各活動についてじっくり話し合い、女官全員がそれぞれ興味のある団体に入会することになりました。わたしは親戚のアンガス・オグルヴィが関節リウマチを患っていたので、全国関節リウマチ協会に加入したほか、SOS〔脳性麻痺の慈善団体 The Stars Organisation for Spastics〕（現在は Scope と改称）と全国母子福祉協会の会長を務め、資金調達のためのイベントを多数企画しました。歌手で女優のヴェラ・リン、ロジャー・ムーア、ボブ・ホープ、舞台俳優のジョン・ミルズなど、チャリティーに熱心なスターたちのスケジュールが空いている日曜日の開催がほとんどでした。

コリンと同じように、マーガレット王女もおそろしく博識で、公務への道すがら、ご自身が名誉連隊長を務めておられる各連隊のうんちくや聖書からの引用——ご面会になる大勢の聖職者をたじたじとさせるために、わざと口にされました——について熱心に語られました。

コリンとの結婚生活は、女官の職務を果たすために何年も訓練を積んできたようなものでした。いましも起こりそうな問題に先手を打って対処しているうちに、コリンがどうしてほしいのかあらかじめ予測するのが得意になりましたが、それは女官には欠かせぬ才覚だったのです。たとえば昼食会や晩餐会では、いつでもわたしをご覧になれるように、王女さまの目のとどく範囲にいます。王女さまの表情から、お呼びかどうかを察します。そこが初めての場所なら、王女さまがお訊きにならずにすむようトイレの場所を探しておき、ドアの外で待機して人払いをします。

こういうこまごましたことが自然にできるようになると、王女さまもおくつろぎになることができ、公務がより円滑に進みます。わたしは、些細とはいえ役立つこと、たとえば、王女さまは昼食にはジントニックを、夕食にはウィスキーの水割りを飲まれることがわかるようになりました。各行事の担当者に伝えておけば、お好みのものが給仕されます。王女さまのご意向を伝えられる人間がそばにいることで、関係者全員が少し気楽になるだけではなく、マーガレット王女もイベントに出席されるたびに、善意からとはいえ、しょっちゅう同じ質問に答えずにすむので、ご公務をもっとお楽しみになれました。

王女さまがカクテルパーティー等、大勢の人と顔を合わせられる場合、主賓および王女さまがとくにお会いになりたい招待客のリストが渡されるので、わたしは群衆のなかからその人たちを探しだして、王女さまのもとにお連れします。これは繊細な気配りと駆け引きが必要な手続きで、マーガレット王女の表情から、もう少し会話をおつづけになりたいか、あるいはつぎの方をご紹介する頃合いかを見きわめ、後者の場合は、その方を王女さまに引き合わせなければなりません。おそばに待機して、できるだけ途切れなく、できるだけ失礼のないように、交代していただきます。

マーガレット王女につぎのお客さまを無事にお引き合わせすると、リストをじっくり眺め、そこに並んでいる名前と、初対面のこともままあるその方のお顔を突き合せます。会場をあたふたと駆けまわって、ほかの人と話しこむまえにご当人を見つけたいのは山々ですが、その気持ちをこらえて、くつろいだようすで王女さまにしずしずと付き従わなければなりません。ときには王女さまのお姿を見失うこともありました——とても小柄で、いつも人に囲まれていらっしゃるので。ですから、仮にどなたかを見つけようとおそばを離れたら最後、血眼で、ただし取り乱したようすは見せずに、王女さまを探すはめになったでしょう。わたしは白鳥と同じで、表向きは平静さをよそおいながら、水中では必死に足をばたつかせていたのです。

ご公務がなくケンジントン宮殿のご自宅におられるときは、王女さまの日常は判で押したようにいつも同じでした。昼食はいつも一時半で、三品のコースをとられますが、それもしばしば同じ献立でした。とくにクルマエビのカクテルがお気に入りで、エビを和えるマリーローズソースのおもな材料はマヨネーズとトマトケチャップですが、それよりはるかに異国風のスパイスが使われていると固く信じていらっしゃいました。王女さまはお茶の時間もお好きで、夕方の五時になると、ジンジャーナッツかドイツ製のチョコレートビスケット「ライプニッツ」と一緒に、とても薄いアールグレイの紅茶をよく飲まれていました。ディナーのプディングもいつも同じで、ときどきインド料理店で見かける、レモンの皮を半分に切った容器に盛り付けたレモンソルベでした。ソルベに添えてあるクリームを、少しずつ載せて、クリームの変化を飽きずに眺められました。「ちょっとご覧なさい。おもしろいから——凍っていく、ほら、凍っているでしょ」

ケンジントン宮殿に通うのは楽しく、なかでも執務室で、行事のあとの礼状書きや着信の仕分けを手伝うのを楽しみにしていました。私設秘書のナイジェル・ネイピアに感心していたからです。あれほどそつのない、駆け引き上手な人にはこれまで会ったことがなく、彼はその手腕を駆使して、骨の折れることが多い職務を遂行していました。気の利いた当意即妙な説明でマーガレット王女を窮地から救い出すことも、その役割のひとつでした。

マーガレット王女をお守りすることが仕事とはいえ、彼は王女さまのことが大好きで、楽しい仕事仲間でした。マーガレット王女をお支えする面々と協力することで、仕事はうんとはかどりましたが、王女さまがマスティク島においでになるときは、護衛のジョン・ハーディングひとりか、たまにナイジェルが同行するぐらいでした。そこで、王女さまが島に到着されると、コリンは地元で警備係を雇い、ジョンと協力して王女さまの警護に当たることにし、わたしたちのプレハブの家が彼らの宿舎になりました。夫はわたしが王女さまの手足となってお世話しなければならないことをわかっていたので、ひとりであちこち駆けずりまわり、警察にはいざというときに備えて待機をお願いし、島民をかき集めて整列させ、王女さまを盛大にお迎えする準備を整えました。

島には必要最低限の設備しかなく、数年間は有名人もいなければ壮麗な別荘もありませんでしたが、王女さまはだれにもわずらわされずにすみました——いわば隠れ家だったのです。

格式とはほど遠い生活だったのは、マーガレット王女が気取らない雰囲気をお望みだったせいもありますが、ほかに選択の余地がなかったのも理由のひとつです。日中は、鯨のヒゲがコルセット代わりの、たくさんのお手持ちの水着から一着と、短いスカートで過ごされました。水着はストライプか花柄で、めりはりのある体型にぴったりでしたが、水から出られるたびに、ひそひそとささやき合う声が聞こえてきます。水着が濡れると透けて見えるからだと、すぐにぴんときました。わたしはこの件をやんわりと切り出しました。「王女さま、ご存じかもしれませんが、水着がちょっと透けるみたいです。裏地をおつけいたしましょうか」
「まあ、アン」王女さまはやや気色ばんでおっしゃいました。「放っておきなさい。見たければ、見ればいいのよ」。この件は、それで打ち切りでした。

毎日の暮らしは、宵っ張りのマーガレット王女に合わせて、のんびりと過ぎていきました。たいていは昼食の少しまえに、どこかのビーチにピクニックに出かけ、砂浜にパラソルを立てます。当時の食事は満足いくものにはほど遠く、ヘルマンのマヨネーズをたっぷりかけて、味気なさをごまかさなくてはなりませんでした。

マーガレット王女は足の指に砂のはさまる感触がお嫌いで、それが少々問題でした。コリンが簡単な解決法を思いつき、王女さまにもご満足いただけました。ビーチに出かけるたびに、水を入れた洗面器と清潔なタオルを何枚も用意して、必要なときはいつでも足を洗って砂を落とせるようにしたのです。

食後はみなひと泳ぎしましたが、そのあいだも会話が途絶えることはなく、マーガレット王女は饒舌でした。王女さまは顔を上げて平泳ぎされ、お供をしているわたしは話が続けられるように、ややたどたどしい立ち泳ぎでした。湾のほうまで出て、ヨットのまわりを泳ぐこともありました。デッキに上げてもらって、お水をいただくこともありました。もっと刺激的な飲み物なら嬉しいのにと思いながら、ありがたく頂戴しました。デッキで水をしたたらせているのがマーガレット王女だとわかると、みなさんびっくりして二の句がつげず、わたしはその慌てぶりをひそかに楽しみました。

夕方になると家に戻り、王女さまは姉のように、わたしの髪をすいてくださいました。わたしの後ろに立ってブラシをかけながら、自然な濃淡がついたわたしの髪についてあれこれおっしゃり、わたしはすっかり満ち足りた気分でした。ブラシがけが終わると、髪は美しいつやを取り戻しました。王女さまはそんなふうにとても面倒見がよく、日焼け止めを塗ってあげるとか、蚊に刺されたあとに軟膏をつけましょうとか、しょっちゅう気にかけてくださるのでした。

日が沈むころ、わたしたちはバジルのバーに腰を落ち着け、夕暮れどきの一杯を楽しみながら、水平線に一瞬だけ見えるという緑色の光を探しました。王女さまが初めて島に来られたときからの変わらぬ習慣です。そのあと、たまたまお店にいる人たちと一緒に夕食を取ります。とはいえ友人の数は少なく、マーガレット王女とコリンとわたしだけということもしばしばで、自分たちで余興を編み出しました。そういうことはコリンが得意で、そうかと思えば、夜更けまでトランプをすることもありました。

一九七〇年代初頭になると、マスティク島に発電機が設置されただけでなく、別荘も何軒か建ちはじめ、マンチニールの生い茂る、痩せた不毛の土地に、きたるべき姿が垣間見えるようになりました。彫像のように優雅で堂々とした別荘が、丘の斜面につぎつぎと姿を現わします。一九六〇年から七八年にかけて、舞台美術家のオリヴァー・メッセルが彼独自の様式で一七戸を設計し、それらはのちに「カリブ海風パラーディオ様式」と呼ばれるようになりました。別荘の大半は、昔ながらのプランテーション風家屋を基本とし、メッセルは、彼いわく「内外一体型の暮らし」を創造することに専念しました。舞台美術の大家として、どの家にも景色を縁どるアーチ窓を採り入れ、それがいわば申し分のない背景となったのです。

別荘はどれも少しずつ違っていて、広いベランダかテラスがついていました。内装は白が基調で、鮮やかな色彩がアクセントになっています。オリヴァーはセージグリーン〔灰色を帯びた緑色〕を愛用し、別荘の木製の鎧戸やドアによく使いましたが、いまでは「メッセル・グリーン」や「マスティク・グリーン」として知られ、マスティク島を超えて長く後世に残る遺産となりました。各邸が完成すると、アンティークやカーテンと敷物などの調度品の入った木箱が何十箱となく船でマスティク島に運ばれ、コリンがそれをいそいそと荷解きし、わたしも手伝って邸内を整えました。実際の住み心地がわかっているほうが買い手がつきやすいので、わたしたちは各戸が売れるまで順番に住んでみました。しょっちゅう引っ越すので落ち着きませんでしたが、そんな暮らしにも慣れ、学校の休みに島にやってきた子どもたちは、それもまたわくわくする体験のひとつと、楽しそうに家をあれこれ比べていました。

マーガレット王女はご自身の別荘が完成する前年の一九七一年、シーズンオフに一度だけお見えになりました。工事の進捗状況をご覧になりたいということでしたが、ほんとうは、ご夫君のトニーから少し距離を置くためで、夫婦仲は悪くなる一方だったのです。この旅行はさんざんな結果になりました。大西洋から嵐が襲来して、空模様が一変し、灰色の雲が島に垂れこめたのです。マーガレット王女は宿を「陰鬱荘」とただちに改名され、クリスマスまで足がすっかり遠のいてしまいました。

王女さまはこれまで設計に深く関わり、コリンやオリヴァー・メッセルと細部まで話し合ってこられたので、ご自邸の完成をそれは楽しみにされていました。あと数か月で落成という時期で、ふたりともロンドンにいたときは、何度も電話がかかってきて、お買い物によく同行しました。

わたしはそのお誘いに胸をときめかせ、インテリア・ファブリックの老舗「コールファックス・アンド・ファウラー」など高級ブランド店へお供するのを楽しみにしていましたが、王女さまが選ばれるのはいつもピーター・ジョーンズ〔中流階級向けのデパート〕でした。デパートのあるスローン・スクエアに出かけ、店長の出迎えを受けて、家具とファブリックのコーナーを見てまわります。お忍びなので、護衛はジョン・ハーディングがひとり、数歩あとからついてきます。王女さまはとても簡素なものを選ばれました。家具はほとんど白一色で、カーテンはローラアシュレイ風。後日、居間に置くための品をひとつかふたつ、骨董店から船荷で送られました。そのうちのガラス製のランプは、貝殻入れになりました。一年じゅうコレクションをつづけていらっしゃったのです。

一九七二年二月、王女さまは完成したばかりの新居に泊まりにこられ、「レ・ジョリ・ゾ」――フランス語で「きれいな水」――と命名されました。その家は眺望がすばらしく、居間からはアーチ型の窓がその景色を囲む額縁となり、壁のひとつはフランス窓になっていて、テラスに囲まれたスイミングプールに出られるという具合で、王女さまはすっかりお気に召されました。

わたしたちは子連れでマスティク島にきていました。乳母のバーバラに子どもたちの面倒を見てもらい、全員で王女さまの荷解きを手伝いました。うちの長男のチャーリーと次男のヘンリーが段ボール箱をつぎつぎと開け、中をのぞきこむなか、王女さまは中身をひとつひとつ取り出して、満足そうににっこりなさいました。

レ・ジョリ・ゾはマーガレット王女をとてもお幸せにしました。王女さま名義の家はここだけで、夫君から自立して暮らす足がかりとなったのです。トニーはコリンと同様、お天気屋というだけでなく、ふたりそろって不倫を重ねていました。わたしたちは愚痴をこぼしたものの、いつまでもそのことにかかずらわず、胸のうちを吐き出してしまうと、悩みは脇に置いて、好きなことに熱中しました。マーガレット王女は貝殻集めがご趣味で、テーブルの天板をそれで飾るおつもりだったので、わたしたちは砂を掘り返し、貝殻を持ち帰って洗い、外に並べて干しました。こういう作業は驚くほど心を癒やし、悩みから注意をそらす効果がありました。

一九七三年の夏、グレンはいつものように、数日間つづけて滞在する友人たちで満員でした。八月半ば、マーガレット王女が長めの週末を過ごされるために早めにお見えになりました。その週末に開く大がかりなパーティーの準備で忙しいさなか、友人から申しわけないが欠席するという連絡が入り、お客さまがひとり足りなくなりました。八月はみな外国に出かけているので、コリンは「鼻のおばさま」こと、お鼻がりっぱな大伯母のヴァイオレット・ウィンダムに電話するよう勧めてくれました。顔がとても広いので、きっとしかるべき人を思いつくだろうと。大伯母に窮状を伝えると、ロディ・ルウェリンの電話番号を教えてくれました。ちなみに、ロディの父親ハリーは、一九五二年のオリンピックで、愛馬のフォックスハンターとともに障害馬術団体で英国唯一の金メダルを取ったことで有名でした。

面識がないとはいえ、若くて予定が空いているロディは助っ人にぴったりです。招待の件はあらかじめヴァイオレット大伯母に伝えてもらっていましたが、ロディに電話をかけるときは少し緊張しました。「はじめまして。この週末、グレンでパーティーを開くのですが、お客さまに空きが出まして。急な話で申しわけありませんが、お越しいただけませんでしょうか」

ありがたいことに、ロディは承諾し、すぐさまエディンバラ行きの列車に乗ることができました。コリンがエディンバラ駅まで車で迎えにいき、当時ティーンエージャーになっていたチャーリーと、ロディの父親をご存じで興味をもたれたマーガレット王女も同行されました。わたしはあとに残り、部屋の割り振りや、お客さま方をお迎えする準備でばたばたしていました。迎えの一行は何時間たっても帰ってきません。ようやくジョン・ハーディングから、あと十分で帰宅すると電話がありました――護衛官は、マーガレット王女がどこかへ到着されるまえに必ず一報することになっているのです。どこで道草を食っていたのかしらと思いながら、わたしはお出迎えのために玄関で待っていました。

車が止まると、マーガレット王女とロディが、手を取り合わんばかりの仲睦まじさで後部座席に並んでいます。コリンの説明によると、一行は列車を降りたロディを拾って、エディンバラのビストロで昼食をとりました。マーガレット王女とロディは、ロディが十七歳年下にもかかわらず、ひと目で意気投合したのです。

息子のチャーリーがあとを引き取り、しきりに目配せしながら、こんなに時間がかかったのは、マーガレット王女がロディを連れて、彼の水着を見立てに買い物に出かけられたからだと説明しました。その水着は、俗に「セキセイインコを隠している」といわれるほどピチピチなんだ、とにやにやしています。

わたしはコリンに言いました。「あらまあ、どうしましょう」

ロディはグレンにきて二日ほどたったころ、マーガレット王女はじつにお美しい方だとわたしに言うので、「わたしじゃなくて、ご本人にどうぞ」と言いました。

彼はそのとおりにし、それからというもの、マーガレット王女とロディはいつも一緒で、ディナーのあと夜遅くまで起きていたり、ブリッジやカナスタなどトランプの夕べのあと客間のカードテーブルのひとつをずっと占領していたり等々。頭と頭が触れあわんばかりに、ぴったり寄り添っていました。

ふたりが、平たく言えば、恋に落ちたのは、すぐに明らかになりました。ロディの背格好は王女さまの夫のトニーと驚くほど似ていますが、トニーとちがって、とても優しい人でした。楽しい話題が豊富で、学生のような初々しいユーモアがマーガレット王女の心をたちまち捕えたのでしょう。グレンでの週末をきっかけに、ふたりは八年間つきあい、その後も終生の友人でした。ふたりが出会った当時、トニーとの不幸な結婚生活を数年にわたって耐えてこられたマーガレット王女にとって、それは人生を変える出来事だったのです。

一九七〇年代半ばには、王女さまの結婚は破綻に瀕していたものの、ふたりのお子さまがいるうえに、信仰心がとても篤かったので、離婚は望んでおられませんでした。けっきょく、王女さまの背を押したのはトニーでした。一九七八年に愛人のルーシー・リンゼイ＝ホッグが、初めての子どもを妊娠したからです。くる日もくる日も、大仰な見出しとともに、打ちひしがれたごようすのマーガレット王女の写真が掲載されました。王女さまのようなお顔立ちはにっこりしていないと憂い顔に見える、という事実は見向きもされずに。

マスコミが狂騒していたこの時期、私生活にずかずか踏みこまれるのを避けようとして、マーガレット王女はつづく数か月間、ノーフォークの農場やグレンに頻繁に泊まりにこられました。お衣装係は伴われず、護衛のジョン・ハーディングだけがお供で、うちの子どもたちは、電話帳を半分に引きちぎる彼の腕っぷしの強さをあがめていました。

ロディが暗くなってから到着すると、ふたりきりでくつろいでいただきました。ここまで私生活を暴かれ、王族で離婚したのはヘンリー八世以来だというスキャンダルにさらされていれば、どなたであれ友人が必要でしょう。

グレンやノーフォークでのご滞在は、正式なご公務とはまったく異なるものでした。ノーフォークの家は、わたしが新婚のころ父から購入したもので、ちなみに、わたしのいまの住まいです。燧石(フリント)造りの古い農家で、畑のまんなかにぽつんと建っています。華やかさはかけらもありませんが――このあたりの人は膝上までのゴム長を履き、レインコートをはおっています――そこがマーガレット王女のお心をとらえたのではないかと思います。ここでお過ごしになる時間は、マスティク島と同様、まさしく「オフ」という感覚があったのではないでしょうか。

王女さまはマリーゴールド〔イギリスの老舗ブランド〕のゴム手袋をご用意され、お付きのメイドがいないせいで迷惑をかけないようにと、ご自分のやかんも持参されました。というのも、朝食はベッドでおとりになる習慣なので、毎朝、ご自分の部屋でお茶を用意するためです。問題は、やかんの使い方をご存じなかったことで、「ねえ、アン。手を貸していただけない？　やかんに不具合があるみたいで、うまくいかないの」。ご自身で用意なさろうというお心づかいには恐縮しましたが、じつを言えば、かえって手間がかかり、結局はわたしが全部お世話することになりました。

この数年のあいだ、王女さまはいつも同じ日課を守られました。わたしの車をどうしても洗うと言われ――ロディがいれば一緒に――家じゅうの暖炉に火をつけてくださいました。「あなたはガール・ガイド〔イギリス連邦諸国でのガール・スカウトの呼称〕じゃなかったでしょう。でもわたしはそうだから、暖炉のことは任せてちょうだい」。わたしたちの友情に特別なところはなく、王女さまは平凡な日常を、わたしよりもはるかに楽しんでおられました。本棚にはたきをかけ、おまけに、シャンデリアをはずして浴室で洗っていらっしゃるのを見かけたのも一度ではありません。

屋外で過ごすのがお好きで、終日、庭仕事をしたり、隣に並んで雑草を抜いたりしました。外出しても、初対面の人と会うのは嫌がられました。茶色の編み上げ靴にレインコートをはおって、庭や教会や田舎家を、わたしと、コリンがいればコリンも、そしてわたしが招いたひと握りの方たちと一緒に散策するだけで充分だったのです。わたしたちの共通の友人であるジャック・プラムはたびたび訪ねてきました。ジャックはケンブリッジ大学の歴史学の教授で、座談の名手でした。ときにはこちらから大学を訪ね、学部生も何人かまじえて夕食を共にしました。マーガレット王女は水を得た魚のように、ご自身が大学に行っていないことに引け目を感じておられたにもかかわらず、学生たちと丁々発止のやりとりを楽しまれました。

マーガレット王女のノーフォークご滞在中に招いたもうひとりの友人は、カンタベリー大学の教授クリストファー・タッジェルでした。彼は建築や教会の生き字引のような人なので、三人で郡のあちこちにある教会を巡りました。マーガレット王女はありとあらゆることを質問され、ひとつ残らず吸収されました。

夕方、客間でくつろいでいると、王女さまはいつも暖炉の左手にある椅子に陣取り、その日見聞きしたものについて、何時間でもおしゃべりされました。「お代わりをいただけるかしら？」と促されると、コリンはホームバーに姿を消し、全員の分を用意して戻ってきます——王女さまにはウィスキー、わたしにはウォッカトニック、そのあいだ護衛官のジョン・ハーディングは台所で所在なげに新聞を読みながら、王女さまが床につかれるまで待機していました。

マーガレット王女が気難しいとおっしゃる方もいますが、でもそれは、王女さまが飽きて、うんざりされている場合が多かったのではないでしょうか。ランチやディナーの席で、初対面の人に紹介されることはしょっちゅうでしたが、日曜のランチに市長、枢機卿、または警察署長の隣にすわることを楽しめなくても、驚くには当たらないでしょう。友人宅にお泊まりのときも、見世物にされるのはお嫌いでした。何をなさりたいか、何をお召し上がりになりたいか、訊いてもらえるとありがたいのに、そうでないことがしばしばでした。豪華な晩餐がよく用意されましたが、王女さまご自身はもっと簡素なお食事がお好みだったのです。

王女さまの言動を非難する世間の声は、とても気になりました。たしかに、接待に気を遣われる場合もあったでしょう。度が過ぎるとお感じになった相手への冷ややかなまなざし、それにつきものの、木で鼻をくったような受け答えは有名でしたが、たいていは、もっともな理由があったのです。きわだって高飛車な態度もまま見られたとはいえ、わたしはそうした「王族ぶり」を、苦笑しながら受け流していました。世間が王女さまのことをあれこれ批判するのは遺憾でした。それでなくても、マスコミにしつこく追いまわされていたのですから。

夫君のトニーはうまくマスコミを手なずけ、マーガレット王女を誹謗中傷しました。ふたりが離婚するまえ、わたしはご夫婦一緒の行事に二、三度お供しましたが、トニーがひどい気分屋なので、はらはらしどおしでした。ケンジントン宮殿にマーガレット王女をお迎えに行くと、ぴりぴりした雰囲気があたりに漂っているので、トニーが在宅かどうかすぐにわかりました。いちど、マーガレット王女のご体調がすぐれなかったとき、女官のジーン・ウィルスとわたしは、トニーが入ってこないよう、王女さまの部屋の外で番をしてほしいと頼まれました。これはおそろしく気まずい事態となりました。トニーがこの措置にひどく腹を立て、マーガレット王女に思い知らせようとしたからです。王女さまへのあてつけでしょう。階段を荒々しく駆けおりると玄関ドアをたたきつけ、自分の車に飛び乗ってエンジンを空ぶかしし、警笛をけたたましく鳴らしながら、王女さまの窓をかすめるように、宮殿のお庭を何周もしたのです。

マーガレット王女は結婚の破綻に深く傷ついておられました。離婚なんてとんでもないと思われていたからです。その気持ちはわたしも同じですが、マーガレット王女の場合がそうであったように、事情によってはやむをえないのではないでしょうか。わたしの母方の祖母、「ガーおばあちゃん」の場合もそうでした。祖母が夫の第八代ハードウィック伯爵と離婚したのは、「虐待」が理由でした。詳細は伏せられていますが、ナイフを持った祖父に家中追いまわされたという祖母の訴えが、まともに取り合ってもらえるような状況だったのでしょう。ふたりはひっそりと離婚し、その件が家族の口にのぼることは二度とありませんでした。

結婚生活で苦労したのは、わたしたちだけではありません。妹のケアリーも夫と揉めて、二、三年たつうちに、夫はじかに口をきかなくなり、飼い犬のラブラドール・レトリバーに向かって、「あいつにそのろくでもない書類を持ってくるように言ってくれ」などと言う始末でした。

わたしはコリンの不貞を知ったとき、最初はひどく嫉妬し、とても受け入れる気にはなれませんでした。夫は男の人からも言い寄られたことがあるそうで、近衛歩兵部隊のアイリッシュ・ガーズ連隊にいたころ、走り高跳びで新記録を出してモントゴメリー陸軍元帥の目に留まり、それ以来ずっと目をかけてもらっていたと、いささか得意げに語っていました。長年のあいだに夫は恋人を何人もこしらえ、そのなかには心当たりがある人も、そうでない人もいました。わたしは努めて気にしないようにしてきました。コリンが亡くなると、その手の女性がぞろぞろ現われました。そのなかのひとり、アフリカ系アメリカ人の女性のために、コリンはアメリカでネイルサロンを買ってあげたそうです。わたしがそのことを知ったのは、彼女が新聞社に話したからで、コリンに手首を折られたことがあるという記事を読みました。ネイルの仕事をつづけられるぐらいには、手首がよくなっているといいのですが。

コリンが数年にわたって関係をつづけていた特別な女性もひとりいました。最初はその人のうわさをときどき耳にする程度でしたが、夫婦でキュー・ガーデンズのパーティーに出席したとき、ふたり一緒のところを見て、わりない仲だとひと目でぴんときたのです。そういう勘は外れないもので、わたしはとても苦しみました。それでも、夫婦のあいだには、派手な喧嘩も、いかなる種類の告白もまったくありませんでした。わたしはお上品すぎて、いつもコリンを苛立たせていました。たまにお酒を一杯か二杯飲んだあと、声を荒らげることもありましたが、数えるほどです。

わたしは夫との衝突を避けていました。家庭を絶え間のないいさかいの場に貶めたくなかったので。夫の不貞と癇癪をべつにすれば、夫婦仲はとてもよく、揺るぎない友情に培われた絆を、ふたりとも大切に思っていました。端的に言えば、五人の子どもがいるので、子どもたちのためにも家庭を壊したくなかったのです。おかしなことに、コリンはよくわたしに浮気相手の愚痴をこぼしました。あるとき、アフリカのどこかの砂州に、例の長いつきあいの愛人を同伴した夫は、帰宅すると「最悪の休暇だった。ぼくのほうもあまり褒められたものじゃないが」と言いました。

「コリン、それはあいにくだったわね」と答えたものの、愛人連れの旅行について、わたしに何を言ってほしいのか理解に苦しみました。

「あいつにはまいったよ！　旅行前に足の骨を折るなんて。その旅の見どころは、カヌーに乗って野生動物を見物することなのに、カヌーに乗せようとしたら、足がどうしても入らない。ギプスで固めてあるから曲がらないんだ。しかたないから、死ぬほど暑い藁葺きの小屋で一日中ふて寝をしていた……」と夫の愚痴はとめどなくつづき、そのばかばかしさには気づいていないのです。

しびれを切らして、わたしは言いました。「愛人との旅行の話はもうたくさん。楽しめなかったのはお気の毒だけど、話題を変えてもいいかしら」。自分を憐れんでくよくよしたところで、どうなるものでもありません。わたしが知っているどのカップルも、ほぼ例外なく、他人の夫や妻と関係を持っていました。結婚した男女が互いに終生貞節を守るというケースは、珍しかったのではないでしょうか。貴族階級の呪いです。不倫はつきもので、妻たちは見て見ぬふりをしていました。一国の王女と結婚したトニーでさえ満足せずに、つぎからつぎへと浮名を流していたように。

コリンが家庭をないがしろにしたと知って、わたしもお返しをしました。相手はごく親しい友人で、昔からの知り合いでした。わたしのことを大事にしてくれ、彼といると笑い声が絶えず、とてもうまが合いました。毎週のようにランチをともにし、ときには週末も一緒に過ごしました。どんな状況にも耐えられたのは、彼のおかげです。問題に対処する力が湧き、気持ちが晴れやかになり、自分に自信が持てるようになりました。コリンは気づいたとき嫉妬しましたが、自分のひどい所業を棚に上げて、反対を唱えるわけにもいきません。彼との関係は、結婚生活にもよい影響を与えてくれました。わたしは嫉妬に身を焦がさず、コリンとの友情も損なわれませんでした。夫婦でなんでも話し合い、たくさん笑い、恨みがましい気持ちにならずにすんだのです。

コリンの長年の愛人は、夫がわたしと別れて自分と再婚するように画策しましたが、うまくいきませんでした。つまるところ、コリンもわたしもお互いに忠実だったのでしょう。夫がわたしと離婚しようとしたことは一度もありません。「ぼくたちはタオルを投げ入れて降参する代わりに、歯を食いしばってこらえ、タオルはきちんとたたむように育てられた人間だから」というのが夫の口癖でした。夫は気軽にそう言いますが、わたしには感慨深いものがありました。

11 カリブ海の饗宴

マスティク島のわが家は、火事で焼けたもとの建物にちなんで「グレート・ハウス」と名づけられました。オリヴァー・メッセルが建てた最後の家で、一九七八年に完成しました。たぶん島で一番大きな家で、東洋建築との融合の影響が見られます。家の中心にある円形の部屋は、イスタンブールの歴史ある大聖堂、ハギア・ソフィア〔アヤソフィア〕から着想を得たドーム型の屋根がつき、また、東アジアやインドネシア産の格子細工による間仕切りのおかげで、風通しのよい、とても明るい家になりました。周囲をとりかこむ椰子（やし）の木立ちは、夫が島を買ったときに思いついて植樹したものです。コリンのご自慢の種は、インドから運ばせた、レース編みのように繊細な彫刻が施された寺院でした。あいにく、いくつかの部分に分かれて到着し、それを五人がかりで組み立てたところ、順番がちがっていたので、コリンは烈火のごとく怒りました。マスティク島の開発中に夫が癇癪を起こしたのは、これが最初でも最後でもありません。設計を担当したオリヴァーとは何度も激論になり、とくにオリヴァーが大理石を模したコンクリートの使用をもちかけたときは、コリンは頑として応じず、大理石の採石場を買い取って、手ごろな価格を実現し、論争に決着をつけました。

グレート・ハウスはオリヴァーが設計した最後の家で、残念なことに、彼は完成を目前にして亡くなりました。コリンとわたしはバルバドスで行なわれた葬儀に参列しました。わたしたちは遅刻し、おまけにタクシーの運転手が教会を通り過ぎてしまったので、苛立ったコリンは、怒鳴るだけでは気がすまず、運転手の腕に噛みつきました。さいわい、血は出ませんでしたが。

そのころには、コリンと結婚して二十年以上たっていたので、こういう類いの行動は覚悟していました。しょせんわたしにはどうしようもないことで、どうやら本人もお手上げのようでした。ただし、コリンがときには手のつけられない気性の持ち主だとしても、そのせいで彼の業績が損なわれはしませんでした。マスティク島で過ごした歳月を振り返ると、色彩と活気にあふれ、冒険につぐ冒険の連続で、コリンがいなければ、わたしはそのどれも経験できなかったでしょう。先日、マスティク島は「唯一無二の存在」で、「もう二度と再現できないだろう」という新聞記事を読みました。わたしも同感ですが、それを生み出したのは、コリンと彼の夢なのです。

コリンの奇人変人ぶりは、マスティク島を世間に知らしめる助けになりました。いわば夫は天賦の才能で、人びとを島に引き寄せ、島を見物する気にさせたのです。最初のころは、もっぱら島の近くを通りがかった人で、彼らは好奇心に駆られて上陸しました――アメリカの大富豪で第四一代副大統領のネルソン・ロックフェラーは、マスティク島の沖合に自家用ヨットを停泊させ、たまたま近くにヨットを停めていたボブ・ディランとともに、島のうわさを広めてくれました。

わたしの畏友で、やはりマーガレット王女の女官を務めていたジェイニー・スティーヴンズは、クィーン（現ハーパーズ・バザー）誌の発行者ジョスリン・スティーヴンズと結婚していました。コリンとわたしがマスティク島にも宣伝が必要だと話したところ、ジェイニーからそれを聞いた夫のジョスリンが、エリザベス女王の親戚でわたしの遠縁でもある写真家のパトリック・リッチフィールドを島に寄こし、わたしたちの写真を撮って記事にしてくれました。結果は大成功。雑誌の光沢のあるページに見開きで、マーガレット王女を中心に、コリン、わたし、そして島民やら外国人の移住者やら、その場に居合わせた人たちが王女さまを取り囲んだ集合写真が載りました。その写真はボヘミアン的な雰囲気に王室という意外なひねりを加え、絵はがきのような椰子の木とターコイズブルーの海を背景にしていました。魅惑的であると同時に好奇心をかきたてる情景だったのです。

一九七〇年代半ばには、マスティク島が新たな「人気スポット」だという記事が、ぽつりぽつりとはいえ途切れずに雑誌に掲載されました。マーガレット王女の逗留先という以外はかなり尾ひれがついていましたが、コリンの口からじかに聞くと容易に信じられました——夫は自ら人寄せの役を買ってでたのです。本人もその役割を自覚して宣伝につとめ、グレンコナーの頭文字「G」を赤い大文字で表わした自分のロゴが有名になるのを楽しみにしていました。

そんなコリンが案内するツアーですから、記憶に残らないはずがありません。買い手をその気にさせるために、たいていの業者より手間ひまをかけていたのです。たとえば水深がどれだけあるかを示すために、ときには服を着たままで海に入り、やがて帽子だけが海面に浮かんでいるほど沖合まで歩いていきました。じつは水は腰の高さまでしかなく、膝をついて歩いていたのですが。

ミック・ジャガーはマスティク島に滞在した初のセレブで、季節はずれに妻のビアンカと娘のジェイドを連れてやってきました。初回の訪問は成功とは言えず、一週間滞在してとくに感銘も受けずに帰っていったのですが、ミックがやってきたことで、大物芸能人がマスティク島を訪れるという宣伝が裏付けられ、マスコミの注目をいっそう集めることになりました。

コリンは、豪勢なパーティーを開けば、そのうわさを耳にした人が、「カリブ海の饗宴」に招かれたくなるにちがいないと考えました。数多いパーティーのなかでも、夫の五十歳の誕生日を祝った一九七六年の「ゴールデン・ボール」は、お金持ちと有名人が集う快楽主義者の楽園という島の評判を確立し、商業的にも成功でした。パーティーのすぐあと、ミック・ジャガーが、セント・ヴィンセント島とベキア島を一望できる「ランスコワ」という別荘を購入したからです。彼はマーガレット王女とわたしを、わたしたちはローリング・ストーンズのロンドン公演に招待してくれました。あまりにも大音量だったので、わたしたちは公演のあいだじゅう耳をふさいでいましたが。

五十歳の誕生日パーティーの招待状には、ほぼ一週間つづくパーティーのほか、飛行機代や宿泊費その他すべての費用も含まれていました。お客さま方は島のあちらこちらにある別荘に分かれて滞在します。マーガレット王女の邸宅には、オリヴァー・メッセル、ローリング・ストーンズの財務面のマネージャーでドイツ名門貴族の血を引くプリンス・ルパート・ローウェンスタインと、その妻でわたしの親友でもあるプリンセス・ジョセフィーン・ローウェンスタイン、そして、ジャッキー・ケネディからミシェル・オバマにいたる歴代の大統領夫人のドレスをデザインしたことで有名なキャロリーナ・ヘレラと夫のレイナルドが泊まりました。キャロリーナは、マーガレット王女とわたしがニューヨーク経由で帰国するときはいつも、新作コレクションを披露し、好きなドレスを選ぶようにと親切に勧めてくれました。マーガレット王女が選ばれたものは、仕立てるときに少し変更を加えるので、王女さまだけの一着となりました。

お客さまが全員そろうのを待って、パーティーが始まります。コリンは綿密なスケジュールを組んでいました。数年前に珊瑚礁で座礁した蒸気船アンティル号の残骸を見物する船旅はじめ、カリプソ〔西インド諸島で生まれたジャズ風の即興曲〕の歌手がお客さまのあいだを巡りながら、お客さまを題材にした即興の歌詞をこしらえ、デイヴィッド・ボウイ作曲の「アンディ・ウォーホル」で有名なイギリス人歌手ダナ・ギレスピーが、コットン・ハウスで歌いました。さまざまな人の別荘で昼食会が催され——スウェーデンの建築家アルネ・ハッセルクヴィスト邸では、アンティークの巨大な銅製片手鍋からラム酒が注がれました。そしてその最後を飾るのが、ゴールデン・ボールです。コリンは直前に緊張のあまり倒れ、その夜を乗り切るために医者に注射を打ってもらわなければなりませんでした。その注射がうまく効いて、ほどなくいつものように過剰なほど精力的に駆けまわっていましたが。

ゴールデン・ボールはまさに壮観でした。マスティク島はコリンの夢を実現したものだとしばしば言われてきましたが、まさしくその夜は現実ではなく夢の世界のようでした。あらゆるものが金色で——木には金色の塗料を塗り、草にはスプレーを吹きつけ、ビーチも金色の小粒のガラス玉で覆いました。コリンは島の若者数人の体にオイルを塗り、彼らは金色のココナツの殻で下半身をたくみに覆ったほかは一糸まとわぬ姿でした。

人びとがそれで最後かと思いきや、じつはもうひとつ見せ場がありました。コリンはいつも、豪華絢爛たる舞台を見にきた観客の期待に応えるかのように、お客さまを喜ばせる名案を思いつきました——パーティーはまさに彼の舞台だったのです。何の前触れもなく、ゴールデン・ボーイたちがさらに数名、金色の吹き流しで周囲を覆った輿をかついでビーチに現われました。輿を下ろすと、なかから登場したのはビアンカ・ジャガーでした。

ロバート・メイプルソープが撮ったゴールデン・ボールの写真、とりわけミックと妻のビアンカ・ジャガーが並んだ写真はこの時代を象徴する一枚となりました。ミックは金色のスプレーをふりかけた麦わら帽子をかぶって、少々いかがわしい雰囲気。『風と共に去りぬ』のヒロインに扮したビアンカは、クリノリンで膨らませた金色のドレス姿。これらの写真は雑誌に載り、コリンはご機嫌でした。自分も金の模様をあしらった体にぴったりの白いサテンのスーツで、完璧に決めていたからです。わたしは手放しでは喜べませんでした。どなたかに勧められて顔に金粉を塗ったところ、おそろしいことに、顔じゅうのしわというしわが目立つのです。パーティーのあいだじゅう、笑顔になるまいと必死でした。

その夜、マスティク島の名声を不動にしたのは、マーガレット王女を取り囲むように踊っていたゴールデン・ボーイたちに負うところが大きいのではないでしょうか。一九七〇年代半ばでも、それは異色の光景でした。

パーティーは毎年のように開かれ、マスティク島の評判は高まりました。もっとも華々しかったのが、一九八六年に開かれたコリンの六十歳の誕生パーティーで、夫はその準備に二年を費やしました。アメリカからのゲストが何人も、アトランティック・レコードの社用ジェットでやってきて、ジェリー・ホールのような有名人を島のあちらこちらで見かけました。ジェリーはその当時、ビアンカ・ジャガーの後釜にすわっていたのです。

ただし、招待客の大半は親戚や友人でした。わたしの母と妹たちは島に来るのが楽しみで、ラムパンチとダイキリを大量に消費しました。旧友のイングリッドとポール・シャノン夫妻は子連れでやってきました。彼らはうちの子どもたちと意気投合し、どのゲームにもとても熱心に参加しました。ギネス一族の面々、マーガレット王女の女官仲間も数人、プルー（デンス）・ペンのような、一緒にいると笑ってばかりの大好きな友人たち。女王の親戚で写真家のパトリック・リッチフィールドも参加し、せわしなく写真を撮っていました。マーガレット王女のお尻を撮った一枚は、王女さまがほかの人に写真を撮ってもらうためにしゃがんだところです。ローラ・ブランドはハンブルデン卿の変わり者の妹ですが、いつもソンブレロをかぶって海に入っていました。悲しいことに、それから数年後ローラは溺死します。夫のミッキーと一緒にグレナダにいたときで、ローラは泳ぎにいきました。ミッキーがビーチにいると突然、ローラの帽子が海面に浮かび、沖に流されていったのです。パーティにはうちの子どもたちは全員、大勢の友人や数え切れないほどの同年代の親戚ともども出席しました。そしてコリンの五十歳の誕生会同様、六十歳のお祝いも一週間つづいたのです。パーティーは記事の見出しとなり、「あなたの宝石ご持参で」と書いた新聞もあれば、べつの一紙は、コリンを「イカレた貴族サーカスを仕切る舞台監督」と評しました。

たしかに、マーガレット王女はご自身の宝石を「ピーコック・ボール」に持参され、当時の代表的な舞台美術家カール・トムズが王女さまのために特別にデザインしたドレスに合わせて身につけられました。金の刺繡を施した象牙色の絹のドレスはきらびやかで、ダイヤのティアラとの組み合わせはまさに絶妙でした。マーガレット王女はこのドレスがたいそうお気に入りで、お姫さま気分にひたれるようなドレスをずっとお召しになりたかったそうです。ご子息のデイヴィッドはかわいいガールフレンドのスザンナ・コンスタンティン同伴でした。彼女はのちにＢＢＣのテレビシリーズ「ホワット・ノット・トゥ・ウェア」の司会進行役を務めた二人組、トリニーとスザンナの片割れです。

マーガレット王女はデイヴィッドさまの衣装にご満悦で――白い孔雀の羽の巨大なヘッドドレスは賞賛の的でした。ありがたいことにコリンは王冠をかぶっており、さもなければ嫉妬しかねませんでしたが、マーガレット王女が宴たけなわのころ、夫を「マスティク島の王」に戴冠してくださったので、コリンはすっかり自己満足にひたり、お客さま一人ひとりの創意工夫を凝らした身なりに感謝したのでした。

コリンの演出で、ピーコック・ボールの幕開けは、全員が華々しく入場しました。ミック・ジャガーの新たなパートナー、ジェリー・ホールは、わたしとそっくりのドレスでさっそうと登場。「わたしと同じ色ね」と言うので、「いいえ、あなたがわたしと同じ色なのよ」と言い返したかったのですが、やめておきました。

ピーコック・ボールは、ゴールデン・ボールがコリンの五十歳の誕生日の掉尾を飾ったように、一週間にわたる誕生生パーティーをしめくくるものでした。マスコミはどのパーティーについても、「享楽的」で「放埒三昧」と書きたてました。それらの記事に反論するのは難しいでしょう――コリンはウィンドスター号という新造艇を一週間借り切り、マッサージ師とシェフも雇ってゲストに提供したのです。ポルノ映画のコレクションも充実していたので、若い世代はビデオ鑑賞にすっかりはまり、コリンは彼らがキャビンにとじこもってばかりいると渋い顔でした。

ウィンドスター号は、さながら動く島でした。コリンは細部にいたるまで手抜きせず、服装にも凝りました。わたしたちはインドまで二度も出向いて、衣装を調達したのです。イベントを記念するTシャツと、パーティーに着用するインド風の衣装があり、ゲストの乗船時にずらりと並べて、豊富な品ぞろえから好きなものを選んでもらいました。

船は島々をめぐり、乗客は島に立ち寄って昼食をとり、ゲーム遊びに興じました――このあたりでいちばん大きなベキエ島では宝探しでした。コリンは段ボールを切り抜いて、女王を含めた、等身大の人形をいくつもこしらえました。まえもって島に出かけ、かさばる段ボールの人形を引きずりながら、島じゅういたるところに隠しておきました。あるグループはレストランのカウンターで女王を見つけて歓声を上げ、「マーガレット王女がジャングルにいるぞ」とだれかが叫んだときには、はしゃいだ笑い声が起こりました。

本物のマーガレット王女はマスティク島で、パーティーのご準備をなさっていました――マカロニビーチでのピクニックです。あらかじめゲスト全員に招待状が送られましたが、堅苦しい礼儀はそこまででした。ピクニックは豪勢な夏祭りのようで、ココナツの的当てがあり、ロールトップ式の蓋がついたバスタブにはシャンパンとラムパンチが大量に用意されていました。人びとはどっと押し寄せ、午後いっぱい千鳥足でビーチをうろつき、笑い声を響かせながら、未明までゲームを楽しみました。

パーティーがひとつ終わると、すぐまたべつのパーティーが始まります。時間の観念も責任感もひとまず棚上げにして、ある島からつぎの島へと漂っていくのです。アメリカの女優ラクエル・ウェルチは夫のアンドレと合同で、自家用ヨットでパーティーを開きました。赤いビロードとシャンデリアで飾られた船内は、いささか娼家風です。マーガレット王女はラクエルにいつも少々おかんむりでした。というのは王家のしきたりで、王族はつねに最後に到着するのがきまりなのに、ラクエルがいつも遅刻するので、王女さまは体面を保つことができなかったからです。

お客さま方はすっかりくつろいで、大いに楽しまれました。まるでマスティク島全体が大きな私有地のようで、とりわけ有名人には、それが魅力の最たるものでした――世間の目を気にしなくてすむからです。マスティク島は今日でもプライバシーが保たれる場所として有名です。島に家がある人、あるいはホテルの部屋をとっている人でなければ、だれも島に入れないという点にコリンがこだわったのは賢明でした。マスコミには門戸を閉ざすことになり、たとえジェット機で飛来しようと、お引き取りいただきました。ホテルのコットン・ハウスには一二室しかなく、別荘を借りるには大金が必要なので、閉鎖性とプライバシーはこれまでずっと守られてきたのです。

女王陛下のご訪問で、マスティク島は上流階級の保養地というイメージが定着しました。それはおおむね、真相に近いのではないでしょうか。というのは、パーティーの招待客の大半はわたしかコリンの親戚で、ロックスターよりはるかに多かったからです。女王が初めてお見えになったのは一九七七年で、エディンバラ公もご一緒でした。わたしはいつも殿下に気がねをしてしまうのですが、そもそも殿下は周囲に気をつかわせる方で、本人もそれをご存じでした。マーガレット王女から女王が訪問を計画しておられるとうかがったとき、夫とわたしは陛下のご来島にそなえて島の体裁を整えなければならないと気を引き締めました。島民たちは正装のたぐいを持ち合わせておらず、このあたりで一番大きなセント・ヴィンセント島でも売っていないので、コリンは母のパメラに電話して、村人たちの服——男性はシャツ、女性はワンピース——を調達してほしいと頼みました。

パメラは服を詰めたいくつもの荷物を携えて船で到着しました。家まで苦労して運び、包みを開けると、ぞっとしたことに、パメラはヴィクトリア朝時代の古着をどっさり買いこんできたのでした。

「なんでこんなものを?」コリンは母親にたずねました。

「このほうがみんな楽しいだろうと思って」彼女はその思いつきに得意満面でした。

わたしたちはその衣装を、とんでもなく時代遅れの古着だとは言わずに、村人たちに渡しました。彼らは、イギリスの女王陛下をお迎えするのにふさわしい服だと思ったようです。たしかにそのとおりですが、ただしべつの女王です。わたしは村の女性たちがクリノリンを締めるのを手伝い、村の男性たちは縞模様のズボンとシルクハットを身につけました。炎暑にもかかわらず、みなお気に召したようでした。

わたしは女性たちに膝を曲げるお辞儀を、男性たちには頭を下げるお辞儀を教えました。村人たちは船着き場まで椅子を持ちこみ、ブリタニア号が水平線に現われるのを待ちました。女王陛下とエディンバラ公が岸に上がられたら起立するように言っておいたのに、みなすわったままです。村人たちはあまり感激しなかったのかもしれなせん——イギリスの女王陛下たるもの、ローブと王冠をまとって到着すると思っていたのではないでしょうか。

女王は開口一番、「マスティク島がヴィクトリア朝時代にワープしたとは知らなかったわ」とマーガレット王女におっしゃいました。

エディンバラ公はブリタニア号から下船されるなり、「きみはこの島を台無しにしたようだね」とコリンにおっしゃいました。その言葉に夫はがっくりしました。というのも、おもてなしの準備にこれほど手をかけたのは、殿下のことが念頭にあったからです。

幸い、その努力は報われました。エディンバラ公は、出産のためにやってきたサメの群れに混じって、ブラックサンド湾でのシュノーケリングを心から楽しまれました。マーガレット王女は女王陛下をレ・ジョリ・ゾにご案内し、マスティク島での暮らしぶりをご覧いただけたので、大いに面目を施されました。王女さまはそれから女王とピクニックにお出かけになり、女王はそのあと海にも行かれました。女王はどこであれめったに泳がれることがないので、これは特筆に値するでしょう。おそらく写真に撮られるのがおいやなのだと思います。島にはマスコミがいないので、マカロニ湾で泳がれたのでした。

エディンバラ公は島の印象を改められました。出発されるとき、コリンのほうを向いて、「きみの島がたいへん気に入った。じつに楽しいひとときだった」と言ってくださったのです。

翌週、マスティク社の総支配人ニック・コートニーがお客さんを見学につれてきました。マスティク社はもともと別荘を売るために設立された島の管理会社です。マカロニ湾にさしかかったとき、ニックは言いました。「女王が先週ここで泳がれましてね。それ以来、水は替えていません」

十七年前の一九六〇年代に、マーガレット王女がブリタニア号で新婚旅行中にお立ち寄りになったころとは、まさに隔世の感がありました。女王は、空飛ぶネズミに悩まされることも、トレーラーにしばりつけたプラスチックの椅子にすわって移動されることもありませんでした。ハイビスカスのリキュールを試飲したり、縞模様のパジャマを着て、蚊よけに手首と足首を紐でしばったりする必要もありませんでした。島は、コリンがそうなると知っていた楽園に様変わりしていたのです。

見たところ八方めでたしのようですが、わたしは口には出さないものの、コリンが矢継ぎ早に開いているパーティーを、費用の点で苦々しく思っていました――ものによっては何十万ポンド〔六十歳の誕生パーティーが開かれた一九八六年のポンド円換算で十万ポンドは約二三〇〇万円〕も要したのです。わたしにはその浪費を食い止める手立ても、コリンをいさめる術もありません。お金はみるみるうちに底をつきました。わが家には汲めども尽きぬ財源などないのに、コリンは際限なく出費をつづけたのです。

グレンの維持費もかさみました。とくに一九七九年のオイルショックとそれ以降、コリンの一族が経営している銀行は打撃を受け、物価も急騰しました。お金が必要になるたびに、コリンは絵を一枚か二枚売ってしのぎました。屋敷にある絵の前を何度か行き来すれば、売ることに未練はない。目を閉じればありありとよみがえるし、本物が見たくなればテート美術館に行けばいいと、夫はいつも言っていました。コンスタブルの名画《ウォータールー橋の開通式》は、そういうわけで、コリンが借金返済のために売却したものです。さほど愛着を感じない絵もありましたが、夫が《ベッドの中の女》を売ると決めたときは、さすがに動揺しました。その絵は、わたしの学友キャロライン・ブラックウッドの肖像画で、当時の夫だった現代画家のルシアン・フロイドが描いたものだったのです。ルシアンも心外だったのか、コリンが手元にあるルシアンの全作品を売却したことに腹を立て、ふたりの友情は終わりを告げました。

一九八〇年代半ば、ピーコック・ボールの準備を進めていたころ、夫は値打ちのあるものはひとつ残らず売り払い、万策尽きかけていました。それでも、借金をしても充分に引き合う、マスティク島が有名になれば収益も増えるから、と夫は言いました。その点では、夫は正しかったのでしょう。島は、「マンダレイ・ヴィラ」を購入したデイヴィッド・ボウイから、ロキシー・ミュージックのリードボーカル、ブライアン・フェリー――ジェリー・ホールがミック・ジャガーに乗り換えるまえの彼氏――そしてブライアン・アダムズら、トップクラスのロックスターのほか、世界中から大勢のセレブを引き寄せました。彼らは島にやってくるだけでなく、たんに人目に触れずに日光浴ができる場所という以上に、島との絆を深めてくれました。なかでもミック・ジャガーは、もう三十年もまえになりますが、家を買ってからというもの、新しい学校の建設費を寄付したり、クリケットを通して村の暮らしに溶けこもうとしたり、地域社会の一員になろうとする努力をつづけてきました。女王の親戚で写真家のパトリック・リッチフィールドもクリケット仲間です。

バジルのバーに行くと、アコースティック演奏の生歌に、ミックが飛び入りで参加していることも珍しくありませんでした。ある年明け、わたしたちはミック・ジャガーが医者に扮する寸劇を企画し、患者役を募集しているとみなに触れまわりました。村じゅうこぞってその役を志願し、ミックに診察してもらいたいと押し寄せたのは言うまでもありません。デイヴィッド・ボウイもとてもいい人で、島で過ごした初めてのイースターでは、うちの双子をすぐに膝にすわらせ、だれとでも昔なじみのように気さくに接してくれました。

こんなに小さな島なのに、初めて上陸したときの見通しをはるかにしのぐ繁栄ぶりです。ほかの別荘地とちがって、最新の施設がそろっていないことを考えると、ほんとうにたいしたものだと思います——小さなスーパーマーケットはひとつありますが大手の店ではなく、ゴルフコースもマリーナも、おまけにナイトクラブも一軒もありません。マスティク島がこれほど人気なのは、コリンが持ちこんだ独特のボヘミアン精神が島に根づき、島独自の文化として受け入れられたからでしょう。

今日でもマスティク島は、数十年前とまったく同じ種類の人々、すなわちロイヤルファミリーから社交界の名士まで引きつけてやみません。ケンブリッジ公爵夫妻ことウィリアム王子〔現皇太子〕とキャサリン妃〔同皇太子妃〕は子連れでお越しになり、ミック・ジャガー家の最新の世代は島で育ち、ファッション業界の面々もいまだに島に引き寄せられています。ジェイニー・スティーヴンズの孫娘で花形モデルのポピーとカーラ・デルヴィーニュ姉妹をはじめ、デザイナーで映画監督のトム・フォードは、自身のブランドのうちピンク色のリップスティックを「マスティク」と命名しました。トミー・ヒルフィガーは、バジルのバーをモチーフにしたファッション・キャンペーンを企画し、バジルをニューヨークに招いて彼の代名詞であるラムパンチで発進式を行ないました。

わたし自身は、もう仮装パーティーを企画することも出席することもないので気楽ですし、顔に金粉を塗るのは金輪際ごめんです。マスティク島での楽しみといえば、いまも昔も水泳です。コリンはめったについてきませんでした。オックスフォード大学の友人が溺死してから、背が立たないような深い海が怖いのです。たまに姿を見せても不安に駆られ、わたしや子どもたちが沖に行ってしまうのではないかと気を揉んで、呼び戻そうと叫びだすのでした。浅瀬にいるほうが安心で、子どもたちとマンゴーを食べては、べたべたする果汁が洗い流されるので満足げでした。

たいていの人は豪勢なパーティー目当てにマスティク島にやってきますが、わたしは朝早く起きて浜辺をひとりで散歩するのが好きでした。あのビーチはこのうえなくすばらしいものです。大きなコンクリート製のホテルや駐車場など、自然の美を損なうものは何ひとつないからです。珊瑚礁の向こうからやってくる波が浅瀬の水を泡立たせ、まるでシャンパンの中で泳いでいるような気分です。わたしは昔からずっと海が好きで、夫と一緒にマスティク島の綿花農園を経営していた十二年間は、輝かしいビーチを独り占めしてきました。わたしひとりで——奇抜なドレスも、茶番劇も、ラムパンチもありません。見渡すかぎり、わたしと海だけ——まさしく至福のひとときでした。

12　ロイヤル・ツアー

マスティク島の全盛期、マーガレット王女とわたしは贅沢な仮装に身を包んだかと思えば、公務で世界各地を訪れるという、めまぐるしい日々を過ごしていました。王女さまの女官を務めた三十年のあいだに、海外にも何度か同行しました。カナダでは、ヴィクトリア朝時代の扮装でロデオ見物に出かけ、カイロではムバラク大統領の夫人とロイヤル・バレエ団の公演を観ました。夫人はダンサーたちが床に倒れるのを見て熱烈に拍手しましたが、じつは床が滑りすぎてダンサーが足をすべらせ、惨事を招いたのでした。

旅はどれも忘れがたいものばかりですが、とくに思い出深いものがいくつかあります。わたしが初めてお供したのはオーストラリアでした。これまで行ったことがなかったので、一九七五年十月にマーガレット王女から随行してほしいと頼まれたときは胸がおどりました。十日間の旅程で、国内各地でさまざまな行事が目白押しです。当時はマーガレット王女の結婚生活をめぐる記事がイギリスの新聞にぽつぽつ出始めたころでしたが、少なくともこの時点では、まだ節度のあるものでした。ところがオーストラリアの記者たちははるかにぶしつけで、飛行機から降りたとたん、質問攻めに遭いました。記者たちはがさつで、失礼にも「どうしてトニーを同伴されないんですか、王女さま?」だの「トニーはどこです?」とか叫んで、マーガレット王女をわずらわせるのです。

王女さまが記者たちの猛攻に動揺し、苛立っておられるのがわかったので、私設秘書のナイジェル・ネイピアとわたしは一計を案じ、マスコミの懐柔策に出ました。マーガレット王女はあらゆる年代の男性を手なずけるこつをご存じなので、移動の列車内でカクテルパーティーを開き、記者たちを大勢招待しました。キャンベラからメルボルンまでの十二時間の列車の旅が終わるころには、マーガレット王女は記者たち全員を魅了し、その結果、はるかに好意的な見出しが相次ぐようになりました。

メルボルンに到着すると、その足で競馬場に向かいましたが、あいにく外は土砂降りでした。マーガレット王女のお靴がびしょ濡れになってしまったので、昼食の席につくと、わたしは乾かせるかどうか見てもらうつもりで、クロークルームの女性に預けました。その女性はしばらくすると、見分けがつかないほど変形してしまった靴を返してくれました。ひどく形が崩れ、革がかちかちに固まっています。一体何をしたのかと訊くと、「電子レンジに入れました」と得意そうに言うのです。王女さまにはその靴をはいていただくほかなく、王女さまはその日はずっと、わたしをにらみつけながら、足を引きずって歩かれたのでした。

メルボルンからシドニーへ移動し、シドニーでは知事公邸に逗留しました。ニューサウスウェールズ州知事で外交官のサー・ローデン・カトラーと夫人のレディ・カトラーは、たいそうもったいぶった方でした。女王の名代として、礼儀作法にどこまでも厳しく、何ごとにつけまわりくどく、ばかばかしいほど枝葉末節にこだわるのです。マーガレット王女とわたしの身分の違いを際立たせるために、わたしは王女さまと一緒でなければ主階段を使うことはできない、ひとりのときは公邸の裏にある使用人用の階段を使うようにと言われました。王女さまに随行して階段を下りたときは、あきれるほど正式なお出迎えを受けました。サー・ローデンとレディ・カトラーは階段の一番下で向かい合って立ち、無表情のまま、マーガレット王女が階段を下りてこられるのをお待ちしています。王女さまのおみ足が最初の段に触れると、夫妻はゼンマイ仕掛けの兵隊のように、向かい合った姿勢から、わたしたちのほうに向き直ります。レディ・カトラーはつづけて膝を曲げたお辞儀をし、サー・ローデンは頭を深々と垂れます。このめったに見られないしきたりのせいで、マーガレット王女とわたしは二人きりになったとたん笑いころげてしまいました。

滞在中に、サー・ローデンが王室のみなさま、とくに女王陛下については何もかもご存じと自負されていることがわかりました。ある日の昼食で、サー・ローデンの隣にすわっていたわたしは、マーガレット王女がオーストラリアの先住民族アボリジニの民芸品を買いにショッピングに行きたがっていらっしゃることを伝えました。「ショッピング？」とサー・ローデンは驚かれました。「王室の方々がショッピングに行かれるとは思いませんな。わたしは女王陛下の名代を務めていますが、陛下が買い物に行かれたという話は聞いたことがない」

そこでわたしは答えました。「いえいえ、陛下はお出かけになります。先日もクリスマスプレゼントをお選びに、ハロッズに行かれました」サー・ローデンは驚きの目を見はりました。「それはいったいどの筋から得た情報ですか？」と疑わしげに聞き返します。

「わたしの母は女王さまの女官（レディ・オブ・ザ・ベッドチェンバー）なので、お供いたしました」と答えました。サー・ローデンはこの情報交換に感銘を受けたようで、そのあとはわたしを見る目もすっかり変わったようでした。少なくとも残りの滞在中は、これまでより心もち気さくな態度で接していただきました。マーガレット王女と一緒でなくても主階段を使うように、とのお許しはいただけませんでしたが。

シドニーでの日程のひとつはボンディ・ビーチ訪問で、砂浜で水難救助員たちとの写真撮影も含まれていました。それを知ったマーガレット王女は渋い顔をされました。公務の途中で砂に足を踏み入れるなど、王女さまが興味を持たれるはずがありません。ご不快を表情に出したり、わざわざ靴を脱いで砂を払ったりするのは失礼だと承知されているので、ハイヒールなので難しいという口実をつけて、ボンディには行くが浜辺には行かない、とにべもなく断られました。

先方に伝えると、ひどく落胆し、なんとかご翻意いただけるようとりなしてもらえないかと頼まれました。わたしはできるだけのことをしてみますと約束し、王女さまのかかとの低い靴をバッグに忍ばせて、午前中の市内観光に出かけました。じつは、まえにもこのような状況に陥ったことがありました。マーガレット王女はときおり、行事がお気に召さないことがあるのです。わたしはその場の状況を読み、全員の希望を推し量りながら、落としどころを見つけようと努めます。ひと筋縄ではいかず——ある種の駆け引きが必要で、わたしは何年もかけて、その繊細な技術に磨きをかけてきたのです。

その日、シドニーを車内観光し、王女さまがボンディに近づいたとき、わたしは王女さまに声をかけました。

「差し出がましいようですが、王女さまが浜に下りてくださったら、みなさんたいそうお喜びになります。ここはひとつ、みなさんの顔を立てて」

「アン」王女さまは苛立ちもあらわに言われました。「この靴をごらんなさい。これでは無理よ。コンクリートの堤防に立って、そこから見学します」

「じつは、ぴったりの靴をお持ちいたしました」と言って、バッグのなかの靴をお見せしました。

王女さまはわたしを、ついで靴をご覧になり、それからわたしに視線を戻されました。「いいでしょう」王女さまはややそっけなくおっしゃいました。「今回は、あなたの勝ちね」

王女さまはぺたんこの靴にはきかえてボンディ・ビーチに向かわれると、持ち前の魅力を存分に発揮され、足の不快感はみじんも洩らされませんでした。車に戻ると、靴から砂を払い落としながら、「どう、これでご満足?」とわたしをご覧になります。お答えするまえに、「でも、あの水難救助員たち、ちょっとがっかりだったわね」とつけ加えられました。

さすがは王女さま。若い男性と見ると必ず値踏みされ、わたしもうなずかざるを得ませんでした。期待していた日に焼けたギリシア彫刻のような男たちではなく、シーズン初めのせいか、やけに生白かったのです。

「さようでございましたね。とくにあのゴムの水泳帽ときたら」とわたし。

「興ざめよ」マーガレット王女はばっさりと切り捨てられました。

このときはわたしの「勝ち」だったかもしれませんが、次の訪問先であるシドニー動物園ではしてやられました。到着するなり、コアラを抱っこするようにと差し出されたマーガレット王女は、すかさず答えられました。「いいえ、けっこうよ。でもわたしの女官が喜んで抱っこしますから」

辞退する間もありませんでした。王女さまは、わたしが動物を苦手だとご存じなのに、あれよあれよというまにわたしはコアラを抱っこするはめになり、コアラのほうもわたし以上に緊張したのか、よそ行きのドレスにいきなりお漏らしをしてくれました。

「ありがとうございます、王女さま」わたしは帰りの車で言いました。「コアラを抱っこする機会を与えてくださって」

王女さまは大笑いされ、謝ってくださいましたが、砂浜事件のお返しができて、溜飲を下げられたごようすでした。

シドニーでの残りの滞在期間は平穏に過ぎました。いよいよ帰国というとき、レディ・カトラーがわたしのもとに来て、「マーガレット王女にお土産をお渡ししてもよろしいかしら。特別にご用意したものなんです」とおっしゃいました。

「きっとお喜びになります」とわたしは答えました。「どんなものか教えていただけますか」

「ブーメランのカバーです」と夫人。

わたしはその珍しいお土産の件を、マーガレット王女にお伝えしました。笑いをかみ殺しながら、「王女さま、レディ・カトラーがお土産をご用意くださったのですけど、中身を聞いたらびっくりなさいますよ。ブーメランのカバーですって」

マーガレット王女もにんまりなさいます。「あらまあ、わたしのブーメランのサイズをどうしてご存じなのかしら？」

もちろん、その想像は大はずれでした。お土産はキルトのマルチカバーで、国内各地をめぐり、婦人会の各支部の会員がひと針ひと針縫って仕上げてくださったのです。それが命名の由来ですが――キルトがあちらこちらと行き来するので――わたしたちの顔が大きくほころんだほんとうの理由を、レディ・カトラーは知るよしもありませんでした。

わたしは、ほかのだれよりもマーガレット王女とご一緒のときに、よく笑ったような気がします。王女さまのユーモアのセンスは茶目っけたっぷりで、ふたりしてホウカムの物陰から飛び出して下男を驚かせた、おてんばな少女の面影は終生失われませんでした。ときには、笑ってはいけない場面で、わざとわたしを笑わせようとなさいました。みなさんの前で、笑いをこらえて涙ぐんでいるわたしをだしに、「うちの女官はどういうわけか涙もろくて」とすました顔でおっしゃるのです。

マーガレット王女のおそば近くでお仕えするのは、わたしに生きがいを与えてくれただけでなく、気晴らしにもなりました。王女さまとご一緒した楽しい時間は、人生のほかの部分がそれほど順調でなかったときには、とりわけありがたいものでした。一九七〇年代半ば、わが家は憂慮すべき状況にあったのです。

チャーリーにぴったりの学校はなかなか見つかりませんでした――本人はイートン校への進学を強く希望し、夫のコリンもはりきって受験前に家庭教師をつけたりしましたが、結果は不合格でした。次の年も挑戦したのですが、またもや失敗。けっきょくチャーリーは、ブリストル郊外にある規律のきびしい寄宿制の男子校、クリフトン・カレッジに入学しました。

チャーリーが苦戦した一方で、次男のヘンリーは首尾よくイートン校の入試に合格し、すべての学科で好成績を収め、友人もたくさんできました。わたしたちはヘンリーの活躍を喜びましたが、チャーリーにとっては、自分があれほど苦労したことを弟が苦もなくやってのけるのを見るのはつらいもので、挫折感は強まる一方でした。

チャーリーが十四歳で、まだクリフトン・カレッジに在学中だった一九七一年、わたしはマーガレット王女の女官に就任しました。十代なかばの息子が大麻を吸いＬＳＤを摂取しているとは、夢にも思いませんでした。寄宿学校にいたので、この衝撃的な事態を親から隠しておくのは容易だったのです。自分の子どもがドラッグに関わることになろうとは思いもよらず、気づいたのは何年もたってからでした。わたしたちにわかっていたのは、チャーリーが学校にうまくとけこめず、休暇にはむっつりした顔で帰宅し、学校に戻りたがらないことでした。最初の数年は、チャーリーもそのうち落ち着くさ、と言う夫の考えが正しいことを祈って、心配しないようにしていました。その当時、ヘンリーとクリストファー、それに双子たちは幸せな子ども時代を送っていて、夫やわたし同様、チャーリーの異変には気づいていませんでした。

もしかすると、クリフトンにいたほうがまだしもよかったのかもしれませんが、一九七三年、十六歳のチャーリーは、上級生からひどいいじめを受けて、死ぬほどつらい日々を送っていました。夫は息子を、サリー州にあるフレンシャム・ハイツという、よりリベラルな校風の共学校に転校させました。

その学校がどれだけ「リベラル」なのか、わたしたちは知るよしもありませんでした。自由な校風はチャーリーの頭にすんなり染みこみ、息子は転落の道を歩みはじめました。わが子が道を踏み外しつつあるとも知らず、わたしたちはしばらくのあいだ新しい学校は正解だったと思っていました。それというのも、チャーリーがずいぶん明るくなったように見えたからです。どれだけ事態が悪化しているかを知ったのは、転校してわずか二学期で停学処分になって帰宅したときでした。仲間といっしょに万引きをして捕まったのです。学校からの手紙を読んで、コリンは烈火のごとく怒りました。わたしはむしろ、チャーリーがよれよれの服を着て、ひどくにおうのが気になりました。どうしてそんなだらしない恰好をしているのかと夫が問いつめると、チャーリーは、二学期は一度もお風呂に入っていないと白状しました。そこまで規律の甘い学校があるとは知らず、怖気を振るったわたしたちは、息子を学校には戻さないと決め、家庭教師をつけて家で教育することにしました。息子を立ち直らせるのはさほど難しくないだろうと高をくくっていたのです。

何年もたってから、チャーリーは不衛生にしていた理由は、診断名はともかく、強迫性障害と大いに関係があったことを認めました——体を洗ったり服を着替えたりしたら、「悪霊」に取りつかれると思いこんでいたのです。ひそかに抱えていたこの現実に比べれば、彼にとって、停学処分など心配のうちにも入らなかったでしょう。

チャーリーが家に戻ってくると、儀式めいた強迫行為がまったく収まっていなかったことがわかってきましたが、もともと大らかで明るい性格なので、どういう症状なのか、どれほど困っているのか、なかなか実態がつかめませんでした。本人に訊いても大丈夫、何も問題ないというばかりで、有益なアドバイスも身近になく、わたしたちは対応に苦慮していたのです。

コリンは、わたしたちの友人にチャーリーの奇妙な儀式を見られても、釈明も言い訳もせず、息子を隠すことも、頭がおかしいと決めつけることもありませんでした。わたしのほうは、チャーリーがノイローゼではないかと心配していたのですが。夫はいつになく忍耐強く、親身な心づかいを欠かしませんでしたが、どうすれば息子を助けてやれるかはわかりませんでした。

マーガレット王女はチャーリーの行動については何もおっしゃらず、いつも時間をとって息子と話してくださいました。チャーリーが片足跳びでドアから出入りするようになっても、眉ひとつ動かさず、それもあの子の一部だと受け入れてくださったのです。

ほかの子どもたちも兄のやり方に慣れていきました。家族総出で出かけるとき、子どもたちは、チャーリーの準備が整うのをホールでおとなしく待っています。支度におそろしく手間どるのは毎度のことですが、ようやく部屋を出て階段を下り、外に出ても、そのたびに何かしら気になって、引き返してしまうのです。部屋に戻ると、照明をつけては消し、床をコツコツたたき、一〇回ぐるぐる回ったところで、だしぬけに部屋から飛び出したと思ったら、玄関でぴたりと足を止め、まわれ右して、また最初からやり直しです。何度目かに、たまたまその場に居合わせたメイにぶつかり、かんかんになって怒りました。思うに、そこまでは完璧だったのでしょう。部屋に戻ると、気を取り直すのに半時間かかりました。これがわが家の日常だったのです。ようやく家を出てからも、キングス・ロードをチャーリーと歩くのはときには試練の連続で、チャーリーが街灯に一〇回も二〇回もさわる、もしくは歩道の脇に触れる、またはその場でぐるぐる回るのを、ひたすら待つはめになりました。

それに引きかえ、ヘンリーはまったく手のかからない子でした。父親譲りの癇癪もちでしたが、めったに表に出さず、温厚で、気立ても頭もよく、チャーリーと比べると——それをいうならコリンと比べても——申し分なくまともでした。ほかの子どもたちについては、クリストファーも双子たちも、乳母のバーバラが管理している決まった日課のもと、幸せにすくすくと育っていました。バーバラが子どもたちの面倒をしっかり見てくれるので、わたしは安心して留守にできました。お土産をもって帰宅し、旅先でのあれこれを話して聞かせると、子どもたちは喜んで耳を傾けるのでした。

クリストファーは無類の車好きに育ち、コリンを喜ばせました。学校の休暇中、夫が新車のジャガーでグレンに到着すると、クリストファーが大はしゃぎするので夫も気をよくして、息子を乗せてはるばるロンドンまで時速一四〇キロで送ってやるのでした。クリストファーはそのスリルに圧倒され、ますます父親との絆が強まりました。

まだ幼かった双子は、自分たちだけに通じる言葉を考え出して、ふたりきりの世界にこもりがちでした。いずれ娘が生まれたら喜ぶだろうとしまっておいたお人形にもさっぱり興味を示さず、その代わりに、クリストファーの「アクションマン」という兵士のフィギュアでよく遊んでいました。

こうした日常生活のなか、ロンドンはＩＲＡの爆弾テロでしだいに緊張が高まっていきました。一九七四年、クリストファーがいつものお使いで、タイト・ストリートの突き当たりにある郵便ポストにわたしの手紙を投函してくれてから三十分後、ポストが爆発しました。爆発の音が聞こえたとき、わたしはクリストファー、双子、バーバラと一緒に家にいました。それから二十一分後、郵便ポスト近くの植え込みに仕掛けられたもっと大型の爆弾が爆発し、最初の爆発のあと現場に集まっていた二〇人を超える人たちが負傷しました。こうした町角に仕掛けられた小型爆弾はほんとうに恐るべきもので、わたしはどこを歩いていてもつねに警戒を怠らず、閑静な通りにも危険がひそんでいると肝に銘じ、郵便ポストが目に入れば通りを渡りました。

各王宮の周囲では警備が厳しくなり、車でケンジントン宮殿に行くたびに、爆弾が仕掛けられていないか、長い棒の先についたミラーで検閲を受けました。

マーガレット王女はつねに変わらぬ態度でした。案じてもしかたないので、恐怖心は捨てていらっしゃるのです。いちど大西洋上空を飛んでいる機中で、激しい雷雨に見舞われたことがありました。飛行機の翼に雷が何度も落ち、生きた心地がしませんでした。マーガレット王女はわたしの手をぎゅっと握って、「アン、心配してもしかたないわ。切り抜けられるかもしれないし、だめかもしれない。わたしたちにできることは何ひとつないのよ」とおっしゃいました。

爆弾事件のあとほどなく、わたしたちはタイト・ストリートから、コリンの母が住んでいたカムデン・ヒルのヒル・ロッジに引っ越しました。パメラはそれ以前から庭にある離れに移っていました。パメラが亡くなってからは、その離れは成長期の子どもたちにはうってつけの場所になりました。ちょっぴり自立した気分を味わうことができたからです。

そのころ、実家の父はひどく健康を害していました。戦時中マラリアにかかってキニーネを大量に投与されたせいで、心臓の弁が損傷し、脳への血流が阻害されていたのです。気の毒に、晩年には混乱がひどくなる一方で、母と末娘のサラを、歌手のヴェラ・リンとグレイシー・フィールズだと思いこんでいました。父がしつこくせがむので、ふたりはフィールズのヒット曲「ザ・ビッゲスト・アスピディストラ・イン・ザ・ワールド」などを歌いました。母はいくつもの才能に恵まれていたものの、歌はそのひとつではなかったのですが。

父のおかしな要望はそれだけではありませんが、母は大目に見ていました。ロンドン行きの列車で女性になれなれしく話しかけ、ホウカムに招待するのはいつものことでした。消防車に乗せて外に連れだし、警鐘を鳴らしてごらんなさいと勧めるのです。母はそのことは気にしていませんでした。問題は、ご婦人方がたいてい同伴し、屋敷に残していくご亭主たちのほうでした。奥方たちのご帰還まで、当たりさわりのない会話のお相手を務めなければならなかったからです。

父の症状にはむらがあり、ある日はひどく混乱していても、次の日はまずまず大丈夫で、そのまた翌日は健康そのものという具合でした。困ったことに、お医者さまが来られるたびに、父はそのあいだだけまともなふりをするのです。そうこうするうちにお医者さまにも病状が明らかになり、父はノーサンプトンにある有名な精神科病院、セント・アンドルーズに入院することになりました。セント・アンドルーズは長年にわたって、大勢の名士を収容してきました。第九代マールバラ公爵夫人グラディスは晩年の十五年間をここで過ごし、アイルランドの小説家ジェイムズ・ジョイスの娘ルチアも、さらに「ムッソリーニを撃った女」ことヴァイオレット・ギブソンもそうでした。

わたしは父の入院に付き添いました。父ともども鍵のかかった病棟に閉じこめられたときには、自分の恐怖心はひた隠して、新入りをひと目みようと患者全員が押し寄せてくるなか、父をなだめようとしました。父はわけがわからず、わたしにしがみついて泣きじゃくりました。愛するホウカムから引き離されて、打ちひしがれていたのです。こんな状態の父を見て、胸がはりさけそうでした。かつてはあれほど有能で、先代の国王ついで女王陛下のご信任厚く、スコッツ・ガーズの友人たちにもとても人望があったのです。まだ六十代で、友人たちはいまも連れだって狩りに出かけ、社交クラブで晩餐をとっているというのに、父は自分の意思に反してよそに隔離され、まわりの状況もきちんと把握できていません。けっきょくわたしたちは父を屋敷に連れ帰り、看護師を二、三人つけて面倒を見てもらいました。ホウカムに戻れば、父も落ち着くだろうと思ったからです。

この取り決めで割を食ったのが母でした。父の病気がさらに進行し、母に手を挙げるような事件が何度か続いたので、母は屋敷を出て、地所内の少し離れたところにある未亡人用の家で暮らすことにしたのです。毎日屋敷に通って昼食をともにしたので、父は別居には気づかずじまいでした。一九七六年九月三日、父は六十八歳の若さで永眠しました。

思い返すと、父はとても優しい人でした。神経質で口うるさいところは、そういう性分なので、どうしようもなかったのでしょう。父はわたしがかつて知っていた世界の象徴でした。父が亡くなって、わたしは自分が生まれ育った家にもはや自由に出入りできなくなり、ひいてはわたしという人間の根っこに当たる部分から切り離されてしまったのです。父は、狩猟パーティーや領地の管理など、暦どおりに進行する心安らかな一生を送り、父のいないノーフォークなど想像できませんでした。猟場番はひどく寂しがり、ホウカムに立ちこめた沈黙は、ジョージ六世が二十四年前に崩御されたときを彷彿とさせました。

マーガレット王女はこのときも力になってくださいました。父親を亡くすことの悲しみをよくご存じで、親を亡くした人ならではの深いご理解をお寄せいただいたのです。喪が明けて、わたしの又従弟にあたるエディがホウカムを承継しました。アフリカ育ちの彼を、父がイギリスに呼び寄せ、領地の管理について手ほどきしたのです。エディはわたしや母、妹たちにとても親切で、わたしたち全員を身内扱いしてくれました。やがてエディの二度目の奥さんのサラがホウカムの陶器工房を引き継いでくれたときは、とても嬉しかったものです。ひとつの時代が終わったとはいえ、ホウカムをしかるべき人の手に委ねることができたので、わたしは女官の務めと、マスティク島での夫のサポートに専心しました。

コリンがマスティク社を設立して以来、いまではさまざまな人が島の経営に関わっていたので、夫は空いた時間を使ってほかの夢を追求することにしました。そのひとつが短命に終わった政界への進出です。テナント家は自由主義を信奉する素封家として定評がありましたが、意外にも、コリンは一九七六年、スコットランド国民党（ＳＮＰ）の候補者として、ロクスバラ、セルカーク、ピーブルズ選挙区からの立候補を目指しました。

それからしばらくのあいだ、わたしたちのスコットランドの本邸グレンはＳＮＰの数限りないパーティーの会場となり、コリンはメモなしで才気あふれるスピーチをするという評価を築き、またたくまに人気を博しました。ところが、党が選んだ候補者はエディンバラの弁護士でした。その弁護士のほうが対立候補に勝てる見込みが大きいと考えたのです。コリンは選挙区の委員長に就任し、またしてもグレンで、党のためにバーンズ・ナイト〔十八世紀スコットランドの国民的詩人ロバート・バーンズの生誕を祝う祭典、一月二十五日〕の晩餐会がいくつも開かれました。

コリンは新規事業の開拓に関心を移し、切手を発行する会社を買収しました。「小さな島ほど、大きな切手を発行するんだ」夫は、新たな事業が発展するにつれて口癖のように言っていました。たまたまですが、夫が切手を発行していた国のひとつが南太平洋の小さな島国ツバルでした。

一九七八年、マーガレット王女はツバルの独立を承認するために、女王の名代として訪問されることになりました。小さな珊瑚礁から成るこの国は砂州ほどの面積しかなく、コリンがたまたまそこに事務所を開いていたのは、まさに奇遇でした。コリンはいそいそとマーガレット王女に電話して、「ツバルにあるうちの事務所をお使いになりませんか。島で空調が利いているのはそこだけですから」と伝えました。

「それはご親切に」とマーガレット王女は答えられました。「あの場所をよくご存じのようだから、あなたもいらっしゃったらどうかしら」

コリンは大はしゃぎです。一方、わたしのほうは、夫が同行するという見込みに一抹の不安を覚えました。もっとも、皮肉なことに、夫はあらたまった席では非の打ち所のないマナーで知られていたのですが。ダヴィナ・アレクサンダーが正式な女官としてこの公務に随行し、わたしは夫ともども、ひと言でいうなら友人としてお手伝いするためにお供しました。

わたしたちが到着すると、女性たちの一団が体を左右に揺するような踊りで出迎えてくれました。身につけているのは、金色の草でできたスカートのほかは、ほんの申しわけ程度です。愛情と思いやりのしるしであるレイ（花輪）を頭からかけてもらいました。花輪はとてもきれいでしたが、ぐっしょり濡れていたので、マーガレット王女のご不興を買いました。「ドレスが台無しになるわ」とつぶやかれ、さっさと外されました。

歓迎の晩餐会では、全員が床にあぐらをかいてすわります。王女さまはそんなことはできないと、横ずわりなさいました。コリンはこういう状況が得意で、だれに対しても愛想よく、異国の風習にもすんなりとけこみ、緑色の葉っぱに載せて出されたご馳走もありがたく頂戴しました。さきほどの踊り手たちが後ろから近づいてきて、その葉っぱの上に、灰色のペースト状のかたまりをこんもりと載せてくれるのです。マーガレット王女もわたしもロイヤル・ツアーやマスティク島での経験から、さほど食欲をそそらないものでも食べる習慣がついていましたが、エアコンのあるコリンの事務所はありがたく、みなでよくそこにたむろしました。暑さにも慣れていましたが、マーガレット王女が宿舎にされていたニュージーランド王立海軍のフリゲート艦の冷房も、大いにほっとするものでした。

あいにく、外の猛烈な暑さと空調の効いた部屋を行き来したせいか、マーガレット王女は体調を崩され、独立の記念式典が行なわれるご訪問最終日には、症状が悪化し、呼吸も困難になってきました。緊急事態です。王女さまはいつもと変らず床につかれたのに、わたしたちは突如として太平洋の真ん中にある小さな島で、王女さまを看病しながら、どこの病院にお運びすればよいか思案することになったのです。私設秘書のナイジェル・ネイピアはただちに行動を起こし、ツバルの独立承認をすませただけでなく、オーストラリア王立空軍に連絡して、王女さまを搬送する軍用輸送機を提供してもらいました。輸送機の空の貨物室にベッドを固定し、わたしたち全員がその輸送機でオーストラリアに向かいました。

到着後ただちに、マーガレット王女はシドニーの知事公邸で医師の診察を受け、肺炎という診断が下されました。

マーガレット王女はこのあとフィリピンと香港を歴訪されるご予定でした。訪問を中止する代わりに、わたしに名代として両国を訪問し、王女さまが出席できない理由をじかに伝えてほしいと依頼されました。女官を派遣することで、歓迎のために費やされた労力への敬意とお詫びを示したいというご意向です。王女さま直筆のイメルダ大統領夫人および夫で独裁者のフェルディナンド・マルコス氏に宛てた詫び状をお渡しし、つづく香港でも同じ作戦でいくことになりました。正式な外交儀礼ではありませんが、イメルダ夫人がことのほか気難しい方で、訪問を中止すれば侮辱と受け取られかねないことを、マーガレット王女はご存じだったのです。

これまでどこであれ、王女さまの名代として派遣された経験はなく、しかも二か国となればなおさら心配でしたが、イメルダ夫人には興味があったので楽しみでした。

わたしは夫を道連れに旅立ちました。メイドもお衣装係も王女さまと一緒に残るので、コリンがいれば役立つかもしれないというマーガレット王女のご配慮です。わたしたちは何が待ちうけているかもわからないまま、ファーストクラスでフィリピンに飛びました。空港ではイギリス大使が出迎えてくれました。大使にも、イメルダ夫人と同様、マーガレット王女がおいでになれないことは連絡ずみで、わたしたちはその足でマラカニアン宮殿内にある宿舎に連れて行かれました。まわりにだれの姿も見えないのはやや不気味でしたが、数年前に戒厳令が敷かれてから、デモ隊を恐れてこのあたり一帯は立ち入り禁止になっていたのです。

イメルダ夫人はとても早起きなので、翌朝の午前八時にはマニラ観光に出発できるよう支度しておいてください、とわたしたちは言われました。そして八時ぴったりに、夫人が巨大なバスで迎えにきてくれました。たいそうにこやかで気さくな方でしたが、マーガレット王女がお出でになれなくてとても落胆されていました。おそらくイギリスの王族をフィリピンにお迎えできれば、夫人と夫の地位は安泰だと考えていたのでしょう。

夫人はわたしたちをバスに乗せ、ひときわあでやかなツアーガイドよろしく、マニラのさまざまな名所を案内してくれました——貝殻博物館はマーガレット王女がさぞ喜ばれたでしょう。夫人が誇らしげに披露した病院は、どうも夫人と一族専用のようでした。患者はほんのわずかしかおらず、どこもかしこもまっさらで、最先端の医療機器や医師はそろっているものの、がらんとしていて、緊急の場合に備えているようでした。

バスで市内をめぐりながら、コリンとわたしは、イメルダ夫人が見せたいものだけを見せられているという印象を受けました――スラム街もちらほら目に入りますが、見学先はおしゃれな街区ばかりです。イメルダ夫人はたいへん人気があるようでした。「メーター・メイド」という交通警察官も清掃作業員もみな女性で、青いワンピースに黄色い帯を締め、バスが通り過ぎるとほうきを勢いよく振りまわしました。イメルダ夫人のいわば女官に当たる女性たちは、青いドレスだったことから「ブルー・レディーズ」と呼ばれていました。気配りの行き届いた人たちで、わたしのお役目についても根掘り葉掘りたずね、仕事のこつを聞き出すことに熱心でした。

目まぐるしい一日のあと、夕食のための着替えの時間を三十分与えられました。ふたたびイメルダ夫人が現われ、市内のホテルというホテルに――と、夫もわたしも感じました――連れまわされました。コリンとわたしがイメルダ夫人のあとから各ホテルの舞踏室に入ると、楽隊が歓迎の演奏をしてくれます。人びとは夫人を見たとたん全員が手を振り、それに応えて夫人はステージにあがり、歌を披露しました。最初に夫人が歌いはじめたとき、コリンとわたしはあっけにとられました。ほかの国のファーストレディーがこんなまねをするところは想像もつきません。夫人はたしかに美声の持ち主でしたが、その大胆さには恐れ入りました。これは夫人流のおもてなしだったのかもしれませんが、むしろ、ご本人が楽しんでいるようにお見受けしました。

独唱会は午前三時までつづき、そのあと宿舎まで送ってもらって、翌朝八時にはふたたびお迎えがきます。コリンは頼もしい助っ人でしたが、イメルダ夫人の手厚い歓待が二、三日つづいたあと、音を上げました。「もうこれ以上はご免こうむる。こんなにくたびれたのは初めてだ。おいとまするよ」

わたしにはマーガレット王女に託された務めがあるので、立ち去るという勝手は許されません。そこでイメルダ夫人のもとにとどまり、さらに四日間、いくつものゴルフクラブをはしごするなど、めまぐるしい日程におつきあいしました。やや気づまりな晩餐会ではご主人のマルコス大統領の横にすわりましたが、会話がちっともはずまないので、苦労しました。

イメルダ夫人の気さくで活気あふれる人柄には好意も感じましたが、夫人の生活が莫大な浪費を中心に回っているのは明らかでした。なかでもご自慢のタネは靴のコレクションで、誇らしげに案内してもらいました。あまりにも数が多いので、ひとつの建物全体がその収納に当てられています。わたしは見てまわりながら、総計数千ポンドにもなるハイヒールに圧倒されました。その多くは一度も履かれていないのが明らかでした。

それから数年たち、マルコス大統領が一九八六年のピープルパワー革命で失脚し、ハワイへ亡命後、夫人が総額数十億ドルにのぼる、どんな政権と比べても一番多額の横領について収賄容疑で有罪となったのは、意外ではありませんでした。

わたしはフィリピンから香港へ向かい、マーガレット王女の名代として、説明と謝罪がつづられた同文のメッセージを手渡しました。この旅も、イメルダ夫人と過ごした時間がそうであったように、現実からかけ離れた別世界の出来事のように思えました。なにしろ、夜間、軍隊に連れ出され、暗視用の双眼鏡で、おびただしい数の人びとが決死の覚悟で中国との国境を越えて香港に入ろうとするさまを目の当たりにしたからです。国境を警備しているグルカ兵〔イギリス軍のネパール人傭兵〕が国境を越えようとする人たちを阻止しています。グルカ兵は見るも恐ろしいのに、みんな国境を越えるのをあきらめません。だれか成功する人はいるのだろうか、あの人たちはどうなってしまうのだろう、と胸が痛みました。

これではまだ足りないと言わんばかりに、わたしはマカオにも連れていかれ、有名なカジノを見学しました。カジノは、宝石をじゃらじゃら身につけ、これまで見たことがないほど爪を長く伸ばした、とても高齢のご婦人方で混み合っていました。そこはかとなく禍々しい雰囲気が漂い、ジェームズ・ボンドの映画にうってつけの場所でした。

ありがたいことに香港がこの旅の最終目的地で、わたしはほっとして帰国しました。そのころにはマーガレット王女も回復されてロンドンにお戻りで、わたしはイメルダ夫人のカラオケ大会とマカオのジェームズ・ボンドばりのカジノについて報告するのが楽しみでした。

わたしとしては、この旅行のあと、マーガレット王女と同じくらい、異国や異文化に上手に適応でき、平常心でうまくつきあえるようになったと思いたいところです。難しい状況にぶつかっても、王女さまは笑顔を絶やされません。文句を言うのは、失礼で恩知らずなふるまいなのです。王女さまはわたしにも、風変わりな慣習や作法をうまく切り抜ける方法を教えてくださいました。こうした心構えはその後、数多くの外国旅行に必要なものとなりました。南アフリカのスワジランド（現エスワティニ）訪問もその例外ではありません。

マーガレット王女は現地で、エリザベス女王が国王ソブーザ二世の八十歳のお祝いに贈られた勲章を授与なさることになっていました。この名誉に対する返礼に、国王はマーガレット王女の宿舎として、「藁の村」を建てると約束していました。わたしたちは「藁の村」にバスルームは設置されているのかしらといぶかりながらも、マーガレット王女が藁の小屋からティアラをかぶってお出ましになる姿はさぞ愉快だろうと、想像をめぐらせていました。

いざ到着してみると、藁の村はまだ完成しておらず、ありがたいことに煉瓦造りの家に案内されました。わたしが荷解きをしていると、マーガレット王女がドアをノックされました。「アン、ちょっと来てくれない？　わたしの部屋はなんだか様子がおかしいの」。旅先での珍事には慣れつつありましたが、この部屋にはたしかに妙なところがあります。ドアの外でずっと聞き耳を立てているらしい執事は別にしても、ベッド脇のテーブルがひどく離れた位置にあって、まるで以前は巨大なベッドが置かれていたみたいなのです。不審に思って部屋を見まわしたところ、ふたり同時にマジックミラーを発見しました。

のちにわかったことですが、その当時、南アフリカ共和国では売春宿が認可されていなかったので、人びとは隣国のスワジランドまできて欲望を充足させていたのです。マジックミラーにはぞっとしたものの、先方が手配してくださったものにケチをつけるのは外交儀礼に反するので、そのままにしておきました。

こうしてわたしたちは、奇妙きてれつな映画の一コマのように、売春宿を出て国王のソブーザ二世にご挨拶しました。コートのボタンをきちんとかけ、帽子をかぶってという、いかにもイギリス人らしい格好で。国王は民族衣装をお召しでしたが、それはあまり想像力を働かせる余地のないものでした。シャツの類いは一切なしで、革の腰巻きのようなものを巻きつけ、髪には長い羽根が何本か挿されています。主たる行事に先だつ数日間、わたしたちはいくつかの催しに出席しました――大使館では昼食や晩餐会がありましたが、そのおりソブーザ二世陛下は伝統的な衣装か軍服姿でした。

わたしたちは国王が式典で何を着用されるのか心配になり、マーガレット王女は、女王さまからことづかった勲章をどこにピン留めすればいいのかという懸念を洩らされました。勲章は小さなリボンの形をしていて、王女さまが式典で授与されることになっていたのです。「もし上半身に何もお召しでなかったら、勲章をどこに留めたらいいというの！」と困り果てたように、嘆息されました。「それに頭に羽根飾りがついていたら、どうやって中綬をかぶせろと？」

式典前夜の夕食の席で、わたしはマーガレット王女のご懸念を国王にじかにぶつけました。「陛下、マーガレット王女は、陛下が明日軍服をお召しになってくださることを切に願っておいでです」。国王は笑顔でうなずかれましたが、何もおっしゃいませんでした。明快なお答えをいただけなかったので、王女さまもわたしも翌日はどうなるのかわからずじまいでした。

わたしたちはムババーネ・アリーナで、国王のお出ましを何時間も待ちました。競技場は満員で、なかには国王の姿をひと目でも見ようと、地方の村から三週間もかけて歩いてきた人もいました。場内には興奮がみなぎり、群衆は期待ではちきれそうでした。

カバーニ王子がわたしの隣にすわっておられたので、お父さまの服装についておたずねしましたが、口をにごされるばかり。かくなるうえは、国王のお出ましを待つしかありません。

マーガレット王女とわたしはイギリス式の服装で息もたえだえになりながら、さまざまな出し物を見学しました。数多くの舞踊団が一糸乱れぬ動きで行進し、わたしはその衣装に見とれました。コリンがいたら自分も頭に羽根をつけ、大きな太鼓の音に合わせて行進したかったでしょう。

一方、国王はあいかわらずのマイペースで、わたしたちはさんざん待たされ、マーガレット王女の苛立ちは募る一方でした。しょっちゅうわたしを見て、腕時計を指さされるのです。

ようやく、ぴかぴかに磨かれた車体の長い黒いリムジンが正面に停まりました。ソブーザ国王が降りてこられます。前日と同じような衣装で、つまり、立派な羽根を髪に挿し、革の腰巻きのほかは何も身につけておられません。マーガレット王女ががっくり気落ちされるのがわかり、目に失望の色が浮かびました。

国王のお嬢さま方がお父君につづいてリムジンから出てこられました。やはり上半身には何もまとわず、かなり大柄で、むき出しの大きな乳房に、満面の笑みを浮かべて。観衆は国王と王女たちを見ていっせいに歓呼の声を上げました。この時点で、マーガレット王女はわたしを手招きして、耳打ちなさいました。「カバーニ王子に、国王の羽根飾りをどうにかするように頼んでちょうだい。さもないと中綬をかけられないわ」

わたしがその旨を伝えると、王子はうなずきましたが、なにも起こりません。わたしたちは何時間も立ちつづけ、さらに大勢の人びとが踊りながら通りすぎ、つづいてスワジランドの軍隊が大規模な行進を行ないました。いよいよマーガレット王女が国王に中綬と勲章を授与されるときがきました。幸いにもその直前、カバーニ王子が髪飾りから何本か羽根を引き抜いてくれたので、中綬はかけやすくなりました。ただし、中綬が無事に頭を通過したあと、王女さまは国王の下腹部を手探りして、勲章を留めるのによさそうな場所を探さなければなりませんでした。ようやく競技場をあとにしたとき、王女さまはもうこりごりという表情で、わたしをご覧になりました。「女王には、今後はちゃんと服を着ていなければ、誰であれどんな勲章であれ授与するつもりはない、と申し上げるわ」

スワジランドを発つまえ、他国を訪問したおりのイギリス王室の慣習にしたがい、王女さまは国王にさまざまなお土産を渡されました。いつものように、国王からの答礼品をお待ちになります。ところが何も起こりません。ナイジェル・ネイピアが調べにいき、金庫番の少年が行方不明だと告げられました。でもマーガレット王女はこの話を信用されず、お返しの品がないのは、王女さまのお土産を国王がお気に召さなかったからだと解釈されました。が、いよいよ出発というとき、「偉大なる雌象」という正式な肩書きをお持ちの母后さまが、マーガレット王女に素焼きの花瓶を献上されました。後知恵という感じもなきにしもあらずでしたが、マーガレット王女は恭しく受けとられ、わたしがその保管を仰せつかりました。花瓶は割れ物で包装もされていないので、わたしはロンドンへ戻る機中では膝から下ろさず、めったなことが起こらないように細心の注意を払いました。花瓶のその後の運命を知っていたら、あれほど神経をすりへらすこともなかったでしょうに。

イギリスに帰国して六週間ほどたったころ、わたしはマーガレット王女のお部屋で昼食をご一緒していました。と、窓枠に、あの偉大なる雌象さまからの花瓶が置いてあるではありませんか。

マーガレット王女は、わたしがそちらに目をやったのをごらんになりました。「そうよ、アン、あの花瓶はじきにちょっとした災難にあうかもしれないわね」。案の定、それはわたしが花瓶を目にした最後の機会となりました。スワジランドからの帰途、あれほど気をつかって持ち帰ったのに、と少々残念に思ったものでした。

13 ケンジントン宮殿での一年

わたしがマーガレット王女のご公務に随行し、さらにノーフォークやグレン、それにマスティク島で王女さまに憩いの場を提供していたころ、コリンとわたしも王女さまにお招きいただいて、スコットランドのバルモラル城や、ウィンザーにある皇太后さまのお住まいロイヤル・ロッジで週末を過ごすことがしばしばありました。

王室のみなさまはたいそうピクニックがお好きで、とはいえ王室のピクニックは世間で思い描くものよりもはるかに大がかりです。マーガレット王女によれば、「執事抜きでピクニックを開くなんてありえないわ」。女王はといえば、ご自分なりの几帳面なやり方を守っておられます。ある夏、わたしたちはマーガレット王女のお誕生日を祝うためにバルモラル城に滞在していました。そのあいだ毎晩のように、王室のみなさま——女王、エディンバラ公、お子さま方、マーガレット王女、皇太后——はわたしたち夫婦やほかの招待客を伴って、御料地内の狩猟ロッジへ出向かれました。ディナーは特別仕様の移動キッチンカーで届けられます——いわば車中でのピクニックで、小型のトレーラーハウスをランドローバーが牽引してきます。精巧な仕掛けの車内には、何もかもが所定の場所に収まっていました。女王が万事を取り仕切られ、移動キッチンから荷物を下ろし、食卓を整え、食事がすむとマリーゴールドのゴム手袋をして、食器を洗われます。

初めてこの豪勢なピクニックに参加したおり、コリンとわたしは移動キッチンにお皿を運び、片付けを手伝おうとしました。だしぬけに背後からアン王女の大きな声がしました。「何をしているの？」「お皿をしまおうと思いまして。場所をまちがっていなければいいんですけど」と立ち止まり、振り返って言いました。アン王女が険しい目つきでにらみつけていらっしゃるのは、もしやそのせいではないかと気づいたのです。

「そうだといいわね。さもないと女王さまはただじゃおかないから」。夫とわたしはおそれ多くて気絶しそうになりました。女王さまが「ただじゃおかない」と想像しただけで、お手伝いの手はぴたりと止まりました。女王が細心の注意を払って管理され、何もかもきちんとしまうことが何よりも大事だとわかったからです。

バルモラル城と同様、一九七〇年代から八〇年代にかけて、皇太后さまとマーガレット王女はコリンとわたしをロイヤル・ロッジにたびたびお招きくださいました。客間にレックス・ウィスラーの優美な壁画が描かれているほかは、比較的簡素なお住まいでした。バスルームのリノリウムの床はひび割れ、ほかのお部屋の多くもややくたびれた感じでしたが、皇太后さまは何ひとつ変えるおつもりはありませんでした。ここはご自身と亡き国王さまがヨーク公ご夫妻として、兄君のエドワード八世の退位まで暮らしておられた場所で、当時のままの状態をお望みだったのです。

週末にはいつもさまざまな催しがあり、楽しく過ごしました。夏場は庭でくつろぎ、外でランチをいただき、プールで泳ぎました。冬には狩猟パーティーに招かれました。殿方は狩猟に出かけ、ご婦人方は十一時半ごろ、ビーフコンソメとウォッカを混ぜた伝統的な飲み物「ブル・ショット」を用意して合流し、猟場で寒い朝じゅう立ちっぱなしだった男性陣に温まってもらいます。マーガレット王女はブル・ショットを小さな銀のコップに注いで狩猟組の面々に配るのがお好きで、いつもたいへん感謝されておいででした。王女さまはそのあと、わたしやほかのご婦人方を引き連れて、ウィンザー・グレート・パークの美しいサヴィル庭園を散策したあと、ロイヤル・ロッジで殿方と落ち合い、長いランチを一緒に楽しみます。

こうした狩猟の日々は、わたしの実家ホウカムのそれよりも、はるかにくつろいだものでした。ホウカムでは男性陣は朝食のサンドイッチをお弁当に詰め、お昼時にどこかの生け垣の陰でそれを食べると、うちの祖父、のちには父から大声で召集がかかり、車にのって移動するのです。

季節を問わず、毎晩わたしたちはウィスラーの客間でお酒を飲みましたが、そんなおり皇太后さまは部屋の隅にあるテレビの前で立ったまま、「ダッズ・アーミー〔第二次世界大戦中の郷土防衛隊を題材にしたBBCの人気ドラマ〕」を熱心にご覧になっていました。王室の方々と同席するさいのしきたりのひとつに、王室の方が立っておられたら起立していなければならない、というのがあります——着席されるまで、こちらもすわることはできません。みなさまは立たれている場合がひじょうに多いようで、皇太后さまがお好きなテレビ番組をご覧になっているあいだ、わたしたちもじっと立っていました。皇太后さまは登場人物のマインウェアリング大尉が大のごひいきで、ドライマティーニ片手に、エンドロールが流れるまで笑い声が絶えませんでした。

「ダッズ・アーミー」が終わると、ぞろぞろと食堂に移動してディナーをいただきます。皇太后さまはエッグス・ドラムキルボ——固ゆで卵とロブスターのムース——のようなこってりしたお料理がお好みで、クリームとチョコレートたっぷりの冷たいスフレなど、デザートがいつもたくさん出てきました。各コースにはつねにワインが出されるので、テーブルには何種類かのグラスが並んでいます。小型のグラスはポートワインやリキュール、お隣の柄が長いグラスは赤ワイン、さらに長いのは白ワイン、最後が水を入れる繊細なグラスです。

皇太后さまとのディナーのハイライトは、皇太后さまが音頭をとられるおなじみの乾杯でした。ごひいきのだれかれの名前を呼んでは、グラスを頭上に掲げられます。全員がそれにつづきます。嫌いな人の場合は、グラスをテーブルの下に下げて名前を唱えられ、わたしたちもそれにならいます。こうした乾杯はいつまでもつづき、場合によってはコースのあいだじゅう繰り返されました。どっと笑う声と大量のアルコールとともに。

食事のあとは客間に戻り、マーガレット王女のピアノに合わせて全員で歌います。王女さまは弾きながら歌うのがとてもお上手で、歌の集いは夕食後のお気に入りの娯楽でした。みな声が枯れるまで歌うと、ときどき言葉当てゲームもしました。あまり活発な雰囲気でないときは、部屋の片隅にはいつもジグソーパズルの用意がありました。個人的には椅子にすわって蓄音機に耳を傾けるほうが好きでしたが。とびきり浮かれた気分のときは、絨毯の上で音楽に合わせて踊りました。

マーガレット王女はおもてなしのお膳立てがお好きでした。知恵をしぼって、手近なものを、興味深く創造的な方法で活用されるのです。あるときはワイト島へひと飛びし、オズボーン・ハウス〔ヴィクトリア女王の夏の離宮〕でランチをとり、敷地内を散策しました。またべつのときにはロンドン塔でディナーをいただき、王冠、王笏などの戴冠宝器を見学しました。キュー宮殿や、ジェイムズ一世の王妃アン・オブ・デンマークのために建てられたグリニッジにあるクィーンズ・ハウスにも出かけました。ラウリーやターナーやカナレットの作品、エリザベス一世を象徴するような《アルマダの肖像画》を鑑賞するためです。ウィンザーではロイヤル・ロッジに泊めていただき、マーガレット王女がウィンザー城の図書室に連れていってくださいました。司書に頼んで、ヴィクトリア女王から王配アルバート公への手紙、ヘンリー八世のころまでさかのぼる書類といった特別な品を見せていただいたり、かと思えば、美しい磁器やドールハウスを見学したこともありました。

ロイヤル・ロッジでの週末はいつも楽しみでした。皇太后さまとマーガレット王女のいがみあいがひとしきりつづき、お二人のあいだがぎくしゃくすることもなきにしもあらずでしたが。一方が家じゅうの窓を開ければ、もう一方は閉めてまわる。あるいはひとりが何かを提案すれば、もうひとりが間髪を入れずに却下するというような。ことによると、おふたりは似すぎていらっしゃったのかもしれません――母と娘にはありがちな仲たがいではないでしょうか。もともと四人家族だったのに、ある意味、脇役の二人が取り残されている、ということもあったのかもしれません。

コリンとわたしには、行き届いたおもてなしをしてくれる友人がたくさんいましたが、マーガレット王女には特に感謝していました。王女さまはコリンがパーティーにかけるのと同じような情熱で、すみずみまで気を配って週末の計画を立ててくださったからです。わたしは王女さまのご好意に甘えて、一九九〇年の一時期、ケンジントン宮殿に住まわせてもらったことがあります。コリンがわたしたちのロンドンの住まいであるヒル・ロッジを売却したと言いだし、しかも家を引き払うまでに二週間しか猶予がなかったときのことです。コリンはわたしの荷物の大部分もすでに荷造りが終わっていると認めました。わたしは面食らい、どうしてわたしが帰国するまで待ってくれなかったのか問い詰めたところ、夫はいきりたちました。「うるさい！　だまれ！　だまれ！」。怒りたいのはこっちだというのに。

行くあてのないわたしに、マーガレット王女はご自邸にきてはどうかと勧めてくださいました。わたしは「気に入ったフラットが見つかりましたので、さほど長くはかからないと思いますが、改装しなければなりません。三週間ほどお世話になってもよろしいでしょうか」。王女さまはかまわないと言ってくださり、わたしはケンジントン宮殿に引っ越しました。

マーガレット王女のお住まいは、宮殿の北側にあるアパートメント一Aで、板石を敷いた玄関ホールがついています。お隣は従弟のグロスター公爵夫妻。王女さまはやはり従弟のプリンス・マイケル・オブ・ケント夫妻の猫たちとは犬猿の仲で、ご自分の運転手に命じて猫めがけて車を突っこませたり、お庭のホースで水をかけたりなさっていました。わたしがその場に居合わせれば、王女さまはホースを渡して叫ばれるのです。「さあ、アン。あいつらを捕まえて!」。わたしは庭じゅうせっせと、うっかりして王女さまに水をかけないように注意しながら、猫を追いかけました。猫は一匹も捕まらず、わたしよりはるかに敏捷で、塀の上の水がちょうど届かない場所にすわって、ほくそ笑んでいるように見えました。

マーガレット王女は一九六〇年、トニーとの結婚を機にケンジントン宮殿に移られました。そのおりの改修はマスコミの批判を浴びました。王女ご夫妻が贅沢すぎると言わんばかりの書きぶりで、新居はケンジントン宮殿の一部なので、そのままでも申し分のない状態だと決めつけていたのです。ところが実際には、王女とトニーが引っ越されたとき、邸内はぼろぼろで、一八九一年から一度も改装されていなかったのです。マスコミの中傷はおなじみだったので、ふたりは肩をすくめてやり過ごしたのでした。

マーガレット王女とトニーの結婚は十年以上前に終止符が打たれていましたが、ふたりが改装に取り組んでいたころ、トニーの天賦の創造力とマーガレット王女の並外れた趣味のよさが輝かしいチームワークにつながったのは明らかでした。ふたりは力を合わせて、魅力あふれる、類いまれな家を作り出すことに成功し、その家はケンジントン宮殿のなかにありながら、居心地のよいくつろげる場所となったのです。

客間から観音開きのドアを通り抜けると、二〇人分もの席が設けられる細長いテーブルのある食堂に出ます。ホールを少し進むと、王女さまの「貝殻の部屋」があり、コレクションを収めたキャビネットがところ狭しと並んでいます。わたしがこのコレクションをよく知っているのは、年に一度、貝殻を洗うのをお手伝いしていたからです。水と液体洗剤のフェアリー・リキッドを満たした浴槽につけ、そのあと乾かして、ひとつひとつ磨きます。

アパートじゅうの窓はつねに開け放たれ、ドアも大きく開いています。というのは、マーガレット王女は空気がいくらあっても足りないようで、それは王女さまがヘビースモーカーだったからでしょう。アパートは宮殿のなかにあるので、万全の警備体制が敷かれていたのです。セキュリティの心配をせずにすみ、窓とドアは鍵をかけず、車のキーも挿しっぱなしというのは天国のようでした。マーガレット王女はその贅沢さをあまり気にとめておられなかったと思いますが、わたしにはとてもありがたいものでした。

上の階には、王女さまのそれはそれは美しい寝室と、舞台美術家のカール・トムズとトニーが設計した目の覚めるようなバスルームがあり、ゴシック調の羽目板とピンク色の壁に、巻き上げ式の蓋のついた大きな浴槽が据えつけられていました。わたしの部屋は青い絹地で美しく修復され、四柱式のベッドで眠り、窓からはお庭が一望できました。この部屋のドアは博物館に通じていて、博物館は一般公開されています。ときおり扉の向こうで人が行き交う音が聞こえました。万一そのドアに鍵をかけ忘れたら、お客さんが入ってきてベッドで寝ているところを見られてしまうのではないかと、いつも心配でした。

わたしが移ってきたとき、マーガレット王女は「ときどきは顔を合わせましょう」とおっしゃいました。ところがふたをあけてみると、かなりの時間を一緒に過ごすことになったのです。ふたりとも家にいるときは、一緒に食卓を囲みました。夕方出先から戻ってくると、わたしはくたびれて寝にいきたいのに、マーガレット王女は宵っ張りなので、何時間もおしゃべりするはめになるのでした。わたしは玄関からそっと入り、廊下を抜き足差し足で進むのですが、そこで王女さまの声が聞こえるのです。「アン、あなたなの？」

「はい、さようでございます」とわたしはお答えします。

「おかえりなさい。ちょうどよかった——ナイトキャップはいかが？」

というわけで、もう一、二時間腰を落ち着けることになるのです。こうなることはわかっていました——王女さまとはグレンでもマスティク島でも多くの時間を一緒に過ごしていたので。でもたいていは、みなで交代して王女さまの夜更かしにお付き合いしていたのです。ときには少しだけお相手をして、「すみません、そろそろ寝る時間ですので」と申し上げることもありました。

ある日、わたしを探しにこられた王女さまは、ワシントンＤＣへロイヤル・バレエ団の公演を一緒に観にいかないかと誘ってくださいました。王女さまはバレエに情熱を傾けておられましたが、わたし自身はオペラに目がなく、王女さまがオペラ好きだったらよかったのにと、内心ではつねづね思っていました。とはいえ、そのお誘いはたいへんありがたく、その場でお受けしました。数年のあいだに、わたしたちはワシントンに三度バレエ鑑賞に出かけ、そのたびにホワイトハウスを訪問しました。そのうち二回はロナルド・レーガンが現職で、一回はジョージ・ブッシュ（父）が大統領でした。

大統領ふたりとそれぞれのファーストレディーとご一緒した経験は、悲喜こもごもといったところです。ナンシー・レーガンとちがって、バーバラ・ブッシュはとてもご親切で、温かいおもてなしを受けました。何ごとにつけ心からの興味を示し、わたしも同席を許されました。夫人はおっとりした、人好きのする方で、会話がはずみ、和気あいあいとした雰囲気でした。

ナンシー・レーガンは正反対でした。ホワイトハウスに到着し、私邸に通じるエレベーターまでそろって歩いていきました。わたしがエレベーターに乗りこもうとしたところで、ナンシー・レーガンが言いました。「あら、だめよ、レディ・グレンコナー。あなたはご遠慮ください。ミス・ブラウンが地下のプレゼント室にご案内しますから」

マーガレット王女は心細そうなお顔をなさいました。わたしをおそばから遠ざけたくなかったのです。そもそも女官を随行させるのは、いついかなるときもスタッフが誰かしらはおそばにいるようにするために他なりません。エレベーターのドアが閉まるとき、王女さまは「助けて！」と声に出さずにおっしゃいましたが、どちらもなすすべがありませんでした。

大統領執務室を見学するのを楽しみにしていましたし、マーガレット王女がそばにいてほしいと願っておられることも気になっていましたが、わたしはすぐに巨大な地下室に姿を消し、大統領へのプレゼントを見学しました。やがてミス・ブラウンがわたしをマーガレット王女のもとに連れていってくれ、王女さまはわたしが戻ってきたのでそれはお喜びのごようすでした。

ホワイトハウスを数か月後に再訪したとき、またプレゼント室に追いやられるのかと案じていたところ、今回は建物のなかに入るまえに、人違いの問題がもちあがりました。わたしが車から降りると、そちら側からマーガレット王女が降りてこられると思っていたレーガン大統領が、まちがえてわたしの腕をとり、「ようこそ、王女さま(リトル・レディ)」と声をかけてきたのです。

マーガレット王女とわたしはちっとも似ていないので、わたしは啞然として、すぐに訂正しようとしましたが、取り合ってもらえません。大統領がわたしをエスコートして立ち去ろうとしたとき、マーガレット王女とナンシー・レーガンの憤懣やるかたない表情が目にとまりましたが、いったいだれにご立腹だったのでしょう――わたし、それとも大統領？　どうにか腕を振りほどくと、マーガレット王女をお引き合わせしました。

わたしはもちろん、レーガン大統領のこともナンシー夫人のことも根に持っていないつもりです。数年後に王女さまとカリフォルニアのご自宅を訪問したとき、ロナルド・レーガン氏は病状が重く、昼食にも顔を出されませんでした。すでにアルツハイマー病を患い、奥から聞こえてくるうめき声には胸をつかれました。国際政治の舞台であれほど立派で重要な役割を果たしてこられただけに、急な衰弱ぶりを痛ましく感じました。わたしをマーガレット王女だと一方的に思いこまれたのは、認知症の兆候だったのかもしれません。

さて、わたしたちはいつも世間からかけ離れた生活を送っていたわけではありません。王女さまのお宅に居候していたとき、わたしたちはラジオを聞いたり、ピーター・ジョーンズに買い物に出かけたり、といったごく月並みな生活も送っていました。ときどきはランチにも出かけました。王女さまがごひいきにされていたのはリッツホテルで、「ロンドン一美しいダイニングルーム」だと口癖のようにおっしゃっていました。友人たちも一緒にテーブルを囲みました。ニューヨークの有名デザイナー、キャロリーナとレイナルドのヘレラ夫妻がロンドンに滞在しているとき、ローリングストーンズのマネージャーのルパート・ローウェンスタイン、そして夫がロンドンにいるときは彼も。ホテルの支配人がロビーで出迎え、テーブルへ案内してくれました。人びとはマーガレット王女に気がつきましたが、随行しているのは護衛官のジョン・ハーディングだけなので、むやみに騒がれたり注目されたりすることはなく、人びとは王女さまと距離を置いて、とても礼儀正しくふるまってくれました。昼食後、とくにコリンが同席しているときは、マーガレット王女はボンド・ストリートに寄り道しようと言いだされ、王女さまが収集されている青いグラスを見つけたり、アクセサリーがお目にとまったりしたときは、コリンが決まって王女さまにプレゼントするはめになりました。

ほとんどの日は、ケンジントン宮殿で昼食をとり、そのあとお庭を散策するのが、王女さまお気に入りの日課でした。ただしハイイロリスを目の敵にされ――長年にわたって仁義なき戦いがつづいていました。あるとき散歩中に、王女さまは公園のベンチでリスに楽しげに餌をやっていっている女性に目を留められました。その女性のところまでつかつかと歩いていくと、傘でリスを引っぱたこうとなさいました。ジョン・ハーディングがあわてて止めに入り、マーガレット王女に、リスにはかまわず散歩をつづけましょう、とやんわりたしなめました。女性はその一部始終をあっけにとられて眺めていました。

わたしが居候させていただくのは三週間のはずだったのが、延びに延びました。ホランド・パークで購入したフラットの改装におそろしく時間がかかったからですが、王女さまは気になさいませんでした。けっきょくわたしは一九九〇年の暮れまで居すわり、ようやく家を出たのは九一年の年明けです。じつに楽しい一年でした。一緒に暮らしてもちっとも気づまりでない相手――お互いにそう感じていたと思います。とりわけトニーやコリンと比べれば。

14 迷える子どもたち

マーガレット王女の女官を務めていた時期、わたしは刺激に満ちた毎日を楽しんでいましたが、その一方で、長男のチャーリーが十代後半にさしかかったころ、コリンとわたしは息子ともども地獄まで落ち、そこから戻ってきたのです。強迫神経症による奇妙な儀式だけでなく、カリスマ的な性格も長男に災いしました。ハンサムで、活力にあふれ、お茶目なところのあるチャーリーは、ドラッグの世界に抗いがたい魅力を感じたのでしょう。息子が試さなかった薬はひとつもなく、まもなく思いつくかぎりのドラッグに手を出し、ヘロインを初めて打ったのは一九七三年、まだ十六歳のときでした。

わたしたちは息子の行動の変化には気づいていましたが、実情がわかったときには手遅れで——息子はすでに依存症になっていました。それを知ったコリンはわめきちらしました。「チャーリー、なんてざまだ、恥を知れ！」大麻ならともかく、ヘロインとなると恐ろしさの度合いがちがいます。コリンの辛抱強い対応も息子には通じなかったようです。チャーリーを家で教育するという夫の方針は明らかに失敗で、あとに残ったのは恐怖から生じる怒りでした。でもその時点では、言葉は無力でした。チャーリーからのちに聞いたところでは、ヘロインを摂取していた六年間は、薬にがんじがらめに縛られていたそうです。

わたしや家族にとって、これはまさしく災厄でした。わたしはヘロイン中毒の息子を受け止めるだけの知識も経験も持ち合わせていませんでした。これまで薬物に触れたこともないので、むっつりふさぎこみ、骨と皮にやせこけ、しばしば「ハイ」になるチャーリーにどう接すればいいのか、見当もつかなかったのです。おまけに息子は信用ならず、数年にわたって、ドラッグを買うために家から多額のお金をくすねていました。情緒もますます不安定になり、長男の奇矯なふるまいがほかの子どもたちに悪影響を及ぼすのではないかと、不安は募る一方でした。

当時はこのように悪夢のような毎日でした。母親は王室の仕事にすっかりのめりこみ、長男は好き放題にやっていたのです。夫のほうがチャーリーの扱いが上手だったので、わたしは手出しをあきらめ、チャーリーのことはコリンに任せて、ほかの子どもたちの世話に専念したのでした。

チャーリーがヘロインに手を出したころ、双子はまだ五歳でした。注射針の上に転んでしまったらどうしようとか、薬でハイになったチャーリーを怖がるのではないかと、気を揉みました。乳母のバーバラと協力して、双子から目を離さず、できるだけふつうの生活を営むように努めました。次男と三男は、長男に比べると、純真そのものでした。ヘンリーはイートン校で楽しく過ごし、何ごとも首尾よくこなしていました。クリストファーはプレップ・スクールに入り、車に夢中でした。彼がしでかした悪さといえば、せいぜい、クリケットのボールを力いっぱい投げすぎて校長室の窓ガラスを割ったぐらいです。

一九七〇年代後半、チャーリーはさまざまなリハビリ専門のクリニックに通いましたが、どこもかしこも、第十一代デヴォンシャー公爵アンドルー・キャヴェンディッシュや現マールバラ公爵ジェイミー（当時はブランドフォード侯爵）はじめ、上流階級の人間でにぎわっていました。クリニックが効果なかったので、コリンは息子を遠くの地所に送りだしました。遠隔の地で、額に汗して働けば目がさめるのではないかと期待したのですが、チャーリーは更生をかたくなに拒んでいるようでした。オーストラリアの牧羊場には、入国を拒否されたのではなから行けず、スコットランドの高地地方にある地所では、どんな手を使ったのかドラッグをまんまと見つけたので、転地療養の意味がすっかりなくなってしまいました。

まもなくチャーリーはロンドンで麻薬を打つ生活に戻り、つづいてニューヨークに渡りました。七〇年代後半のニューヨークは、依存症患者にはおそらく最悪の場所でした。チャーリーはちやほやされ、ポップ・アーティストのアンディ・ウォーホルや新進気鋭の写真家ロバート・メイプルソープとたちまち意気投合して、時代を象徴するドラッグ漬けのナイトクラブ「スタジオ54」に入りびたりました。ホテルから電話を寄こし、「ママ、この世にルームサービスさえあれば、ぼくは満足だ」と言ってきたことがあります。「プロのヘロイン中毒者」になりたい、つまり、最大量のヘロインを打っても死なない人間として有名になりたいと周囲に話していました。

やがてイギリスに帰国したチャーリーは心身ともにぼろぼろで、すぐにリハビリクリニックに戻しましたが、医者たちは口をそろえて、息子さんは自分でその気にならないかぎり、絶対にやめませんよ、と言いました。わたしたちは息子への援助を止めるようにと助言されました。お金も快適な暮らしもなくなれば、やがてどん底まで落ちこみ、薬をやめる決心がつくだろうと。

これは親にしてみれば耳が痛く、実践するのもきわめて難しいアドバイスで、何年間もその気にはなれませんでした。いまにして思えば、わたしたちの親心がかえって仇になったのかもしれません。今日なら「よくある麻薬中毒のどら息子」のひと言で片づけられるのかもしれませんが、わたしたちにとっては、「かわいいチャーリー」と呼んでいた幼い息子が、なぜかあれよあれよというまに手に負えなくなってしまったのです。反抗的な十代の若者の多くがそうだったように、ドラッグに手を出しても依存症にならずにすんだことも充分ありえたでしょう。理想にはほど遠くても、わたしたちが向き合った現実に比べればはるかにましだったはずです。

チャーリーを見捨てる代わりに、コリンは息子をマスティク島に隔離しました。チャーリーがヘロインに手を出せないこの世でただひとつの場所に思われたのです。マスティク島が快楽主義者の集うパーティーで有名だったことを考えれば意外かもしれませんが、大麻などほかのドラッグは見つかっても、ヘロインは主役ではなかったのです。チャーリーは島を「楽園の牢獄」と呼び、ひどく落ちこみ、罠にはまったような気分で、離脱症状に苦しみました。

言うまでもなく、コリンが必要に迫られてちょくちょく目を離したとたんに、チャーリーはロンドンに戻るよりも早く、売人を見つけたでしょう。夫もわたしもつぎつぎに押し寄せる心配と恐怖のなかで暮らしていました――息子が何もかも乗り越えて、立ち直るかもしれないと希望を抱いたかと思うと、依存症がさらに悪化していることに気づかされるのです。それでも、チャーリーがマスティク島にいるあいだ、わたしはほっとひと息つくことができました。コリンがしっかり目を光らせているので、少なくともヘロインには近づけないと安心できたからです。

わたしは心配は心配として、気持ちを切り替え、人生のべつの面に注意を向けました。そうでもしなければ耐えられず、それに、チャーリーを永久にドラッグから引き離しておけるものは何ひとつないように思われたので、不安や恐れといった感情にも慣れてきたのです。夫と一緒にいるときは、さまざまな案を出し合い、具体的な計画もいくつか温めましたが、やがて夫は、長男がドラッグに深入りしたのは責任を逃れたいからではないかと考えるようになりました。これまで何度も相続から外すことを匂わせて警告してきたにもかかわらず、その脅しを真に受けていないのか、気にしていないのか、それともどうしても麻薬を止められないのか、チャーリーは一向に態度を改めなかったのです。ことの是非はともかく、夫の考えがどこからきたのかはよくわかりました。

夫は一族の広大な館と土地を受け継ぐことがチャーリーには重荷なのだと確信すると、その重圧が息子の問題を悪化させていると考えはじめました。わたしたちはコリンにもしものことがあり、チャーリーにその機会があれば、さっさとグレンを売り払ってしまうのではないかとずいぶん案じてもいたのです。

チャーリーが十九歳になり、ヘロインに依存して三年たった一九七七年、コリンは長男をグレンの相続から外すという難しい決断を下しました。つまり、チャーリーは依然としてカリブ海の資産は相続するものの、ちなみにそれは当時かなりの額にのぼりましたが、一族の領地は守られることになったのです。わたしは夫の決断を支持しました。チャーリーにそれを継ぐ資格はなく、今後もその可能性はないことを受け入れてもらわなければなりません。

コリンがチャーリーにその契約書を渡すと、チャーリーは二つの条件と引き換えにサインしました。毎月の手当を増やすことと、将来の医療費はコリンが肩代わりするという二点です。これらの条件は、自ら墓穴を掘ってしまったことを自覚しているようにはとうてい思えないものでした。それどころか、薬物依存を継続するための方便のように聞こえ、わたしたちの決断は正しかったと信じざるを得ませんでした。コリンが承諾したので、チャーリーは所定の場所に署名しました。これは正式な取り決めで、グレンはコリン亡き後、ヘンリーのものとなります。麻薬の世界をちょっとのぞいてみた若い跡継ぎはほかにもいましたが、相続から外すのはめずらしく、この決断はわが家にとって大きな打撃となりました。内輪の恥をさらしたわけで、遺産を託せる次男がいることがせめてもの慰めでした。とはいえ大局的に見れば、息子を相続から外さざるを得なかったのは、その理由にくらべれば取るに足りないことで、わたしたちの一番の気がかりは、一体どうすれば息子をヘロインから引き離せるかでした。

チャーリーを相続から外したあと、夫は息子をマスティク島から出してやり、アメリカのクリニックに預けましたが、この繰り返しがしばらくつづきました。その後三年間、チャーリーは半分の期間はドラッグが効いていて、残りの半分はマスティク島で島流しになっていました。最悪だったのは一九七八年の暮れで、その夏、コリンはグレンで演芸大会を開きました。出演者の顔ぶれは豪華で、ビアンカ・ジャガーのバレエを皮切りに、チャーリーがエルヴィス・プレスリーになりきって「ブルー・スエード・シューズ」を歌いました。つづいてマーガレット王女が角のついた兜とかつらでブリュンヒルデに扮し、八歳前後だったうちの双子を小さなワルキューレ（女戦士）として両脇に従え、ワーグナーのオペラ『ワルキューレ』から「ワルキューレの騎行」の歌まねを、とても楽しげに、満面の笑みで披露されました。そのあとロディ・ルウェリンが魔法使いの格好で、手にのせた頭蓋骨に向かって早口で一曲歌いました。

コリンとわたしは、あれはグレンで最高の週末のひとつだったと満足していました。ところがそのあとまもなく、マーガレット王女の写真が新聞に流出しました。ぞっとしたことに、その写真はわたしが撮ったもので、アルバムを開いたところ、問題の写真はページから破りとられていました。これらの手がかりから、わたしはチャーリーのしわざにちがいないとにらみました。息子を問いただすと、マディ・ウォーターズ〔泥水〕という、うさんくさい名前の友人に写真を売り、その友人がデイリー・メイル紙に転売したというのです。わたしはかんかんになって怒りました。

チャーリーは手始めにわたしからお金をくすね、数年たつうちに、私物にも手をつけるようになりました。そのなかには、金銭的な値打ちはいうにおよばず、とても思い入れの深い装飾品も含まれていたのですが、コリンの異母妹のエマが、おこづかいが足りないとこぼすチャーリーに同情して、そそのかしたのでした。とはいえ、それとこれとは話がちがいます。息子の身が心配というだけでなく、この件はわたしの信頼を損ない、女官という立場を危うくしかねないものでした。マーガレット王女は寛大にも事情をよくご理解くださり、この件は不問に付して、チャーリーを許してくださったのです。

わたしはいたたまれない思いで、切々と息子を諭しました。こんなふうにわが子にだまされ、卑劣なまねをされるくらいなら、お金を無心されるほうがましだと言うと、チャーリーははっと胸をつかれたような顔をしました。息子は生まれつきの不良ではなく、依存症のせいで人が変わり、他人を平気で欺く、信用できない人間になってしまったのです。わたしはその反応を見て、依存症の分厚い壁の向こうに本物の息子がいるというかすかな希望を感じました。そこで、これまでより積極的にかかわることにして、息子に生活を立て直し、こんなばかげたことはやめるようにと言い聞かせました。チャーリーも自分がみんなを傷つけていることにようやく気づいたのだと思います。もう身近な人間をだましたくないと感じはじめたように見えました。

ところが、息子は努力のかいなく、悪習を改めることができず、コリンとわたしはまたぞろ同じ状況に陥りました。チャーリーがヒースロー空港で麻薬所持により逮捕されたとき、夫は保釈金の支払を拒否しました。留置場で二、三日頭を冷やせば、そのショックで麻薬をきっぱり断ち切れるのではないかと期待したのです。チャーリーは約束し懇願しましたが、留置場から出たとたん麻薬を打ちました。

チャーリーがヘロインを始めて六年目、とうとうわたしたちも堪忍袋の緒が切れ、息子を勘当することにしました。心を鬼にして、お医者さまたちのアドバイスを容れ、家から追い出しました。こんなに難しい決断はなく、相続から外すよりもはるかにつらいものでしたが、そのおかげでようやく恐ろしい悪循環を断つことができたのです。

コリンとわたしがそっとのぞいていると、チャーリーは家の前のロンドンの舗道にすわりこみました。夫はすぐさま息子を連れ戻そうとし、その親心に逆らうことはほとんど不可能でしたが、わたしは一歩も譲りませんでした。これが息子を救う最後のチャンスかもしれないと思ったからです。

家の外でおどおどと途方にくれている息子を見るよりも、やがて息子が歩み去ったとき、その行き先にまったく心当たりのなかったことがこたえました。心の奥にはつねに後悔がうずまいていました。いずれ電話がかかってきて、恐ろしい知らせを聞くのではないだろうかと。

なんの連絡もないまま数週間がすぎたころ、チャーリーはふたたび姿をあらわし、麻薬をやめたいとはっきり言いました。わたしたちはその言葉に耳を傾けながら、心のなかで喜びを噛みしめました。息子がそう言ったのはこれが初めてでした。麻薬を絶つと約束しても、本気でそうしたいと言ったことは一度もなかったのです。画期的だったのは、この発言が本人の口から出たことでした。というのは、やめたいという強い意欲があって初めて、成功する見込みが生まれるからです。

コリンは息子のために、ロンドン西部のフラムに小さな家を買ってやりました。わたしたちが目を光らせるには充分近い一方、自立の妨げにならない距離です。足繁く押しかけて息子の目標達成を遅らせてはいけませんし、今後も麻薬に手を出さないつもりなら、自分のことは自分で決められる強い意志が必要だとわかっていたからです。

息子が自分からリハビリセンターに通いはじめたとき、わたしたちは息子も息子の言葉ももはや信じていなかったので、大きな希望は持ちませんでしたが、メタドン〔薬物中毒の治療薬で、離脱症状を緩和させる〕が処方され、著しい変化が見られるようになると、息子が本気でがんばっているのがわかり、ようやくひと安心しました。チャーリーはグレンに出向いてしばらく滞在し、それがその後の人生の転機となったのです。領地ではパーソンズという夫婦が農家を借りて、バラの香りのろうそくを作って生計を立てていました。夫人はカウンセラーの資格も持っていて、すぐにチャーリーの力になってくれました。まもなくチャーリーもろうそく作りを始めましたが、それはパーソンズ夫妻のものとはかなり趣向がちがっていました。わたしはチャーリーのサイケデリックなろうそくを受け取るようになり、黒い頭蓋骨や、巨大な紫色のオブジェがポストに届きました。ろうそくの使い道には困りましたが、息子が少なくとも何かしらの活動に取り組んでいることを嬉しく思いました。その当時、チャーリーが麻薬を断つ見込みは、そもそも彼が依存症になったと判明したのと同じくらい、現実味に乏しいものでした。

一方、ほかの子どもたちはすくすく育っていました。クリストファーは十代半ばで、学校ではとても人気があり、人生を謳歌していました。休暇で帰宅したときは、家をこっそり抜け出して友人とナイトクラブに繰り出し、夜遅く帰ってきて離れで眠ることもままありましたが、チャーリーがヘロインで苦しむ姿を見てきただけに、兄の跡をたどる気はさらさらありませんでした。

双子の娘たちは大きくなるにつれ、兄たちとの絆が深まりました。ふたりともクリストファーをとても尊敬し、チャーリーが少し落ち着いているときは、家族そろってグレンの居間で彼のレゲエのレコードを聴きました。ヘンリーは双子にチェスの手ほどきをし、双子は兄のトランプの腕前に舌を巻きました――ヘンリーはジンラミーがとても得意だったのです。わたしはチャリティー活動が相変わらず忙しく、双子をよくイベントに連れていきました。ふたりはトンボウラ〔ビンゴに似たゲーム〕の助手役をつとめ、ゲストにとても人気がありました。

メイはマーガレット王女が教母になってくださったので、王室が後援するチャリティーコンサート「ロイヤル・バラエティ・パフォーマンス」に招かれ、アヒルのオーヴィルから歌手のトム・ジョーンズまで芸能人に会えて大喜びでした。

一九七九年、十九歳になったヘンリーは、ギャップ・イヤーで訪れたマチュピチュで恋に落ちました。お相手はテッサ・コーマックという若い女性で、ヘンリーが落っこちた穴から引っ張り上げてくれたのです。遠い異国での偶然の出会いでしたが、ふたりには共通点がたくさんあることがわかりました。テッサもスコットランド出身で――自由党の上院議員デービーズ卿の孫娘です――しっかりした価値観とよく似たユーモアのセンスを持っていたので、数年後、ふたりが婚約したときは家族じゅうが喜びに包まれました。

マスティク島で一九八三年に行なわれた結婚式は、まばゆい陽光のもと、両家総出でジープとボートを椰子の葉や花で飾りつけました。すばらしい日よりで、家族が一堂に会してこの慶事を祝いました。癇癪もなし、不機嫌もなしで、申し分のない一日でした。

悲しいことに、これはわたしの母がマスティク島を訪れた最後の機会となりました。もともと愛煙家で肺気腫をわずらい、体調はみるみる悪化しました。肺気腫はおそろしい病気で、しだいに悪化する息切れを見るのはつらく、とうとう母は一九八五年に亡くなりました。家族はみな深い悲しみに包まれました。母は前向きな性格でわたしたちの人生を明るく照らしてくれ、コリンもとても慕っていました。だれにでも好かれ、女王さまからは、思いやりのこもった、もったいないようなお悔やみの手紙が届きました。チャールズ皇太子も、ご幼少のころ母が何度もお預かりしたので、深く悼んでくださり、今日にいたるまで誠実でご親切な友人として、いつもわたしのことを気遣ってくださいます。

母はわたしに多くのことを教えてくれました。なかでも、母を見習って、家族のために強い心をもち、どんなときも不屈の意志を示すことが大切だと学びました。これまでいくつもの難題に見舞われてきましたが――波瀾に富んだ結婚生活の舵とりから、麻薬依存症の息子への対処まで――そのつぎに起こったことは、究極の試練となったのです。

しばらくのあいだ、ヘンリーとテッサはいつまでも幸せに暮らすかと思われました。一九八四年、長男のユアンが生まれ、仲むつまじいことを疑う理由は何ひとつありませんでした。ヘンリーはいくつもの事業で忙しく――最初はトリニダードから果物を輸入し、ついで文具業界の動向を探っていました。さらに、「ヘンリーにおまかせ」という、配管工、電気工、便利屋などを斡旋する、時代を先取りするような会社も立ち上げました。そのころにはすでに仏教に帰依し、成長期にあった双子の妹メイとエイミーの人生に、なくてはならぬ存在になっていました。ヘンリーは穏やかで愛情深い兄で、つねによき相談相手でした。メイは「師匠（グル）」と呼んで、兄の言葉を金科玉条にしていました。ヘンリーは、寄宿学校にいる双子のために、好きな曲を集めたテープを作ってやる等、ささやかな心づかいを欠かさず、弟のクリストファーや妹たちにお経の唱え方を教えてやりました。

テッサは家族全員と仲良くなり、彼女の仕事にわたしたちはみな感銘を受けていました。とても聡明で熱心な活動家で、環境問題の草分けとして、のちにイギリス初のグリーン投資ファンドの共同創設者になります。テッサが多忙をきわめていたので、ユアンが赤ん坊だったころはおもにヘンリーが面倒を見ていました。一家はヒル・ロッジの半地階に住んでいたので、わたしも頻繁に会うことができました。

一九八五年のある日、夫とわたしはヘンリーから、自分たちのフラットにきてほしいと言われました。その声にはいつもとちがう響きがあり、わたしたちが下に降りていくと、フラットもやはり妙な雰囲気でした。何かおかしいとすぐにぴんときましたが、そのあとのことは寝耳に水でした。わたしたち夫婦とテッサとヘンリーが腰を下ろしたところで、ヘンリーがいきなり切り出しました。「ぼくは家を出ることにした。ゲイなんだ」

自分の耳を疑いました。ヘンリーは、コリンの叔父のスティーヴンとちがってなよなよしたところはありません。それをいうなら、コリンやチャーリーのように華美な服装も好みませんでした。外目にはゲイを匂わせるものが何ひとつなかっただけに、この知らせには絶句しました。妻子と幸せそうに暮らしていただけになおさらです。

息子がゲイでもかまわないし、幸せならそれでいいとは思うものの、こんなすてきな女性と結婚し、ユアンという子どもまでいるのに、これまで築いてきた生活に背を向け、まったく新しい人生を選ぼうとしていることに、やりきれない思いでした。テッサは冷静で、思いやりと共感をもって対処してくれました。ヘンリーが家を出てロイヤル・シェイクスピア・カンパニーの俳優ケルヴィン・オマールと暮らすようになっても、テッサは離婚しませんでした。ヘンリーは偽りの生活から足を洗い、自分の性的嗜好を大切にしたいだけで、テッサとの別居はそれを実践するための彼なりの方法だったのです。驚いたことに、テッサはケルヴィンともとても親しくなりました。

コリンはわたしより物わかりがよく、この件も落ち着いて受け止めました。短気を起こさずに、ヘンリーの選択を受け入れ、息子が自分に素直に話してくれたことを喜んでいました。ゲイは当時タブーであったばかりか――イギリスでは一九六七年まで違法で、社会にはまだ大きな偏見が残っていました――それに伴うリスクのせいで恐れられていたのです。

一九八〇年代、ゲイは危険にさらされていました。エイズが蔓延していたのです。コンゴ民主共和国が発祥とされるこの病気はそれまでほとんど知られていませんでしたが、一九七〇年代半ばには五つの大陸に広がっていました。当時はだれも感染の仕組みを知りませんでした。確実にわかっていたのは、その病気が毎年数千人の命を奪い、ゲイの男性と密接な関連があるということだけでした。

わたしの心配は、ヘンリーの家庭崩壊から本人の健康に移りました。「もし複数の相手とつきあっているなら、避妊具をつけて用心しなさいよ」としつこく注意しました。

一九八六年、イギリス政府は大々的な啓蒙活動をテレビと新聞で展開し、国民に対して、このままでは五人に一人がＨＩＶに感染すると警鐘を鳴らしました。「無知のせいで死ぬべからず」という標語とともに。

不幸にも、ヘンリーの用心は不充分でした。ゲイだと公表したとたん、たがが外れたように放蕩に走ったのです。一九八六年十二月、マスティク島でコリンの有名な誕生パーティー、ピーコック・ボールがまもなく開幕というとき、コリンからヘンリーがＨＩＶ感染症と診断されたことを知らされました。夫がどうしてそのタイミングを選んだのかは、想像もつきません。パーティーは、頭にターバンを巻いたマーガレット王女が、コリンを「マスティク島の王」として戴冠させるという、それでなくても現実離れしたものでした。息子の死刑判決を聞かされたばかりだというのに、きらびやかなドレスで大勢のお客さまをお出迎えしているといういまの状況が、わけのわからない悪夢のように感じられました。

わたしは図らずも、ヘロインに依存している息子だけでなく、世界でもっとも恐れられているウィルスに感染した息子の母親になってしまったのです。絶望のどん底に突き落とされた気分でした。ところが、ヘンリーがＨＩＶの診断を受け、エイズの発症を抑えるために山のような投薬が始まってわずか数か月後、今度は三男のクリストファーが一九七八年、ギャップ・イヤーの旅行中に事故に遭い、瀕死の重傷を負いました。

クリストファーは、エルヴィス・プレスリーとよく似た、とてもハンサムな子で、高校を卒業したときは学年で一番人気がある男子生徒のひとりでした。愛情豊かで、ユーモアがあり、とても明るい性格で、人好きのする子でした。旅行に出発する直前、わたしが旅行会社にチケットを取りにいったところ、受付で「息子さんは保険に入っていますか?」と訊かれました。

「いいえ」

保険のことは考えていませんでしたが、説明を聞いて――その人の経験では、若い人はしばしば外国で大事なものをなくしたり、医療が必要になったりするそうです――保険に入りました。一五〇ポンドは保険料にしては大金でしたが、若者は向こう見ずな行動のせいで危険な目にあう可能性が高いのだと気づきました。そこで、クリストファーにチケットをわたすとき、「バイクはだめよ。何をするにしても、バイクだけはやめてちょうだい」と釘を刺しました。

ええ、もちろん、息子も友だちも聞く耳を持ちませんでした。みな十九歳の少年で、初めて味わう自由を満喫し、旅先でさっそくバイクを借りました。クリストファーがときどき送ってくる、よれよれの絵はがきからは、メキシコとグアテマラを横断する旅を思うぞんぶん楽しんでいるようすが伝わってきました。お母さんも一緒ならよかったのに、と気を遣って書き添えてありましたが、本心でないのは明らかでした。

冒険旅行の最後の行程で、クリストファーと友人一行は夕暮れ時、グアテマラとベリーズの国境にさしかかりました。ベリーズにバイクで入国するには、多額の保証金を払わなくてはならないと言われました。それだけのお金がなかったので、保証金の代わりにバイク一台とヘルメットを一個、取り上げられました。というわけで、クリストファーはヘルメットなしでオートバイの後ろに相乗りすることになったのです。友人のうち二名が次のホステルに先に到着しましたが、待てど暮らせど、クリストファーともうひとりの友人はやってきません。

夜明け、ふたりは心配のあまり、バイクにふたたびまたがり昨夜たどった道を引き返してみました。彼らが目にしたのは悪夢のような光景でした。疲れているうえに、曲がりくねった、でこぼこの、しかも外灯のない山道で、バイクを運転していた少年は照明のないガードレールに激突したのです。クリストファーは投げ出され、頭を岩にぶつけました。もうひとりの少年は肩の骨が折れていました。のちにわかったことですが、事故のあと通りかかった車もあったのに、少年たちがじつは盗賊で、ケガをしているふりをしているだけではないかと恐れて、だれひとり停車してくれなかったのです。

友人たちが助けを呼び、クリストファーとケガをしたもうひとりの少年は地元の病院に運ばれたのですが、そこの医者たちはクリストファーはもう手の施しようがないと判断しました。息子は診察も治療も一切してもらえず、控え室でハンモックに寝かされ、死ぬがままにされたのです。

そのころ、コリンはロンドンで荷造りの最中でした。マスティク島へ出向き、ギャップ・イヤーを島で締めくくる計画を立てていたクリストファーと友人たちを出迎えようとしていたのです。コリンが家を出る直前に、電話が鳴りました。わたしが電話に出て、クリストファーの友人から事故の連絡を受けました。わたしは出かけようとしていたコリンを呼び止めました。その声から、コリンは何か恐ろしいことが起きたと察知しました。

わたしたちはすぐさまベリーズに向かう算段をしました。頭がうまく働かず、どうすれば一番早くたどりつけるかわかりません。そこで、バッキンガム宮殿の電話交換室にかけて、マーガレット王女に至急お話ししたいことがあるからと、ケンジントン宮殿につないでもらいました。王女さまとは親しくさせていただいているし、王女さまほどのつてがあれば、どうすればよいか助言していただけるのではないかと思ったのです。マーガレット王女は事情を聞くなり、すぐに私設秘書のナイジェル・ネイピアに電話するようにとおっしゃいました。ナイジェルはただちに行動を起こし、外務省に連絡し、外務省がベリーズのイギリス軍守備隊に連絡してくれました。これはいわゆる特別扱いではありませんが、ナイジェルはだれに連絡すればよいか正確に知っていて、すばやく対応してくれたので、手続きに要する時間が大幅に短縮されました。まぎれもなく、これらの行動がクリストファーの命を救ったのです。

ケンジントン宮殿からの電話にイギリス陸軍は即応し、ヘリコプターを飛ばしてクリストファーを乗せると駐屯地に直行、テントのひとつで緊急手術が行なわれました。運よく居合わせた外科医がクリストファーの頭部の傷を安定させ、さらに血栓ができる危険を減らすために傷口は開けたまま、息子はマイアミにある大きな病院に空路搬送されました。

クリストファーの移動中、コリンとわたしも並々ならぬ幸運にめぐまれ、週一回、毎週土曜日だけ運行しているマイアミ行きのコンコルドが見つかり、しかもその日はたまたま土曜日だったのです。必要最小限のものだけスーツケースに放りこんで空港に駆けつけ、ぎりぎりで間に合いました。

旅のあいだじゅう気が気ではありませんでした。わたしは茫然自失の状態で、コリンがいくら苛立っても、どうしても泣きやむことができません。あんなに泣いたのは後にも先にも初めてでした。イギリス人らしい慎みはどこへやら、なにしろ息子が生きるか死ぬかの瀬戸際です。ヘンリーのＨＩＶの診断とちがって、こちらは降ってわいたような突然の災難で、クリストファーが助かるかどうかは予断を許さず——わたしたちが到着するまで、息子の息があるかどうかもわかりません。

料金の支払いがすむまでは病院は手術を行なわないと知ったときは、まさに泣き面に蜂の気分でした。到着するなり、コリンは息子に会うよりもまず支払いに走りました。時間がクリストファーの生死を分かつことをよくわかっていたので、手遅れにならないよう必死だったのです。

わたしのほうは、このきわめて洗練された、まるで近未来の建物のような病院の廊下を歩いていました。いるだけで圧倒されるような場所です。看護師がとある若者のベッドのそばで足を止めました。ぴくりとも動かず、意識がなく、血だらけで、いくつもの機械につながれています。わたしはその青年を見やり、「いいえ、ちがいます。うちの息子じゃありません」と言いました。でも看護師がその場から動かないので、もう一度目をやりました。やはりその患者に見おぼえはなく、もう数分というもの、息子ではないという思い込みは揺るぎませんでした。のちになって、自分の頭が現実を受け入れることを拒否していたのだとわかりました。この青年はほんの数か月前にギャップ・イヤーに送り出したクリストファーとは似ても似つきませんでした。それ以上に、息子が重傷を負っているなんて、あまりにも恐ろしくて実感が湧かず、わたしの頭はその現実を受け入れまいと必死だったのです。

医師たちの説明では、クリストファーは深い昏睡状態にあり、助かるかどうかはなんともいえないということでした。たとえ助かったとしても、残りの人生は植物状態で、眠ったままかもしれません。その見立ては厳しいものでしたが、死を待つばかりというよりはまだ救いがありました。息子には何がなんでも生き延びてほしかったのです。わたしはこの情報をなんとか咀嚼しようとしながら、生死いずれともつかぬいまの状況のせいで、身を切られるような心配と疲労に苛まれつつ、放心したようにあたりを歩き回りました。

事故の知らせを受けて、妹のケアリーがエイミーとメイの学校に電話して状況を伝えてくれました。たまたま双子はちょうど宿舎にいて、兄のクリストファーがどれほどハンサムでかっこいいかを友人たちに自慢しているところでした。ケアリーは双子たちをおびえさせないように、いくらか控えめに伝えたものの、双子たちはそのぼかした内容だけですっかりうろたえてしまいました。ケアリーがクリストファーのために祈ってあげてと電話を切るころには、双子たちも事態の深刻さがよくわかっていましたが、Oレベル〔中等教育修了一般試験〕の最中だったので学校を離れるわけにはいきませんでした。一方、ケアリーはヘンリーと一緒にマイアミにやってきました。ヘンリーは自分も病気なのに、弟を励ましたいと考えたのです。ふたりの到着は天の恵みでした。というのは、どちらも根が明るく、穏やかな人柄なので、わたしとコリンによい影響をもたらしてくれたのです――わたしたちは力を合わせて難局を切り抜けようとしていました。

クリストファーは、ナースステーションが中央にある円形の病棟に移り、ほかの患者さんと同様、モニターにつながれていました。物音といえば、機械の電子音と看護師たちの靴音ばかり、患者たちは不気味なほど静かで、身動きひとつしません。この環境は心なごむものではありませんでした。看護師たちは遠くから看護に当たっているようで、ほとんどしゃべらず、医療機器のせいでクリストファーのそばに行くことも至難の業でした。その機械がクリストファーの命をつないでいることは承知していましたが、息子を抱きしめたくてたまらないのにそれができないのです。一度だけ、手にさわってもよいと許可が出ました。

あとはひたすら待つだけです。二週間マイアミに滞在しましたが、一分一秒が亀の歩みでした。ケアリーがいてくれたのがせめてもの慰めで、このおそろしい状況からわたしの気をそらそうと最善を尽くしてくれました。

二週間後、まだ昏睡状態ながら、クリストファーの状態は安定し、ロンドンまで専用機で戻ることが可能になりました。専用の装置と医師と看護師の二チームが同乗するので、わたしたちは別便となりました。いつなんどき容態が悪化するかわからないまま、専用機のあとについて大西洋を渡らなければならず、それは往路と変わらないくらい、つらい旅でした。

クリストファーはロンドンに到着し、まだ今後の見通しは立たないものの、ふたたび母国に戻ることができました。それにしても、旅行代理店の人が旅行保険をかけるよう勧めてくれて助かりました。あの一五〇ポンドの保険料は、宝くじに当たったも同然でした。最終的に保険会社の支払い額は一〇〇万ポンドを超えたのです。

このとき、次男のヘンリーは十中八九助からない見込みで、長男チャーリーの将来は心もとないものでした。そして今度は、三男のクリストファーが生死の瀬戸際に立たされています。わたしたちはどうしてこんな目に遭わなければならないのでしょう。ヘンリーとチャーリーにわたしがしてやれることは何もなくても、せめてクリストファーだけはどんなことをしても助けてみせる、わたしはそう決意したのでした。

15　悪夢と奇跡

クリストファーの事故をさかいに生活は一変しました。わたしの時間はことごとく息子を救うための試みに充てられました。息子は必ず回復すると心を決め、わたしが看病に専念すれば、息子はきっとよくなると固く信じていたのです。女官の務めもしばらくお休みをいただいて、クリストファーに付き添いました。

当初、息子はロンドン北部のローズ・クリケット・グラウンドに隣接するウェリントンという私立病院の集中治療室で、人工呼吸器をつけ、その他ありとあらゆる機械につながれて、意識が戻らないまま横たわっていました。夫とわたしは、この先どうなるかわからないまま、来る日も来る日も枕元に詰めていました。

コリンはどの子に対しても幼いころはよそよそしく、親子の絆が深まるには時間がかかりましたが、クリストファーにだけは一度も癇癪を起こしたことがありませんでした。それどころか、ふたりが大笑いしている声がちょくちょく聞こえてきたものです。クリストファーはことあるごとに親への愛を口にする子だったので、集中治療室でひっそりと眠っている姿は、なおさら胸にこたえました。

双子は兄を崇拝していたうえ、試験で身動きがとれなかったのがいっそうつらかったようです。ようやく面会できたとき、兄の首からチューブが出ているのを見て、押し黙ってしまいました。ふたりを慰めるのは難しく、兄のために何かしてあげるよう勧めることしかできませんでした。「キスしてあげて。そしたら、あなたたちがここにいるってわかるから」と言いながら、それが気休めでないことを祈りました。

チャーリーとヘンリーもクリストファーを見舞い、弟の意識が戻るように念じてくれましたが、どれも実を結びませんでした。ヘンリーはしだいに体調が悪化していたのに、意志が強く、穏やかな人柄は相変わらずで、自分のことはいいから、ぜひクリストファーの看病に専念してほしい、母親をより必要としているのは弟のほうだから、と強く勧めてくれました。胸が引き裂かれる思いでしたが、たしかにヘンリーは歩くことも話すこともできるのに、クリストファーは寝たきりです。

一、二週間たったころ、医師から、クリストファーは一命を取り留めたものの、昏睡が何週間つづくか何か月つづくかはわからないという説明がありました。容態は安定していると考えられるので、コリンは、クリストファーの事故以来、山積みになっていた差し迫った用件を片づけるべく、後ろ髪を引かれる思いでマスティク島に戻りました。

わたしは持てる時間をすべて息子の付き添いに充てましたが、クリストファーは相変わらずなんの反応も示さず、傷つき、ぐったりした体に閉じこめられたままでした。かつてはあんなに元気溌剌としていたのに、いまでは床ずれができ、ビーッという音を立てる機械に囲まれています。息子の友人たちはよく励ましてくれましたが、みな大学へ進学し、息子ひとり取り残された形でした。

さまざまな専門医が入れ替わり立ち替わりやってきて息子を診察しましたが、わたしが喉から手が出るほどほしかった、必ず治るという診断を下してくれる医師はひとりもいませんでした。何もかもがあまりにも不確実で、疲労が募りました。なんの変化もないまま数週間たつうちに、そのストレスがわたしの心をむしばみ始め、自分があきらめかけているのを感じました。何をしようと状況は変わらないのではないか、という疑いがきざしていたのです。わたしは昔から信仰心が篤いほうで、日曜ごとに教会に通っていましたが、これまで本気で神さまにすがったことは一度もありませんでした。でも今度ばかりは必死で祈りました。ひたすら祈りに祈って、あやうく希望を失いかけたころ、救いの手が現われたのです。

かねてよりミセス・ブラックと呼ばれるキリスト教系の祈禱師の噂は聞いていました。スコットランド在住で、馬の治療にめざましい効果をあげたことで、自分の手には治癒力があると悟ったそうです。ふだんのわたしなら取り合わなかったでしょうが、息子を助けたい一心で、連絡をとりました。ミセス・ブラックは承諾し、電話で働きかけてみると言ってくれました。これを書いているいまでも、ほんとうにばかばかしく聞こえるのですが、これが不思議と効いたみたいなのです。毎回の治療では、ミセス・ブラックが、キリストにクリストファーの治癒を祈りながら、ありったけのパワーを息子の回復に向けて傾注するのですが、そのたびに息子の症状には改善が見られました――かすかな痙攣とか、何かに反応しているような仕草とか。あるかなきかの徴候なので、はた目には気づかないかもしれませんが、わたしはその時点でひと月あまり、息子のようすを観察しつづけてきたのです。ミセス・ブラックの治療と、それが引き起こしたとおぼしきわずかな治癒のきざしに、わたしは希望をつなぎました。

ミセス・ブラックは月に一度、病院までやってきて、クリストファーにさらに強力な治療を施してくれました。あるとき、彼女の手にさわらせてもらうと、やけどしそうに熱く――あたかも、その手から放出されるパワーが、クリストファーの体内に注ぎこまれていくようでした。治療と治療のあいまには、ミセス・ブラックはしばしば電話でクリストファーの容態をたずねてくれました。ある日、わたしはとても疲れていて、口を利くのもおっくうでした。ミセス・ブラックは言いました。「アン、こうしましょう。明日の朝十時に、ゆったりした椅子に腰かけて、心を空っぽにするの。わたしもすわって、あなたに意識を集中します。体調の違いを感じるはずよ」

わたしは承知しましたが、不信のトマス〔十二使徒のひとりトマスが自分の目でイエスを見るまではキリストの復活を疑っていたことから、疑い深い人の意〕そのものでした。十時になると、自分の正気を疑いながら、ミセス・ブラックから何百キロも離れた場所で椅子にすわりました。ところが、驚いたのなんのって、シャンパンがいきなりわたしの血管に流れこんできたように感じたのです。みるみる元気がわいてきました。これまでの人生であんな体験をしたのは、あのとき一回かぎりです。キリストがわたしのもとを訪れ、両手でわたしに触れて、くじけずに看病をつづけられるように、文字どおり元気と希望と力――思うに、神の力――でわたしを充たしてくださったような感じ、とでもいいましょうか、わたしが思いつく説明はそれぐらいです。

この奇跡のような経験は、間一髪で間に合いました。というのは、そのあとまもなく、医師のひとりと面談があったからです。その悪夢のような会話を交わしたのは、がらんとした手術室で、わたしは不安な思いでカウンターのひとつに浅く腰かけていました。医師はこう言いました。「これまで昏睡状態の患者を何人も治療してきた経験から申し上げますが、いまの状態から見て、クリストファーは一生植物状態でしょう。残念ながら回復する望みはまったくありません」そこで言葉を切って、わたしを見やり、先をつづけました。自分が口にしていることの深刻さに気づいていないような、そっけない口調で。あるいは、同じ台詞をこれまでに何度となく口にしてきたせいかもしれません。「わたしが親御さんなら、息子さんがよくなるなんてことは忘れて、自分の人生を大切にしますね」

人によっては、ことによると、こうした言葉はある種の慰めになるのかもしれません——あきらめてもよいというお許し、生死いずれともつかぬ、苦痛と疲労の極みのようないまの状態から抜け出せる口実として。もしあの途方もない癒やしの経験がなかったら、わたしもそのひとりになっていたかもしれませんが、わたしのものの見方は一変していました。そんなこと信じるもんですか、とわたしは思いました。神さまの助けがあり、クリストファーを取り戻したいと願ってくれている人があんなにたくさんいるのに、こんな結果をむざむざと受け入れるわけにはいきません。

迷いはすっかり消えていたものの、これからもくじけず、ひたむきに、クリストファーが回復するのを見届けるためには、きちんとした計画を立て、それを守る必要があるとわかりました。その気持ちが通じたかのように、かつて乳母を務めてくれたバーバラ・バーンズから電話があり、「向こう半年間の予定を空けましたので、なんなりとお手伝いさせてください」と言ってくれました。バーバラは双子が寄宿学校に入った時点でうちを辞め、ウィリアム王子とヘンリー王子の乳母をしていましたが、ちょうどそちらも区切りがついたので、クリストファーの手助けを申し出てくれたのです。あの子はバーバラが初めて世話をした赤ん坊で、母親のような無私の愛情を注いでくれました。その電話はたいへん嬉しく、また心強いもので、わたしたちは手を携えて、この奇跡の旅に踏み出したのです。

このときから、クリストファーを昏睡からよみがえらせる計画が始まりました。ご自身の息子さんが昏睡状態だったという医師が見つかり、その医師がとくに強調したのが、家族が患者とともにことに当たる大切さでした。心細さを噛みしめながら枕元にすわっているだけでは、家族はみじめになるばかりだと。「あらゆる角度から働きかけなければいけません」と医師はわたしに言いました。「五感すべてに刺激を与えてください」。そして、ご子息の回復を促すために考案したという、「覚醒キット」という道具一式をいただきました。そのなかには、昏睡状態の患者の感覚を刺激するのに役立つさまざまな道具が入っています。毛の粗いブラシ、柔らかいもの、いろいろな匂いがするもの。医師の説明によると、毎日一時間に十五分ずつ、数週間にわたって、刺激を与えなければなりません。そこまでして初めて、回復する見込みが出てくるのです。甘くみてはいけませんよ、とわたしは釘を刺されました。この仕事に完全に専念し、作業をルーティーン化しないと、効果はないだろうと。

その医師のアドバイスと支援は大いに役立ちました。その教えは希望に満ちていただけではなく、やるべきことを与えてくれました。無力感にさいなまれながら、ただ付き添っているのが一番つらいことでしたが、いまでは目的ができたのです。

バーバラとわたしはそれに賭けました。覚醒キットを使って、一時間に十五分ずつ刺激を与えてみたのです。まずクリストファーの汗臭いスニーカーを鼻先に近づけ、つぎに香水かハーブ、またはベーコンサンドにさっと取り換えます――においさえ強ければ、芳香でも悪臭でも、なじみのあるものでも異国風でも、なんでもかまいません。耳もとで歌い、おしゃべりし、笑いました。ラップからモーツァルトまで、小さな音で、ついで大きな音で音楽を流しました。息子の肌をビロードで、ついでサンドペーパーやブラシでこすりました――柔らかい、固いという感触の違いが、無意識の反応を呼び起こすのではないかと期待して。温度差が刺激になるかもしれないと、熱いタオル、つぎに冷たいタオルを軽く押し当てました。子どものころに好きだった本を片っ端から朗読しました。寄宿学校でお世話になった舎監の先生は、クリストファーに聞かせてほしいと、友人全員の声を録音してくださいました。

この一連の手順がいかに大変かを知って、友人たちが助けの手を差し伸べてくれました。親友のマーガレット・ヴァイナー、サラ・ヘンダーソン、イングリッド・シャノン、そしてコリンの従妹で作家のザナ・ジョンストンが参加してくれたので、当番表を作り、交代でクリストファーに刺激を与えたり、話しかけたりしたのです。クリストファーにはおばさん軍団がついていて、なだめたりすかしたりしてこの世に連れ戻そうとしていると冗談を飛ばして、病室の雰囲気を和ませました。チームで取り組むことになったので、さらにパワーとやる気が高まり、さまざまなアイデアを出し合う場となりました。バーバラとわたしは突拍子もないことを思いつきました。誕生の瞬間を再現すれば、本能の深いところで、脳を始動させるスイッチが入るのではないかと期待したのです。

わたしたちは看護師さんに、クリストファーをベッドから床に下ろし、赤ちゃんのように抱っこさせてほしいと頼みました。母親の鼓動をじかに感じたら、きっとよい効果をもたらすにちがいないと思ったのです。息子はまだたくさんの機械につながれていましたし、非常識な思いつきだと承知していましたが、だめだと言われれば言われるほど、自分の直感にまちがいはないと感じました。というわけで、わたしは床に寝そべり、その上からクリストファーがぐったりとおおいかぶさる形で、この背の高いすっかり大きくなった十九歳の息子を赤ん坊のように抱っこしました。もしや、どこか奥深くに埋もれている本能がめざめるのではないかと。すぐには何も起こりませんでしたが、わたしたちはあきらめませんでした。

マーガレット王女は連絡をたやさず、クリストファーの進捗について頻繁にたずねてくださいました。進捗などないに等しい状態とはいえ、王女さまがいつも訊いてくださるので、わたしはごく小さな変化でもあれこれ説明することができ、それを励みにつづけることができました。

やがて大きな変化が訪れました。クリストファーはまだ昏睡状態でしたが、ついに人工呼吸装置がはずれ、自力で呼吸を始めたのです。もっとも、嚥下障害はまだ残っていました。ある日、バーバラが哺乳瓶を持ってきました。当直の看護師はあっけにとられた様子で、それをどうするつもりかとたずねました。

「ええ、その」とバーバラは答えました。「クリストファーがうまく吸えるかどうか試してみようと思って。哺乳瓶が好きな子でしたから。口にくわえさせて様子をみてもかまいませんか？　それがきっかけで、ものを飲みこめるようになるかもしれません」

看護師はあきれたように眉をつり上げましたが、許可してくれました。そんなことをしてもうまくいきっこありませんよ、と釘を刺すことも忘れませんでしたが。ところが、これが効いたのです。クリストファーは哺乳瓶をちゅうちゅう吸いはじめ、その刺激が、飲みこむ動作につながりました。本能的な反射運動が回復したのです。看護師が信じてくれなかったので、バーバラは実際の様子を見てもらいました。これは大きな転機となりました。

結局、クリストファーは四か月間眠りつづけました――わたしの人生であれほど長く感じた四か月はありません。息子がとうとう目を覚ました日のことは生涯忘れないでしょう。ロンドンのハムステッドにある、NHS〔イギリスの国営保健サービス〕の中核病院ロイヤル・フリー・ホスピタルに、特別な治療を受けるために転院したばかりで、わたしが初めて訪ねたとき、クリストファーは泣いていました。きっとこれまでと違う場所にいることがわかって、新しい環境に不安を感じているのだろうと思いました。愛する人が涙にくれているのを見ると、ふつうは心配するものですが、わたしは天にも昇る気持ちでした。それは息子が何かを感じているということ、そして、この世に戻ってきたという証しだったのです。

わたしはクリストファーを抱きしめてなだめながら、息子が大好きな車のことを持ち出しました。子どもだましみたいだわと思いつつ、「ほらほら、もう泣かないの。がんばってここを出ましょうね。退院したらすぐに車を買ってあげる。どんな車がいいの？」と話しかけました。

もちろん息子が答えるなんて期待していませんでした。ところが答えが返ってきたのです。あの事故以来、息子が初めて口にした言葉は、「ランボルギーニ」でした。

耳を疑いました。何か月ものあいだ話しかけてもなんの反応もなかった子が、スポーツカーをねだっているのです。こんなに安心したことはありません。その瞬間、クリストファーはもう大丈夫だとわかったからです。

その日をさかいに、クリストファーはゆっくりと回復していきました。意識は戻ったものの、息子はまだ、動かし方を忘れてしまった体のなかに閉じこめられていました。何をするにもひどく骨が折れ、時間がかかりました――言葉を出すのは難しく、筋肉も弱っていて、まるで心と体がようやく接続したばかりという感じでした。いずれは歩く練習もしなければなりませんが、さしあたり、そんな難しいことはずっと先の話でした。こうしたあれこれは、どれもみな些末なことに思えました――息子が目を開き、意識を取り戻したことが、まさに奇跡だったからです。

子どもたちも夫も大喜びで、コリンはわたしの努力を誇りに思い、バーバラはじめ、手を貸してくれた誠実な友人たち全員に――まちがいなく息子の命の恩人であるマーガレット王女とナイジェル・ネイピアから、手術をしてくれた軍医、何週間にもわたってお世話になったすべての医師、看護師、友人にいたるまで――心から感謝しました。

クリストファーの体力が充分に戻ったのが明らかになると、優秀な理学療法士のダイアン・ローマックスがリハビリに取りかかり、クリストファーに体の使い方を一から教えました。大勢の人がチームを組んで、筋肉の強化を支援してくれましたが、歩くのはまだまだお預けでした。クリストファーは苛立ちも落ちこみもせず、いつも一所懸命で、どんなときもユーモアを失いませんでした。だれもがみな息子を好きになってくれました。

バーンズにあるリハビリセンターに数か月行ったあと、ベリーズで手術してくれた外科医の紹介で、軍のリハビリセンターのヘッドリー・コートに移りました。ヘレナ・ボナム＝カーターのご両親、レイモンドとエレナを始め、ほかにもたくさんの方からご支援をいただきました。レイモンドは一九七九年に脳腫瘍を切除する手術を受けたさい、体に麻痺が残ったのです。息子と同じような状態にある人をだれも知らなかったので、ご夫妻の助言はたいへん有益でした。

一年近くたって、基本的な筋肉の協調がかなりよくなってきたと判断され、クリストファーはロンドンの自宅ヒル・ロッジに帰ってきました。まだ歩くことはできず――平衡感覚がめちゃめちゃなので――医師からも「成長の過程を最初からたどり直すことになる」と言われていました。よちよち歩きの赤ん坊から、幼い子どもをへて、やがてティーンエージャーというぐあいに。さらに、昏睡から醒めた患者の多くは人格が変わるという注意も受けました。ふさぎこみ、ぶしつけな態度を取りがちで、うつ病を発症する危険も高いと。わたしは気を引き締めて、看護師とオペアを雇い、息子がここまで回復した道のりをあらためて振り返りました。

世間では、寝室を一階に用意し、手すりをつけ、昇降機や階段用の椅子型リフトを設置するものと思いこんでいたようですが、わたしは内心、クリストファーにはどんな補助具もいらないのではないかと思っていました。そういうものがあれば頼りたくなるし、それでは進歩の妨げになってしまいます。クリストファーはまだ二十歳のスポーツ好きな若者で、信じられないほど人生に前向きです。わたしの方針はきっと息子のためになると思いました。

クリストファーの寝室は三階にあるので、二階分の階段を、朝晩上り下りすることになります。この家は、ホウカムの広大な邸宅とは比べものにならないとはいえ、どこにでも這っていかなければならない若者から見れば、充分に大きな家です。それでも息子はめげませんでした。いやな顔ひとつせずに、一階から自分の部屋まで、文字どおり数時間かかることも受け入れてくれました。降りてくるのはまだましで——尻もちをついたまま滑り降りてきました。

わたしは、自分の決断を何度も疑いました。息子が床の上でもがきながら、数センチきざみで進んでいるのを見るとかわいそうでたまらず、助けてやりたいという衝動をその都度、抑えつけなければなりませんでした。ときには手も貸しましたが、たいていは励ましの言葉をかけるだけでした。いくらつらくても、それが最善の方法だと信じていたからです。クリストファーが決して弱音を吐かず、見るからに熱心に取り組んでいたことも救いでした——本人にその気がなければ、そんなきついことはしなければいいのですから。この方法が万人向きでないことは承知していますが、わたしたち親子には愛と信頼にもとづく深い絆があり、息子は明るい性格と強い覚悟でやりぬきました。

這いまわらずに動けるようになってからも、息子はしょっちゅう転びましたが、気にしていないようでした。転んでも、助けてもらうのをじっと待っているか、自力でなんとか起きあがりました。

数か月たって違いが目に見えてくると、息子の意欲はさらに高まりました。もともと自分の体ですから、動き方を取り戻し、それを足がかりにしました。息子はとても勇敢で、とても意志が強く、愛すべき人柄を少しも失わず、うつ状態にも陥らずにすみました。

クリストファーがよくなるにつれ、わたしはこの経験をほかの人にも伝えたいと思うようになりました。バーバラとわたしは定評のある医学雑誌ランセットに寄稿し、寄付金を募って、さまざまな病院に「覚醒キット」を配りました。その「覚醒キット」と体験談を通して、サウジアラビア人のご家庭から、ポロのプレイ中に落馬して昏睡状態に陥っている息子を助けてほしいという依頼を受けました。病院を訪ねると、息子さんは寝たきりでなんの反応も見せないという、かつてのクリストファーと同じ状態でした。枕元には、全身をおおうブルカをまとった女性たちが黙ってすわっていました。どうしたらいいのかわからないので、これまで患者になんの働きかけもしておらず、病室にはおなじみの無言の絶望感がただよっていました。

わたしは女性たちに、ヴェールをはずし、手袋を脱いで、息子さんの手を握ってあげるようにと言いました。息子さんに話しかけることを勧め、「覚醒キット」の道具を一つひとつ取り出して、実演してみせました。鼻の下に香水を吹きかけ、触感の異なるもので肌をこすってみたのです。女性たちはそのまねをし、数か月後、息子さんが回復したという連絡があり、たいそうお礼を言っていただきました。

人生のこの時期を振り返ると、つらい思い出がよみがえります。苦悩にさいなまれ、絶望感にとらわれましたが、幸せな結末を迎えられたことを心からありがたく思っています。それにつけても感心するのは、クリストファーが事故を恨んだりせずに、その後の人生を歩んでいることです。どのみち、起きてしまったことは変えようがないのですから。わたしはいまでも、息子の態度はあっぱれだと思います。

16　永遠に若く

一九八八年、事故から一年半たっていましたが、クリストファーがすっかり回復するまでには、まだ長い道のりが待っていました。大勢の人が息子を助けようと駆けつけてくれました――文字どおり、あふれんばかりの支援が寄せられたのです。一方、チャーリーとヘンリーには、まったく逆の状況が起きていました。

今日では、メンタルヘルス、薬物依存症、そしてＨＩＶ／エイズは、いまだにどこの社会でも最大のタブーとはいえ、かつてより大っぴらに語られています。でも一九八〇年代には、メンタルヘルスや依存症に関しては、そのようなオープンさも、ひいては社会の受容も存在しませんでした。エイズは依然として世界でもっとも恐れられている病気でしたが、それは病気の解明がほとんど進んでいなかったからです。医者たちはまずエイズとゲイの男性との関連を見つけたあと、病気の母親から赤ん坊に母子感染が起こることを突き止めました。注射針や血液との因果関係もわかります。さまざまな感染経路が明らかになるにつれ、風邪と同じようにたやすく人に移るのではないかと、人びとは恐怖にかられました。

おもに情報不足から生じた恐怖のせいで、エイズにかかった若者の多くは、怯えた家族に見捨てられ、ひとりぼっちで死んでいったのです。ヘンリーはＨＩＶ感染からエイズを発症した時点で、世間の偏見をなくすのに役立ちたいと、勇敢にも公表することを決めました。社会から除け者にされるわよと注意しましたが、息子の決意は揺るぎませんでした。病気の実態をありのままに伝えるのは、自分のように実際に病気にかかっている若者の責任だと考え、メディアに話したのです。新聞社はその告白に飛びつきました。というのも、ヘンリーはエイズに感染した貴族の最初のひとりで、しかも自ら公表した初めての貴族だったので、大ニュースとみなされたのです。

驚くには当たりませんが、ヘンリーがきわめて率直に告白したことで、わたしたちと交際をつづけることを怖れ、疎遠になる友人も出てきました。家族としてはいっそう厳しい状況に追いこまれましたが、その気持ちはよくわかりました。人はわが身とわが子を守るために必要だと思うことをするのです。

わたしも感染のリスクは気がかりで、ほかの子どもたちが心配でしたが、ヘンリーを締め出す気にはなりませんでした。今日のように確実な知識はひとつもなく、医学的な発見が相次いでいる時期だったので、妥協案を編み出しました。ヘンリーのために色違いのタオル一式をそろえ、洗濯をべつにしたのです。食事も専用のお皿、ナイフ、フォークで出しましたが、わたし自身は分け隔てなく接していました。いまにして思えば用心のしすぎですが、当時はそれもわからず、とりあえず安全に思えたのです。

マーガレット王女は、ちっとも態度が変わらない稀有なおひとりでした。夫やわたしとの面会をつづけ、これまでどおりグレンにお子たちを同伴されるばかりか、ヘンリーが入院しているときは見舞い、ご自分にできることはないかと、いつもお心にかけてくださいました。王女さまの変わらぬ友情と態度にはいくら感謝しても感謝しきれません。わたしは大いに励まされ、王女さまは亡き母に代って、この事態を切り抜けるための勇気を、身をもって示してくださったのです。

ヘンリーの病気が進行するにつれ、状況はますますきびしくなりました。ひんぱんに通院しなければならないのに、エイズ患者を受け入れてくれる病院は限られていたのです。おまけに、ヘンリーは二メートルを超す長身で、寸法の合うベッドがなく、ベッドの足もとにテーブルを置いて調整しました。あるときとても具合が悪くて、ロンドンのパディントンにあるセント・メアリー病院でベッドの空きを待っていたとき、ヘンリーは椅子にすわることもできないので、緊急外来の床に膝枕で寝かせていると、それまで満員だった待合室は彼を見たとたん、潮が引くようにだれもいなくなりました。まるでわたしたちが疫病神のように。でもそういう世間の反応を見ると、息子をどこまでも支えていこうという決意はかえって強まりました。わたしは床にすわって膝枕をしながら何時間も待ちました。三男のクリストファーを抱きかかえて過ごした長い時間が脳裏をよぎりましたが、あの暗い日々を通してわたしは強くなり、ヘンリーのためにも最善を尽くしたいと願うとともに、何よりも、息子に自分はひとりではないと感じてほしかったのです。

ダイアナ妃がノッティングヒルにあるロンドン・ライトハウス――エイズ患者専用の初めてのセンター兼ホスピス――を、カメラマンの一団を引き連れて訪問したのは一九八九年ですが、その設立に尽力されたのはマーガレット王女で、センターは一九八八年に王女さまご臨席のもと正式にオープンしました。イギリスで「性と生殖に関する健康」の啓発を主導しているテレンス・ヒギンズ財団の後援者にも就任なさいました。だれかれかまわず触れたりするのはお好きではないので、ダイアナ妃のように患者の手を握ったり体をさすったりなさいませんでしたが、患者たちを笑わせ、会話を交わされました。

ロンドン・ライトハウスの開設に、ヘンリーはぎりぎりで間に合いました。そのころ急速に衰弱が進んでいたのです。カポジ肉腫という皮膚がんのせいで、体じゅうに紫色の発疹ができ、髪はすっかり抜けていました。エイズの症状のひとつです。免疫機能が極端に下がるので、風邪さえ治らず、息子は皮膚がんを患いましたが、肺炎で亡くなる人もいました。

ヘンリーはいかにも彼らしく、すべてを冷静に受け止め、もう長くないことはお互いにわかっているのに、いつもわたしを気遣ってくれました。ヘンリーは仏教に帰依したことで心の平安を得ており、一九八六年にＨＩＶ感染の診断を受けた直後に日本に渡り、仏教の寺院を訪ねました。そのとき送ってきた葉書をいまでも持っています。「ぼくはいま富士山の見える宿坊にいます。明日死んでも本望です。というのも、ぼくはいま楽園にいるからで——天国も見えています」。宗教がヘンリーの心を慰め、死の恐怖が和らいだのはありがたいことでした。

一九八八年のクリスマスが近づいたころ、本人はその日一時帰宅することを切に望んでいましたが、わたしはヘンリーの息子のユアンが、まだ歩きはじめたばかりの年ごろなので、父親の姿を見て怖がるのではないかと案じていました。ライトハウスのスタッフはさすがで、わたしが相談すると心配無用と言ってくれました。これまでヘンリーと同じような病状の患者を大勢支援してきた経験があり、まさにこの理由のためにメークアップ専門のチームがいたのです。ヘンリーは明るい水色の帽子をかぶり、ファンデーションを分厚く塗ってもらって帰宅しました。立ったりしゃべったりできないほど弱っていたので、客間で横になり、家族もみなクリスマス・ランチをお盆に載せて食べました。ユアンはプレゼントを開けて、「パパ、一緒に遊ぼうよ」とせがみました。ヘンリーが「パパはちょっと疲れちゃったから、おもちゃを見せてくれる」と言うと、ユアンはそうしました。とても心温まる光景でした。

メイは兄に何をプレゼントしたらよいかわからず、ぬいぐるみにしました——明るい緑色のカエルで赤と白の縞模様のナイトキャップをかぶっています。ヘンリーはとても気に入ってそのキャップをかぶり、わたしたちはその周りにすわっていました。ヘンリーは双子ととても仲良しでした。シックス・フォーム〔イギリス中等教育最後の二年間（十六～十八歳）。大学入学に必要な学業認定テストAレベル取得の準備をする〕のために、双子は自分たちで話し合って、自立するために別々の学校に進学したのですが、いざ離れてみるとたいへんつらく感じていました。ヘンリーは双子を支えようと、週末にそれぞれの学校へ迎えに行って外出させてやったのです。あのクリスマスの日を家族全員でどうやって乗り切ったのか、わかりません。胸が張り裂けそうでしたが、顔には出さず、できるだけふだんと同じように過ごしました。

クリスマスのあとヘンリーの病状は悪化し、エイズ患者専用の病棟が新設されたばかりの、パディントンにあるセント・メアリー病院に転院しました。症状がきわめて重いほかの青年たちと同様、ヘンリーも個室に移りました。見舞客はたいてい愛する者とふたりきりでひっそりとすわっているのですが、ヘンリーは二〇人ほどの仏教徒の友人たちを呼び寄せていました。わたしがいつ訪ねても、お経を唱えている大勢の人をかきわけて近づかなければならないので、大変苦労しました。みな一心不乱に読経しているので、気づいてもらえないのです。ヘンリーが亡くなるまえの数週間、息子と二人きりで過ごしたことは一度もありません。

最後に訪ねた日、ドアを開けて、仏教徒たちのあいだをすり抜けていこうとしたところで、看護師に肘をつかまれ、入室を止められました。「レディ・グレンコナー、こちらへいらしていただけますか」胸がつぶれそうになりました。病院には霊安室があり、看護師はそちらにわたしを案内しているのです。それがどういう意味かはわかっていましたが、知っていたからといって、打撃が和らぐわけではありません。看護師はいたわりのこもった口調で言いました。「息子さんは先ほど亡くなりました」そのときの思いは――あの身を切られるような苦しみは、とても言葉にはできません。息子が息を引き取ったばかりか、数分の差で、別れを告げることもできなかったのです。

混じりけのない怒りも湧いてきました。ヘンリーがあまりにもうかつだったことに。あれほど用心するように言ったのに、あの子は聞く耳を持ちませんでした。一九八九年一月、エイズと診断されてから一年半でヘンリーは逝きました。まだ二十九歳の若さでした。

家族はみな打ちのめされました。長男のチャーリーはいつも弟を妬み、数年というもの、兄弟仲はぎくしゃくしていたのですが、ヘンリーが亡くなる少しまえに仲直りして、いまでは過去の過ちを悔やんでいました。ヒル・ロッジのキッチンにわたしと双子たちがすわり、チャーリーが激しく泣きじゃくっていた光景を思い出します。チャーリーがそんなふうに泣くのはこれまで見たことがなく、双子たちも泣きだしたので、わたしは懸命に慰めました。ふたりは十八歳になったばかりで、これからヘンリーと大人同士の友情を結ぼうとしていた矢先、その機会が永遠に失われてしまったことが悲しくてたまらなかったのです。

わたしと家族をどう慰めたらよいのかだれにもわからないなか、マーガレット王女とダイアナ妃はおふたりとも以前から、エイズの啓発活動を支援することを通して、病気にまつわる偏見を和らげ、さらに患者自身とその家族を大いに力づけてくださっていました。ダイアナ妃は息子が亡くなったことを耳にすると、わざわざお悔やみ状を書いて弔意を示してくださいました。ヘンリーが亡くなる少しまえ、病室で息子と言葉を交わしていたのです。エイズへの関心を高めようと、病棟で数名の若い患者と面談しているところを撮影したときの出来事でした。撮影のあと、ダイアナ妃は看護師に、病状が重くて参加できない患者はいないかと訊きました。二名いると聞くと、撮影スタッフを連れず自分ひとりで両者を訪ねました。その片方がヘンリーだったのです。

「ああ、妃殿下」と息子は言って、にっこりしました。「わたしたちには共通点があるんですよ」。ダイアナ妃は驚いた表情で、どういうことかとたずねました。「じつは」とヘンリーが答えます。「バーバラ・バーンズはウィリアム王子とハリー王子のお世話にあがるまえ、うちで乳母をしておりました」

ダイアナ妃の手紙には、悲しい状況だったとはいえヘンリーと会えてよかった、息子さんの勇気に心を打たれたことをお母さまにお伝えしたかった、と記されていました。ダイアナ妃は難しい事態に気後れせず、真っ向からぶつかってこられました。その姿勢は大勢の知人たちとはまったく対照的で、どなたもみなさん、かける言葉に窮していたのです。わたしは平生、感情をあからさまに示す人、わたしがなじんできた規範とかけ離れた人には、あまり親しみを感じないのですが、ヘンリーの逝去に関しては、ダイアナ妃の対応はおみごとでした。

ダイアナ妃がヘンリーの勇気を褒めてくださったので、わたしも息子を誇りに思うことができました。大勢の人たちがわたしたちと距離を置き、さらに、畜生のようにふるまうマスコミにも応対しなければならないなか、その思いはわたしを慰めてくれました。ヘンリーのネタを追っていた記者たちが、息子の死後どっとわが家に押し寄せたのです。ヘンリーの記事は一面を飾りました。本人は自分の話が広まって社会によい効果をもたらすことを望んでいましたが、まだ悲しみの癒えない遺族にとって、それは耐えがたい現実でした。

毎朝、配達される新聞には、ヘンリーの写真と、たいていは無神経きわまりない特大の見出しが躍っていました。しかも記者たちはひっきりなしにやってきては、どうやら警察も彼らを阻止できないらしく、通りを埋め、昼夜を問わず呼び鈴を鳴らし、ヘンリーの息子ユアンが通っている幼稚園の外のゴミ箱のなかに終日ひそんでいる始末です。

ユアンを守ろうと、わたしたちは地域の牧師さまにお願いして、丈の長い祭服（カソック）にユアンを隠して通園させてもらいました。これはうまくいきました。記者たちは聖職者の弔問だと思いこみ、ユアンをこっそり連れ出していたことには気がつきませんでした。マスコミは家族をひっそり喪に服させてくれず、一番つらかった時期にしつこくつきまとったのです。

マスコミの仕打ちに屈するものかと決意し、また、ほかの子どもたちのためにも家族の団結を守ることに必死で、わたしは雑念をひとまず押しやり、葬儀の手配に打ちこみました。こうして、記者がゴミ箱から飛び出し、窓や玄関をノックするのを尻目に、わたしはヘンリーの最後の願いを実現しようと努めました。ヘンリーはとても背が高かったので、棺も特大サイズで、葬儀のときには小さな笑みがこぼれました。というのは、仏式にのっとりパイナップルやほかの熱帯の果物で飾られた棺は、火葬場では巨大なフルーツサラダのように見えたからです。

ヘンリーの死から数か月は一番厄介な時期でした。わたしが味わった苦しみは、だれにもわかってもらえないでしょう。実際、わたしにどう接すればよいのか、この件にどう対応したらいいのか心得ている人はひとりもいないようでした。コリンの手にも余るようで、夫はマスコミの手の届かない西インド諸島に戻っていきました。わたしはもう何もかもがわずらわしくなって、ノーフォークに引きこもりました。ところが近所の店に入ると、ふだんなら気軽に声をかけ、世間話に興じるような人たちが、わたしを見るなり、そそくさと立ち去るのです。自分たちが何かまずいことを口走るとか、わたしがわっと泣きだすのではないかと、びくびくしていたのだと思います。だれにとっても死は怖く、しかもエイズは恐れられ、忌み嫌われている病気だったので、見て見ぬふりを決めこんだのではないでしょうか。わたしたちの世代には打ち明け話をするという習慣はなく、自分の気持ちは胸にしまっておくものでした。それに、ほかの子どもたちのためにも、弱みを見せず、いつまでもくよくよしないで、ふつうの生活に戻ることが最善の道だと思いました。葬儀をべつにすれば、だれにも泣き顔は見せなかったつもりです。その代わりに、教会に行って祈りました。そもそも、そうする以外に何ができるでしょう。何をしようと、ヘンリーを連れ戻すことはできないのですから。

親友のマーガレット・ヴァイナーはわたしが助けを必要としていることを見て取り、ヘンリーが仏教に帰依していたことも知っていたので、わたしをインド旅行に連れだし、ふたりでミッチ・クライツの家に泊めてもらいました。ミッチは共通の友人で、数年前にコリンがインド人の店主と揉めたとき、その場を収めてくれた恩人でした。じつは、わたしはもうくたくたで、行きたくなかったのですが、ミッチはインドには悲しみを癒す力があると言って、背中を押してくれたのです。「死は日常の暮らしに溶けこみ、遺体を薪の山に載せて燃やしながら川を下っていくのも珍しい光景じゃない。インドの文化は死を受容している。ここの人たちは死について話すことも見ることもいとわない」

わたしはマーガレットとミッチに心から感謝しました。というのはインドに着いたとたん、それが正しい決断だったとわかったからです――ミッチが言ったことはどれもそのとおりで、わたしはたちどころに深い安堵に包まれました。ふたりに連れられて、あちらこちらの寺院に詣でました。ジャイナ教の寺院はレース編みを思わせる繊細な彫刻が施され、勤行中の僧侶は、扇形の羽根で下腹部を覆っているだけ。尼僧は白い装束にすっぽりくるまれているので、まるで巨大な白いメレンゲのように見えました。

寺院のひとつに入ると、ある家族が亡くなった人のお弔いをしていました。プージャというヒンズー教の礼拝で、家族が寄り集まって、手拍子を打ち、お経を唱え、リズムに合わせて同じ身振りをしています。ミッチがそばに行って、声をかけました。「連れの女性は息子さんを亡くしたばかりで、ご子息は仏教徒でした。礼拝を見学させていただいてもかまいませんか？」

「どうぞ、どうぞ。見学といわず、ご一緒にいかがですか」と彼らは言って、両手を広げて迎え入れてくれました。お香を焚き、お経を唱えるという、彼らのプージャに夢中で参加しているうちに、気持ちがすっかり解き放たれるのを感じました。

わたしたちはさらに寺院めぐりをつづけましたが、そのうちに、わたしは心配になってきました。仏教では、亡くなった者はいくつかの段階を経て浄土へ向かうので、そのたびに僧侶に頼んで決まった日にお経をあげてもらい、つぎの段階にたどり着くための手助けをしてもらうことになっています。これはだれもがたどる道筋なので、亡くなってから数週間は、所定の日時に、その法要を行なわなければなりません。

ちょうどその日、わたしたちは車を走らせましたが、お経をあげてもらう僧侶がどこにも見当たりません。法要の時間帯はごく限られているので、わたしはヘンリーのために気を揉みました。どことも知れぬ砂漠のなかの長い一本道を走っているときに、ミッチがわたしに言いました。「心配しなくていいよ。お坊さんはきっと見つかるから」

どうしてミッチがそんなに自信満々なのかわかりませんでした。というのも、見渡すかぎり、ラクダと椰子の木のほかには何もなかったからです。ところが、ちょうどそのとき、路上にぽつんとたたずんでいる人影が目に入りました。ミッチは「きっとお待ちかねの人だよ」と言って、車を止めました。

ヒンディー語を話せるミッチが説明すると、僧侶はにっこり笑ってすぐにわたしの手をとり、ヘンリーのために法要を始めてくれました。一日じゅう車を走らせてようやくめぐりあったこの通りすがりの僧侶が、わたしのために、ヘンリーのためにそこにいてくれたこと、そしてそれはヘンリーがもう大丈夫だというしるしだと思えてなりませんでした。息子は平安を得たのです。

そう思ったとたん、わたしは精も根も尽き果て、その場に倒れそうになりました。おそらくは悲しみと、つづいて怒濤のように押し寄せた安堵のせいでしょう。わたしは車に戻り、何時間もこんこんと眠りつづけました。これは人生でもっとも重要な旅だったので、だからこそすっかり消耗したものの、この驚くような芯の強さを授かったのだと思います。その強さはわたしの一部となり、いまでもヘンリーのことを考えると、何ごとにも動じない力が湧いてくるのを感じるのです。

一九八〇年代が終わるころ、わたしの人生は様変わりしていました。ヘンリーがＨＩＶに感染し、その直後にクリストファーが事故に遭ってからというもの、わたしは優先順位を見直し、母であることを第一に、妻の役割はその次としたのです。コリンについていくより、イギリスにとどまって、クリストファーのそばにいる時間がはるかに多くなりました。

クリストファーはふたたび歩けるようになり、その回復ぶりは目を見張るほどでした。最初の遠出は事故から三年後で、ふたりでホウカムの舞踏会に出席しました。クリストファーはブラックタイの正装に満面の笑みを浮かべていました。わたしは信じられない思いで、息子の晴れ姿を何度も見やりましたが、実際にはその夜の大半、クリストファーはわたしに寄りかかっているのが精一杯でした。肩を貸すのはちっともかまいませんが、なにしろ上背があってとても重いので、いつなんどき床に折り重なって倒れるのではないかとはらはらしました。最終的に、クリストファーが彼なりにすっかり回復するまで、五年かかりました。

そのあいだにマスティク島も変化していました。七〇年代から八〇年代に大成功した快楽主義者たちの楽園というイメージが、島そのものを変えたのです。コリンはすでに持ち株の多くを売却し、じょじょにとはいえ確実に、マスティク島の運営方針に関する決定権を失っていきました。なんでも自分の思いどおりにすることはもはや不可能だったのです。それでも夫は自分の意見にあくまでも固執し、それを強引に押し通そうとして大勢の人と衝突したあげく、一九八七年にマスティク島を去りました。持ち家のグレート・ハウスは、オナシスの相続人である娘のクリスティナの三人目の夫で、元KGBのエージェント、セルゲイ・カウゾフに売却されました。

コリンはマスティク島の北にあるセント・ルシアに拠点を移し、次男のヘンリーが生前目をつけていた約二平方キロメートルの未開発の土地に投資しました。土地の半分を開発業者に売って、その業者がジャルージー・プランテーション・リゾートを建設する一方、コリンは手元に残した残り半分の土地にさまざまなアイデアを投入し、マスティク島に負けない華々しいリゾート地を作ろうとしたのです。

ヘンリーがにらんだとおり、コリンはこの土地に惚れこみ、ピトン山の双子の峰にはさまれた、海に向かってゆるやかに傾斜する土地に、三軒目となる最後のグレート・ハウスを建てました。残念ながら、三つのなかではいちばん〝壮大（グレート）〟でない家でした。ドーム屋根のついた最上階の広々とした部屋こそ壮観ですが、寝室はみな一階にあり薄暗いのです。貯水タンクが寝室の上のテラスに設置されているので、頭の上でタンクが破裂して寝ているあいだに溺れるのではないかと、いつもびくびくしていました。わたしはセント・ルシアにはあまりなじめませんでした。長年のあいだに、マスティク島が第二のわが家になっていたからです。

その当時、十代の終わりだった双子は、父親に似て、西インド諸島のライフタイルが大好きでした。クリストファーも同じで、しかも自立を強く望んでいたので、コリンは名案を思いつきました。島の南西部にあるスフリエールに小さな家を見つけ、そこで暮らしてみないかと誘ったのです。クリストファーは父親の招きに二つ返事で応じ、新しい人生と息抜きを求めて、すぐさまイギリスを発ちました。

コリンの計画は大成功でした。クリストファーはその暮らしがとても気に入り、コリンがまえもって隣家に住む年配の女性ふたりをお目付役に雇っていたことにはまったく気づきませんでした。息子は料理と洗濯だけ手伝ってもらっているつもりでしたが、じつのところ、ふたりはクリストファーが転ぶといけないので少し距離をあけてついていき、無事にベッドに入るところまで見届けてくれていたのです。これは申し分のない折衷策で、わたしも安心できました。クリストファーがこれまでたどってきた道のりを思えば、そんな生活ができるなんて夢のようでした。

日常生活が戻ってくると、時の経過とともに、次男のヘンリーを失った悲しみは少しずつ耐えやすいものになりました。ヘンリーは亡くなってしまいましたが、長男のチャーリーはあっぱれにもヘロインに手を出さず、メタドンを処方してもらって、ふつうに近い生活を送れるようになっていました。ろうそく作りのパーソンズ夫妻が、チャーリーに新たな目標を与えてくれました——端的に言えば、チャーリーとミセス・パーソンズことシーラは恋に落ちたのです。

一九九三年のシーラの離婚後、家族全員の祝福を受けて、チャーリーとシーラはロンドンの登記所で結婚しました。チャーリーはコリンゆずりの伊達者で、テナント一族に伝わるタータン模様のトルーズ〔スコットランド連隊の兵士が着用する細身のタータン模様ズボン〕とヒョウ柄のベストで決めて、登記所への往復はショッキングピンク色のキャディラックを運転し、帰りはバッキンガム宮殿の横を通りました。なにしろとても目立つので、交通整理の巡査は、女王主催の園遊会に向かっている車だと思いこみました。その列に並ばされたコリンは、車を下りて事情を説明しなければならず、かんかんでした。花柄のワンピースとスーツ姿の園遊会の招待客たちは、ど派手な自動車とその乗客に目を丸くしていたそうです。

披露宴はわが家で開き、ケイリー・バンドの演奏に合わせて、全員でリール〔スコットランド高地地方の軽快な踊り〕を踊りました。わたしはチャーリーの末永い幸せを祈り、このまま平穏無事に過ごしてくれますようにと願いました。一九九四年にコディが生まれると、みな大喜びでした。チャーリーはすでに相続から外れ、次男ヘンリーの息子ユアンがグレンを承継することが決まっていましたが、コディはいずれ男爵の爵位とカリブ海の資産を相続するのです。

息子の誕生は、チャーリーの人生観をすっかり変えました。コディが生まれて二日後、わたしにこう言いました。「これまでの人生でこんなに幸せだったことはないよ。人生の意味がようやくわかった気がする」。チャーリーからそんな言葉を聞くとは、じつに感慨深いものがありました。わたしはもう何年間も、息子が依存症から立ち直れるとは夢にも思っていませんでした。ましてや、幸せな結婚をし、かわいい息子に恵まれるなんて。だれひとり、とりわけ本人にしてみれば、そんな未来は望むべくもなかったでしょう。それもこれも、もとはと言えばシーラのおかげです。チャーリーが道を踏み外さないように、手を尽くしてくれたのです。

こうしてチャーリーは生き方を改めましたが、遅きに失しました。チャーリーの幸福は長続きせず、コディがまだよちよち歩きのころに、体調をくずし、C型肝炎と診断されました。長年にわたるヘロイン依存症がもたらした必然の結果です。家族はみな心配しましたが、チャーリーは高をくくっていました。シーラの話では、不安定で症状が重い急性期が二、三か月つづき、そのあと容態が安定するかどうかは医者にもわからないとのことでしたが、時間の経過とともに、その見込みは薄くなっていくように見えました。

エイミーが数週間後、電話して具合をたずねると、チャーリーは妹の心配にまったく取り合わず、いつものように一笑に付し、はるばるスコットランドまで見舞いにくるにはおよばないと妹に請け合いました。夫は何年にもわたるチャーリーの症状の浮き沈みに慣れていたので、西インド諸島から帰宅せず、結局、わたしはひとりでグレンを訪ね、チャーリー、シーラ、コディと一緒に週末を過ごしました。

エディンバラで鴨に餌をやったり、ホリールード宮殿の庭園を散歩したり、とても楽しい時間を過ごしましたが、チャーリーの病気がどの程度重いのかよくわからず、このまま帰っていいものかどうか決めかねていました。シーラに相談すると、チャーリーはこの状態がしばらくつづくでしょうから、お母さまもふだんどおりに生活してくださいと勧めてくれました。じつはザナとニッキー・ジョンストンと一緒にモロッコに旅行することになっていると説明すると、シーラは、もし旅行をキャンセルしたらチャーリーが申し訳なく思いますと言ってくれたので、思い切って出かけました。

家族のうちだれひとり、チャーリーの容態があれほど急変するとは思っていませんでした。それからほんの数日後、モロッコにいるわたしのもとに、シーラからチャーリーが亡くなったという思いもよらない衝撃的な電話がかかってきたのです。

ふたたび、家族は喪に服しました。コリンはこの何年かチャーリーに親らしい心づかいをしてこなかったので、自責の念にさいなまれていました。クリストファーはすっかり取り乱し、メイは、最後の電話を手短に切りあげ、エイミーと行くつもりだったお見舞いを先延ばししたことを、いまだに悔やんでいます。

わたしは、母親にとって、息子のひとりに先立たれるよりもつらいことがあると思い知らされました。なにしろ、ふたたび墓地にきて、息子をまたひとり埋葬したのですから。コリンはチャーリーの葬儀で号泣しましたが、夫があんなふうに泣くところを見たのは初めてです。ヘンリーが死んだときのチャーリーの嘆きようを思い出しました。

チャーリーに関しては、後悔ばかりが先に立ちます。過去を振り返って、わたしたち夫婦のさまざまな選択を問い直すと、はたしてあれでよかったのかどうか。子どものころ、いくつかの徴候がしだいにエスカレートしてゆくのに気づいていながら、深く考えもせず、解決することもできなかったあれこれ。チャーリーを病院やクリニック、のちにはリハビリセンターに送りこめば、そういう症状はきっと治るだろうと甘く考えていたこと等々。とはいえ、世界一すばらしい支援を受けられたとしても、チャーリーの束縛を嫌う精神やあの性格を考えれば、息子が選んだ転落の道を、わたしたちが阻止できたかどうかはわかりません。

またしても、一番そっとしておいてほしいときに、記者たちは押しかけてきました。今回彼らが飛びついたのは、「テナント家の呪い」という昔からの言い伝えで、根も葉もない作り話ですが、その大筋は、一族の若者が世間の耳目を惹きつけるようなさまざまな方法で次々に早世するというものです。いまやわが家でも息子二人が若くして亡くなったので、「テナント家の呪い」はまさにうってつけ、家族の苦しみはいっそう深まりました。

葬儀の日、記者たちは教会を取り囲み、墓地の向こうに出没しました。わたしたちが愛するチャーリーの死を悼んでいるさなか、記者たちは記事のネタを求めて、教会のドアをバンバンたたくのです。彼らのずうずうしさにはもう慣れっこになっていたとはいえ、葬儀に押しかけるほど破廉恥な行為は、いまだに思いつきません。

時の経過とともに、わたしのストレスの度合いは下がり、悲しみは和らぎ、窮地は脱しましたが、人生はもう二度と同じようにはなりませんでした。今日にいたるまで、電話が夜遅く鳴るたび、心臓が止まりそうになります。またひとり家族に先立たれたら、どうしたらいいのかわかりません。双子は、わが家が大家族で兄が三人もいることをずっと自慢に思ってきました。でもクリストファーがこれまで何度も思い出させてくれたように、「兄さんたちは逝ってしまったけど、愛まで消えたわけじゃない」。

17 王女さまの晩年

マーガレット王女は生涯を通して、誠実な友人として支えてくださいました。子どもたちがわたしを必要としているときはお暇をくださり、戻れるようになるといつも歓迎してくださいました。長年にわたって、夫婦ともども多くの時間をご一緒させていただくうちに、深いご縁で結ばれるようになったのです。一九九〇年代半ばには、女官になって四半世紀が過ぎていました。

社交界デビューの舞踏会では、ふたりとも大人になったとしみじみ感じ、ホウカムの浜辺で遊んだ子ども時代が遠い昔に思われましたが、一九九三年に、ピーター・タウンゼンド元大佐がケンジントン宮殿を訪れて、王女さまと昼食をともにされた折も、たまたま居合わせたわたしは、それとよく似た感慨をおぼえました。自分たちが年をとったことにはたと気づいたのです。

マーガレット王女が、大佐か王族の身分かのどちらかを選ぶようにという最後通牒を突きつけられ、その結果、大佐が一九五〇年代に去って以降、おふたりは一度も会っていませんでした。元大佐が車から降りてゆっくりと家のなかに入ってくるところを窓から見ていましたが、すっかり年をとられていました。わたしは昼食には同席しませんでしたが、元大佐が辞去されたあと、王女さまからお召しがありました。「昼食はいかがでした?」と訊いてみました。

「あの方はちっとも変わっていなかったわ」と王女さまはお答えになりました。四十年という歳月が過ぎ去ったことを考えると、それはせつない答えでした。

これまでおふたりの関係についてあれこれおたずねしたことはありませんが、このときは、王女さまのほうが話したがっていらっしゃるのを感じました。「王女さま」と、わたしは水を向けました。「大佐に初めて恋をなさったのはいつだったのですか？」

それ以上うながされるまでもなく、マーガレット王女は一九四七年の王室ご一家による南アフリカ訪問についてひとしきり話されました。毎朝毎夕、王女さまは王室列車で運ばれた馬で、国王陛下の侍従武官ピーター・タウンゼンドに付き添われ、乗馬に出かけられたのです。ふたりは狂おしい恋に落ちました。それは遠い昔の出来事だったにもかかわらず、王女さまは物思いに沈まれました。お気の毒に思いましたが、わたしとジョニー・スペンサーの場合と同様、夫の代わりに初恋の人と結ばれていたとしても、はたしていまより幸せだったかどうかはわかりません。王女さまはいつまでもくよくよされる方ではないので、ひと息つくと、まったく新しい話題に移られました。この話はもうおしまいとでもいうように。うちの母もまったく同じようにふるまったことでしょう。

こういうさばさばした、ものにこだわらない態度は、わたしたちのどちらにも大いに役立ちました。そのおかげで笑ったり楽しみを見つけたりしながら、自分らしく生き、どんな逆境にあっても最善を尽くすことができたのです。王女さまとご一緒したなかで一番幸せな思い出のいくつかは、マスティク島での体験で、そのころには毎年二月に島を訪ねるという習慣が三十年ほどつづいていました。ただし、島をめぐる状況は変化していました。コリンがセント・ルシアに去り、グレート・ハウスもわたしたち夫婦の持ち家ではなくなったので、わたしはマーガレット王女と一緒にレ・ジョリ・ゾに滞在していたのです。王女さまはこの別荘をご長男のデイヴィッドさまに譲られ、デイヴィッドさまは観光シーズンにはちょくちょく貸し出されていました。というわけで、わたしたちは一年のきまった時期に島を訪ね、これまでいつもそうしてきたように、一緒に泳ぎ、貝殻を集め、バジルのバーでお酒を飲み、夕暮れにには緑の閃光が見えるのではないかと目をこらしたのです。

二人とも当時はまだ六十代半ばで、わたしの健康に問題はなかったものの、王女さまのほうは一九八五年に肺の一部を摘出されてから、じょじょに体力が衰えていました。一九九四年、マスティク島で王女さまは脳卒中を起こされ、それが公式には初めての発作です。じつはその数か月前から、会話中にそれまで饒舌におしゃべりされていた王女さまが急に口ごもるということがありました。長い時間ではなく、ほんの一瞬のことでしたが。最初のうちは、何かに気をとられたのか、あるいは、その話題を続けたくないのだろうと思っていました。妙な感じはしましたが、たかだか一、二秒のことですし、王女さまはどこもお悪くなさそうで、すぐに会話を続けられたので、こうした予兆に取り合わなかったのです。

ある夜、友人のローレンス夫妻のお宅で――ボンド映画の悪役のアジトのように、丘の中腹に建っていました――ディナーの最中に、マーガレット王女がはっと息をのまれる音がしました。テーブルの向かいに目をやると、王女さまがうつ伏せに倒れるのが見えました。全員が立ち上がり、王女さまをテーブルから客間にお運びしてソファに寝かせました。

さいわい、マスティク島にはバンベリー先生というすばらしいお医者さまがいらして、いまもご健在です。バンベリー医師は島に住む外国人にたいへん人気があり、一部の女性客がマスティク島にやってくるのは、病気になって先生に診てもらうためだと、夫はいつもやっかんでいました。駆けつけてきたバンベリー医師は、マーガレット王女が軽い脳卒中を起こされたと診断しました。目に見える後遺症はないものの——言葉は明瞭で、体のどこかが動かないということもありませんでしたが——動作はしだいに緩慢になり、まえから気づいていたように、ふいに意識がぼんやりするという症状はその後もつづきました。

その翌年マスティク島で、マーガレット王女は両足をやけどされました。その件がマスコミに洩れ、イギリスで新聞に大きく取り上げられました。わたしはお供せず、わたしと親しいべつの女官のジェイニー・スティーヴンズが同行していました。いつものようにベッドで朝食をとられたあと、マーガレット王女はシャワーを浴びるかお風呂に入られたかで、ジェイニーはお召し替えを手伝おうと控えていました。どこにもお姿が見当たらないので、ジェイニーは念のため外を探しに行きました。浴室の窓が湯気ですっかり曇っているのに気づいて、あわてて駆け戻り、浴室のドアを叩きましたが、返事がありません。ドアを開けると、マーガレット王女は浴槽の縁にすわり、両足はお湯につかっていました。湯気がもうもうと立ちこめているのに、王女さまはまったく動かれません。

王女さまがそのとき脳卒中の発作を起こされたのかどうかはわかりませんが、浴槽のなかで頭上のシャワーを使って髪を洗っていて、手探りで水を止められたのでしょう。お湯の栓を閉めずに水だけ止めてしまい、サーモスタットもうまく働かなかったようで、お湯はどんどん熱くなっていきました。意識がもうろうとして、熱湯に反応できず、ジェイニーが王女さまを浴槽から引き上げたときには、両足にひどいやけどを負って、歩くこともできない状態でした。

バンベリー医師がジェイニーに手当の方法を指示しましたが、ジェイニーが島を離れなければならなくなり、わたしがロンドンから駆けつけて、お世話を引き継ぎました。レ・ジョリ・ゾは翌週から貸し出されるので、べつの宿舎を探さなければなりません。「どうしてもここを出なければいけませんか？」わたしは、こんな短時間で代わりの場所が見つかるかどうか心配でした。「みなさんも事情をわかってくださるんじゃないでしょうか？」でも、マーガレット王女はいつものように、大ごとにするのを好まれず、どうしても移動するとおっしゃるのです。

結局わたしはローレンス夫妻に電話し、夫妻はただちにビーチハウスを提供してくれました。それはたまたまレ・ジョリ・ゾの真下にありました。険しい丘の中腹にあり、ビーチまで階段がつづいています。物分かりのよいバンベリー医師にお願いして、現役を引退したおんぼろの救急車を手配してもらい、それに乗せて王女さまを新しい家までお運びしました。

到着すると、王女さまはわたしを振り返って、「この家のスタッフにはなじみがないから、寝室に出入りしてほしくないわ。だから、あなたに面倒を見てもらうことになるわね」とおっしゃいました。

わたしたちは十日ほど陰鬱な状況で過ごしました。外ではいつものように陽光が輝いていましたが、マーガレット王女はカーテンを開けることを許してくださらず、終日暗い部屋で過ごされました。わたしは手探りで灰皿を替え、部屋を掃除し、ドアの外にメイドが置いておいた食事を王女さまのもとに運びました。

バンベリー医師からもらったポケットベルを首から下げ、王女さまはわたしにご用があるたびに――ほとんどひっきりなしでしたが――それを鳴らされるのです。何度か、眠っておいでだと思いこんで、首からポケットベルをはずして護衛のジョン・ハーディングに押しつけ、階段を駆け下りて海に飛びこみました。わたしが泳いでいるあいだ、ジョン・ハーディングはバルコニーに立ち、王女さまからの呼び出しにそなえます。王女さまのお召しがあれば、腕をめちゃくちゃに振り回します。わたしは海から飛び出し、髪の水気を絞りながら階段を駆けのぼって、ご用件をうかがいに行くのです。王女さまが微妙なタイミングを見計らっておられたのかどうかはわかりませんが、海に入ったところで呼び戻されると、急な階段を駆け上がり、服をはおり、はずむ息を整えながら、王女さまの部屋にすべりこむはめになりました。

「はい、王女さま」わたしはあえぎながら言います。「何かご用ですか?」

「どこにいたの、アン?」王女さまはややご機嫌ななめです。

「ひと泳ぎしておりました。おかげんはいかがですか」

「あいにく、あまりよくないのよ」

「それは申し訳ございませんでした。でもこうして戻ってきましたし、もうどこにも行きませんから」

こういう状態がほぼ二週間つづきました。王室はちょっとした事故があったことは認めたものの、王女さまはお元気だと発表しましたが、それは事実とはかけ離れていました。王女さまはふさぎこまれ、そんな王女さまを少しでも元気づけられるのは、愛想のいいバンベリー先生だけでした。先生が帰られるとすぐ、王女さまはわたしにおっしゃるのです。「バンベリー先生をもういちどお呼びしてちょうだい。聞き忘れたことがあるから」

「先生はたったいま帰られたばかりですから」とわたしはなだめます。「あと三十分ぐらいたってからにしましょうか?」

わたしも同じ目にあいました。王女さまの用事をすませて退出すると、すぐまた呼び戻されるのです。とうとうお部屋にあるもう一台のシングルベッドを使うことをお許しいただき、王女さまが移動できるほど回復されるまでのあいだ、ビデオを一緒に鑑賞しました。

王女さまははずんだ声でおっしゃいました。「まあ、寄宿学校みたいね」

「さようでございますね」わたしはにっこりしました。「ただし、当時はベッドに寝そべって映画を見るなんてもってのほかでした」

王女さまの足はなかなかよくなりませんが、イギリスに帰ってしかるべき病院で治療を受けましょうとお勧めしても、マーガレット王女はお聞き入れになりません。「移動するのはまだむりよ、アン」と、あきれたようにおっしゃるのです。

わたしは生まれてはじめてバッキンガム宮殿に連絡し、女王陛下とお話しさせていただきたいとお願いしました。女王さまに事情を説明し、ご助言を求めたのです。陛下は状況をすぐに飲みこまれ、事態を憂慮して、協力を約束し、マーガレット王女と話すことをご承知くださいました。陛下の説得が功を奏して、王女さまも納得され、王室の手配によりコンコルドで帰国することになりました。わたしは牛乳瓶用のコンテナを用意して、王女さまの両足をその上に載せていただきました。

ご病気のマーガレット王女と飛行機で長旅をしたことはまえにもあって、バルバドスで医療検査をお受けになった王女さまをロンドンまでお連れしたのです。ファーストクラスの客室全体を空けて通常の座席を撤去し、がらんとした室内にベッドがふたつ、ぽつんと設置されました。旅のあいだほぼずっと、わたしは王女さまの手を握り、夜中にふと目をさますと、大柄で優しそうなバルバドス人の医師が眠っている王女さまの上にかがみこんで、体温や脈拍を測っているところでした。王女さまはかつてなく弱々しく見えました。そのときは回復されましたが、今回はどうなのか心もとない思いでした。もとどおり歩けるようになるのかどうか、医者たちがどんな診断を下すのか心配でした。

ロンドンに戻ると、マーガレット王女は足のやけどの集中治療を受けられました。ある日、王女さまから電話がありました。「お医者さま方がわたしの足をどうするのか、聞いたらびっくりするわよ。お昼を一緒に食べましょう。あなたにも見てもらいたいから」。そういうわけでわたしは出かけ、昼食後、ウェールズから取り寄せた蛭を袋から出して王女さまの足に乗せるところを見学しました。マーガレット王女はその治療法に興味津々で、いささかもひるむことなく、蛭は何世紀にもわたって傷の治療に使われており、その起源は古代エジプトまでさかのぼるという看護師の説明に、熱心に耳を傾けられました。「蛭は天然の抗凝血剤を分泌して、血液が固まらないようにしながら血を吸うのですが、その物質は傷の治りも速めてくれるので、治療にも役立つのです」看護師はそう説明しながら、ぬめぬめとした黒い蛭がどんどん膨らんでいくのを、魅入られたように眺めていました。マーガレット王女は蛭に血を吸われても平然とされていましたが、わたしは蛭に吸いつかれているのが自分でなくて心底ありがたく思いました。

車椅子の生活になられても、マーガレット王女は公務を続けられましたが、以前ほど回数はこなせず、ご本人もおわかりのとおり、生活は不自由になる一方でした。もともと宵っぱりで、毎晩のように歌の集いを楽しみ、夜中まで笑い声や冗談が絶えなかったのに、社交には興味をなくされていました。寝室でラジオ3の教養番組を聴いていらっしゃる姿をしばしばお見かけしました。

一九九九年の夏、王女さまのお誕生会があるのでバルモラル城へお供したところ、たまたま年に一度の首相の訪問日と重なりました。当時の首相はトニー・ブレアでした。わたしはシェリー夫人のお世話係を言いつかりました。夫人はしわくちゃのパンツスーツで、バルモラル城訪問をとくに喜んでいる印象は受けませんでした。お泊まりになる部屋をご覧になりますかとたずねると、夫人は答えました。

「なんのために？」

わたしはお客さまには全員専用のメイドがつき、お部屋でお待ちしているので、お会いになって支度が整っているかどうか確認させていただきたいのだと説明しました。夫人はしぶしぶわたしのあとから上の階にやってきました。夫人の部屋に入ると、明日の朝食はベッドで召し上がっていただくと説明しました。ご婦人方はみなそうするきまりで、首相のほうは一階でほかの男性方と朝食を共にするのだと。夫人はわけがわからないという顔でわたしを見ました。「でも、トニーはわたしと朝食をとりますけど」

ちょうどそこへ首相が現われて、「一階で朝食、それはすてきだな」と口をはさみました。緊張を和らげようとしているのは明らかでした。

翌日、首相はたしかに一階に下りて朝食をとりましたが、そのすぐあと、夫人と一緒にライクラのジョギングウェアに着替え、護衛を引き連れて谷の中腹を登っているのを見て、わたしは仰天しました。首相夫妻の逗留中は毎朝、窓から外を見ると、派手な色合いの点々がふたつ、丘の斜面をジョギングしているのが見えたものです。

シェリー夫人は滞在中にだいぶご機嫌が直り、とくにお城のショップに案内したおりは、バルモラル名物のショートブレッドやファッジを何箱も買いこんでご満悦でした。首相夫妻のバルモラル訪問は、夫人が思いがけず妊娠したことを公表し、しかも「避妊具」を忘れたのでバルモラル滞在中にみごもったに違いないと洩らしたことで、新聞に大きく取り上げられました。マーガレット王女とわたしは新聞の解説記事を楽しく読みましたが、王女さまの健康はその後も衰えるばかりでした。

それから数年のあいだにマーガレット王女はさらに一、二度、脳卒中に見舞われ、その後、視力が衰え、あっというまに両目の視力をほぼすべて失われました。男性に囲まれて過ごすのがお好きだったのに、いまでは同席を拒まれ、夫のコリンでさえ例外ではなく、気が許せるのは限られた同性のお世話役だけになってしまいました。

二、三人で交代して本を朗読したり、ときにはわたしがひと晩泊まったりしました。王女さまの本の好みは、控えめに言っても、じつに幅広いものでした。あるとき訪問すると、見るからに張り切っておいでです。「新しい本が届いたの」とはずんだ声でおしゃいました。「これを読んでくださらない？　最初から最後まで種づくしなのよ」わたしはがっかりしました。一冊まるごと、植物の種についてですって。それより退屈な本があるかしら、と思いましたが、そもそもその本はロディが王女さまに差しあげたもので、しかも、王女さまははしゃいでいらっしゃるだけでなく、本気で興味をお持ちのようでした。わたしはジャガイモについての章まで読みすすめたところで、お声をかけました。「王女さま、この本がお気に召されましたか？　このあたりでいったん休みましょうか？　少しばかり退屈ではございませんか」

「つづけて、アン」王女さまは間髪を入れずにおっしゃいました。「すごく面白いわ」。というわけで、わたしはそのうんざりするような本を苦労して読みすすめましたが、いつものように、王女さまが途中で制止して、わたしの発音をいちいち訂正される、ということはありませんでした。それが王女さまの癖だったのですが。

数日かけて、そのいまいましい本をようやく読み終わると、今度はさまざまな宗教についての本を朗読しましたが、わたしはそちらのほうがはるかに好みでした。ヒンドゥー教について調子よく読んでいる途中で、王女さまの口出しが始まりました。〇〇という単語はほんとうに「そんなふうに発音する」のか、といちいち確認されるのです。わたしはそのころにはインドを何度も訪れていたので、「ええ、王女さま」といくらかそっけなく答えました。「もちろんです。ご存じのように、わたしはインドにも う二六回行きましたから」その回数が誇張でないことは王女さまもご存じでしたが、いくつかの単語は まったくあてずっぽうで発音していることも、お互いに承知していました。

ある日、女王陛下がお茶の時間に、マーガレット王女を訪ねてこられました。おふたりが水入らずで過ごせるように、わたしは客間に残り、女王さまはおひとりでマーガレット王女の寝室に向かわれました。ところが、入室されたあと、ほとんど間をおかずに出てこられたのです。

「あら、どうかなさいましたか?」とわたしはおうかがいしました。

「ええ、まあ」と陛下は答えられました。「マーガレットは『アーチャーズ』〔BBCラジオの人気ドラマ〕を聴いていて、わたしが何か言いかけるたびに、シーッ! と言うの」

さもありなんと思いました。マーガレット王女のあまのじゃくな一面がお姉さまにも及んだのでしょう——姉君は女王陛下でいらっしゃるというのに。王女さまが相手を出し抜くためのさりげない駆け引きに長けておられることは、わたしもつねづね気づいており、それが王女さまと皇太后さまのいがみ合いのもとでもありました。

「わたしも一緒に参ります」と申し上げました。

寝室に入ると、マーガレット王女に「王女さま、女王陛下がお見えです。あまり長居はおできになりませんから、お茶をご用意いたしますね」と言って、ラジオのスイッチを切り、おふたりに紅茶をお出ししして退出しました。

それから数か月というもの、毎日王女さまのもとに通いました。話し相手を求めていらっしゃいましたし、もうご回復が望めないことはどちらもわかっていました。それどころか、日を追うにつれてご体調がみるみる悪くなったので、おそばを離れず、できるだけ快適にお過ごしになれるようお世話したかったのです。

二〇〇一年のクリスマスの時期、わたしはノーフォークに、マーガレット王女はサンドリンガムの別邸におられました。女王陛下の女官のひとりから連絡があり、マーガレット王女が何もお召し上がりにならず、生きる気力をなくされてしまったようにお見受けするというのです。ただちに参上したところ、王女さまはベッドでお布団をすっぽりかぶって寝ていらっしゃいました――お顔もほとんど見えません。かつての王女さまを見習って、毅然とした態度をとることに決め、暗くよどんだ雰囲気には取り合わず、ほがらかに声をかけました。「王女さま、もうじき『アンティーク・ロードショー』が始まりますよ。テレビを見ながらお茶でもいただきましょう」。王女さまの表情がちょっぴり明るくなり、ベッドから出ることを承知されました。気分転換に車椅子を押して廊下を進み、テレビの前に落ち着いて、お気に入りのテレビ番組を一緒に楽しみました。その夜はもうしばらく王女さまに付き添い、軽食をほんの少し食べていただくことができたので、おいとまするころには、ご気分も少し上向いたようでした。

わたしが階下に下りると、ホールでうつらうつらしていたコーギーがわたしを見て吠え、その声で女王陛下がお出ましになりました。どんなごようすだったかおたずねになったので、「陛下、まずまずでございました。マーガレット王女はジャム・タルトをひとつ食べてくださいました」

「ジャム・タルトですって！」という女王のおっしゃりようは、『まじめが肝心』のレディ・ブラックネル〔オスカー・ワイルドの戯曲の登場人物。ヴィクトリア朝の上流階級の女性で、「手提げ鞄ですって？」という台詞は有名〕を彷彿とさせました。マーガレット王女がなんであれ口にされたとお聞きになって、心底驚かれたのです。

クリスマスのあとマーガレット王女はケンジントン宮殿に戻られましたが、二〇〇一年が終わり新年になると、さらに衰弱が進みました。わたしは訪問をつづけ、本を読んだり、一緒にラジオを聴いたりしていましたが、二〇〇二年二月八日、私設秘書のアルスウォーター子爵（ナイジェル・ネイピアの後任）から電話があり、王女さまがその日の午後またもや脳卒中に見舞われ、容態が思わしくないと知らされました。王女さまにもう一度お会いすることはかないませんでした。

マーガレット王女は翌日の早朝、ロンドンのメリルボーンにあるエドワード七世病院で息を引き取られました。王女さまがご逝去されたあと、わたしは寂しくてたまらず、王女さまのいない人生を、うつろな思いで茫然と過ごしていました。深い友情で結ばれ、人生の多くを共にしてきただけに、もう二度とお会いできないということがすぐには飲みこめなかったのです。王女さまがもう苦しまれず、安らかに眠っておられることにほっとする一方で、わたしの人生には大きな穴がぽっかりとあいてしまったようでした。

マーガレット王女のご葬儀は、二月十五日にウィンザー城の聖ジョージ礼拝堂で執り行なわれました。父君ジョージ六世のご葬儀が同じ場所で営まれたのは、ちょうど五十年前の同じ日でした。わたしは悲しみで胸がふさがれていましたが、会葬者の顔ぶれも気にかかっていました。王女さまの元夫君だけでなく、恋人だったロディも参列するからです。ロディとの交際があれほどのスキャンダルを引き起こし、王室がその当時ふたりの交際を認めていなかったことを考えると、気まずい雰囲気になるのではないかと案じられました。それにしても意外だったのは、夫が出席を拒んだことです。コリンはマーガレット王女を崇拝していましたが、お別れの場に立ち会うことができず、また、人前で感情をあらわにする危険を冒したくなかったのでしょう。

　わたしはほかの女官たちと並んで身廊の正面席にすわっていました。バラの花で覆われた棺はすでに祭壇に安置され、会葬者が到着しはじめました。マーガレット王女はご自身でまえもって聖歌を選ばれていました。わたしは歌うのが好きで、心をこめて王女さまをお見送りしたかったのですが、ほとんど歌えませんでした。

　葬儀が終わり、棺が通路を運ばれてゆくとき、百一歳になられ車椅子で出席された皇太后さまはどうにか立ち上がり、頭を垂れて娘の棺を見送られました。

　マーガレット王女が一九五九年の創設以来、名誉連隊長を務めてこられたロイヤル・ハイランド・フュージリアーズ連隊の八人の軍曹が、赤を基調としたアースキン・タータンのキルトと肩掛けをまとって、小さな棺をかつぎ、マーガレット王女をお運びしました。オルガン奏者はやがて、参列者が退出したものと思って演奏を止めましたが、悲しみに満ちた沈黙のなかで、全員が身じろぎもせずにすわっていました。

　葬儀のあと参列者がようやく礼拝堂を出ると、わたしたちはウィンザー城での追悼の集いに出席しました。その席で、女王陛下はわたしのこれまでの労をねぎらってくださいました。ロディがマーガレット王女にもたらしたよい影響を認め、マスティク島とレ・ジョリ・ゾのおかげで王女さまがたいそう幸せな人生を送られたことをとても喜んでいると、おっしゃってくださったのです。わたしは陛下のそのお言葉にとても心を打たれました。

　悲しいことに、マーガレット王女のご葬儀は、皇太后さまの最後の外出となりました。それから二か月もたたないうちに、ご逝去あそばされたのです。あいついでご両人を失ったことは、わたしには大きな痛手でした。ロイヤル・ロッジでおふたりと過ごした楽しい週末――ウィスラーの壁画がある客間での笑い声、ご正装で威儀を正されたお姿、グラスを頭上に掲げたりテーブルの下まで下げたりというにぎやかな乾杯、マーガレット王女の伴奏で夜更けまで合唱したこと等々。

皇太后さまの墓所は、聖ジョージ礼拝堂のご夫君ジョージ六世の隣と決まっていましたが、マーガレット王女にはとくに用意されていませんでした。愛するお父さまの傍らに葬られたいというたっての希望で、王女さまは火葬に付されました。遺灰は、皇太后さまが亡くなるまで王家の納骨所で保管され、皇太后さまが埋葬されるときに、マーガレット王女の遺灰も墓所に納められました。

王女さまが亡くなられて数か月というもの、王女さまのいない世界はとても静かに感じられました。王女さまは類いまれなすばらしい女性でした。だれかが悩みを抱えているとき、王女さまはいつもその問題をまったく別の見方で、新しい角度からご覧になるので、答えが見つかるということがよくありました。いまでもわたしは困った事態にぶつかるたびに、王女さまがそばにいて、ご自分ならどうされるか教えていただけたらいいのにと思います。最後の最後まで、王女さまは周囲の世界に興味を持ち続けられました。王女さまのいない人生は元どおりではありません。マスティク島に行ったときはなおさらそう感じます。

島を訪れるたびに、何年分ものわたしたちの笑い声がこだまし、いっしょに過ごしたさりげない日常の数々が懐かしく思い出されるのです。バジルのバーに夕暮れどきにすわっていると、緑の閃光を探すともなく探してしまいますが、王女さまが一緒でないと張り合いがありません。レ・ジョリ・ゾは現在、すてきなカナダ人のご一家が所有され、いくらか手直しされたものの、正面からみた姿は以前のままです。二〇一八年二月に訪問したとき、マーガレット王女の御霊を身近に感じ、しばらくその場でたたずんでいました。どこかの部屋から王女さまが出てこられるのではないか、角を曲がれば、王女さまがお気に入りの場所から海を眺められていらっしゃるのではないかという気がして。

18 死が二人を分かつまで

西暦二〇〇〇年を迎えるころ、夫のコリンはそれまでの四十年間の大半を過ごした西インド諸島に腰を落ち着け、イギリスへはめったに戻らなくなっていました。

一九八三年に父親が亡くなり、第三代グレンコナー男爵の爵位を承継すると、上院議員になり、自由党を支持してきた一族の伝統にのっとって、自由党の院内幹事に就任しました。長年のあいだ、夫は上院議員の立場を利用してカリブ海の島々と住民の支援に努めてきました。人種や身分の垣根を乗り越え、平等を達成し、生活水準を向上させようとしたのです。一九九二年、上院で初めてスピーチを行なったときは、メモも見ずに、カリブ海地域で伝統的に栽培され、安定した利益が見込める作物を支援する必要があると話しました。サトウキビがテンサイに取って代わられ、綿花貿易がすっかり廃れてしまったのを目撃した経験から――いま自分が着ている衣服は、マスティク島で栽培された最後のシー・アイランド・コットンから作ったものだと指摘したうえで――縮少しつつあるバナナ貿易を支援する必要性を強く訴えました。夫は雄弁で、カリスマ性があり、演説を始めたときには閑散としていた議場が、終わるころには聴衆で埋まっていました。わたしはコリンの妻であることを誇らしく思いました。

一九九〇年代初め、セント・ルシアに拠点を移してまもなくイギリスを訪れた夫は、ダブリン動物園で象が一頭売り出されているという広告を見て、衝動的に購入し、ただちにセント・ルシアに輸送する手続きをとりました。「ゾウの名前はどうする？」とコリンは、たまたま双子を連れてブライトン・パビリオンに向かう車中で訊きました。エイミーが何気なく窓の外を見ると、車はブーパ健診センターを通り過ぎるところでした。エイミーは「ブーパ」という文字を見て、その音が象のトランペットのような鳴き声と似ていると思い、「ブーパはどう、パパ？」と言いました。

「名案だ！」とコリン。

夫とわたしはブーパの到着に間に合うように、セント・ルシアに戻りました。ブーパはカリブ海にやってきた初めての象だったので、一大イベントとなりました。煉瓦の運搬船でブーパが到着したときは、誰も彼もが浜に集まりました。ブーパは船を下りると、新しい環境に興味を持ったようで、がやがやと港に集まった大群衆を見ても驚きませんでした。

島の大勢の若者が世話係を志望し、夫が群衆を見まわすと、身振り手振りでしきりに注意を引こうとします。夫はそのなかから耳の大きな少年に目を留め、「きみが世話をしてくれたら、ブーパもくつろげるだろう」と、その場で採用しました。少年は大喜びで、満面の笑みを浮かべました。

その少年の名前はケントと言いました。とても人なつこくて、ブーパともたちまち仲良くなりました。ブーパは島の暮らしになじみ、自由に歩きまわれることを喜び、大らかな性格を発揮して、長い鼻で小型の漁船を引き寄せるなど漁師のお手伝いをしました。

夜になると、危険な目に遭わないように木製の納屋に入れました。象には仲間が必要だと知って、コリンはもう一頭入手しようとしました。クリストファーと双子を連れてアフリカで象のつがいを購入し、象たちはセント・ルシアまで船で輸送されましたが、入国を拒否されてしまいました。ブーパの上陸は許可したのですから、お役人たちは、象は一頭で十分だと判断したのでしょう。というわけで、新しい象たちはアフリカに帰され、ブーパは友だちがいないままでした。結局のところ、豚でがまんしてもらうことになり、妙な組み合わせに聞こえるかもしれませんが、ブーパはすぐに豚たちと仲良くなりました。

双子たちは象のペットができたので大喜びし、コリンと一緒にときどきブーパに乗り、長い時間、象のあとをついてまわりました。わたしもブーパが大好きでした。ふと気がつくと、台所の窓から長い鼻がゆらゆらと伸びてきて、バナナをおねだりするのです。

ある日、コリンが「シー・スター号」というヨットで誕生会を開いたところ、何者かがブーパの仲間の豚を一匹、肉目当てに殺してしまいました。それを聞いたコリンは、ブーパも巻き添えを食ったのではないかと心配しました。というのは、豚を守ろうとして暴れることがあったからです。夫は犯人を捜しに岸に戻りました。ブーパの本能が裏目に出ていないことを祈りながら。やがてヨットから見えたのは、ひとりの男が命からがらビーチを駆けてゆき、そのあとからコリンが杖を振りあげて追いかけていくという、チャップリンの無声映画そこのけの光景でした。男はまんまと逃げおおせ、ブーパが無事だとわかって夫の怒りも静まりました。

コリンはセント・ルシアでひときわ目立ちました。この背の高いイギリス人は、気性が激しく、象を飼っていて、トレードマークの白いクルタ〔インドの男性服、ゆったりした膝丈長袖の上着〕と白いパジャマ風のズボンであちこち歩きまわっているのですから。コリンはこれまでさまざまな素材の、たいていは派手な色合いの服を着ていましたが、わたしと友人のマーガレット・ヴァイナーがインド旅行から戻ってから、服装の趣味ががらりと変わりました。わたしたちは、インドであでやかな婦人服をかたっぱしから試着して自分たちには似合わないとわかり、男性用を着ていたのです。コリンはそれを見るなり、諸手を挙げて言いました。「そういうのが欲しかったんだ！　すばらしい！」そして、いつのまにかインドまで行って、新しい服をひととおり買いそろえると、余生はそれで通しました。

夫がセント・ルシアに腰を据えて新しい事業を始めると、子どもたちはたびたび訪ね、成長するにつれて父親と親しくなりました。一九九〇年代末、二十代になったエイミーは、セント・ルシアに引っ越してコリンと同居することにしました。コリンはその決断を歓迎し、「エイミーには潮時だったんだ。あの子には父親が必要だし、それ以上に、ぼくもあの子が必要だ！」とわたしに言いました。

ふたりには強い絆がありました。コリンは愛情をべたべた示すほうではなく、もっとさりげない方法で伝えていました。エイミーは何かの機会におめかしすると、「これでいい？」とコリンによく訊いていました。するとコリンは決まって、衣装にほんの少し手を加えたり、何かを足したりしてから、よしよしとばかりにうなずくのです。画家で金箔師という娘の専門技術を自慢に思い、とくにエイミーがインド寺院の修復を依頼されたときは鼻高々でした。娘の地に足の着いた大らかな性格も高く買っていました。エイミーも父親に似て、島民たちとの交流を楽しみ、地元の暮らしに溶けこもうとケントと一緒に闘鶏場にもよく出かけました。

ふたりは頭の回転が速いところも同じでした。コリンは、ピトン山という双子の峰からなる火山にはさまれたレストランを買ったとき、エイミーに相談しました。「名前は何がいい？」

エイミーは間髪を入れずに答えました。「『ピトン山のときめき』は？」

「そりゃあいい！」コリンは気の利いた名前に膝を打ちました。

夫は盛大な開店パーティーを開きました。レストランはマーガレット王女をお迎えして正式にオープンし、王女さまとメイのふたりがハロー誌の表紙を飾りました。

それからの数年間、エイミーもわたしも行ったり来たりで、コリンは何かにつけてケントを頼るようになっていきました。ケントは毎日コリンの世話に明け暮れ、コリンもその働きに寛大に報いていました。ケントにホテルをふたつ与え、お給料もはずんでいたのです。ときたまケントがほんの数時間、買い物や私用でそばを離れると、コリンは不安に駆られて騒ぎだすのでした。新婚時代、床に丸まって泣きわめき、わたしを一晩じゅう起こしていたころに比べればましになったとはいえ、神経質なところは相変わらずだったのです。

あるとき、コリンが人前で騒ぎたて、なんともばつの悪い思いをしたことがありました。夫はわたしとケントを連れてイタリアを訪ね、ヴェローナでわたしのお気に入りのオペラのひとつ、《ナブッコ》を鑑賞できるようお膳立てしてくれました。その心づかいが胸にしみたのは、コリンはわたしとちがって、オペラにはとりたてて興味がなかったからです。

会場までの移動がひと苦労で、道をまちがえたと思いこんだコリンが何度かキレて怒りだし、到着したとたん、大のサッカー好きのケントが、テレビで試合を観にどこかへ行ってしまいました。

円形劇場の席に着くと、あいにくあまりよい席ではなく、コリンはたちまち機嫌を損ねました。「いやはや、ぼくは幕間で帰ることにする。こんな席にすわってられるか」

わたしはこの夕べをとても楽しみにしていたので、あきらめきれず、もう少しましな席に替えてもらえないか交渉にいきました。夫の具合がよくないのでと頼みこむと、ありがたいことに、正面に近いはるかによい席に替えてもらえました。ようやくコリンの隣の席に落ち着いて、わくわくしながら開幕を待ちました。途中までは順調でしたが、第三部のヘブライ人たちの合唱のところで、ぞっとしたことに、コリンが隣で声をあげて泣きだしたのです。「コリン、どうしたの？」とわたしは訊きました。

「ケントもここにいればよかったのに」とむせび泣くのです。

「正直いって、ケントが楽しんだとは思えないわ。わたしがいるじゃありませんか」

それでもコリンは泣きやみません。「いやだ、いやだ、ケントがいい！」

この時点では、多くの聴衆が振り返って、わたしたちのほうをじろじろ見ていました。コリンの膝掛けが目に留まったので、それをつかんで頭にかぶせました。夫が泣きやむことを期待して。意外にもコリンはそれをむりしとろうとせず、泣き声もくぐもって小さくなったので、観客は舞台に注意を戻しました。わたしは座席で身を縮め、これで一件落着となりますようにと祈っていましたが、そうは問屋が卸しませんでした。合唱がようやく終わったと思ったら、指揮者が聴衆に向き直り、「よんどころない事情により、合唱をやり直します」と告げたのです。

合唱がふたたび始まったとき、わたしは恥ずかしくて穴があったら入りたい気分でした。唯一の救いは、膝掛けが魔法のように効いて、コリンがおとなしくなったことです――とはいえ、おそらく、夫には幕間でお引き取りいただいておけばよかったのでしょう。

結婚生活のあいだずっと、コリンは世話役を必要としていました。いつも身近にいて、さまざまな問題を解決し、夫を落ち着かせるというその役目を、わたしは何十年も担ってきましたが、クリストファーの事故のあと優先順位が変わり、ケントがその役を引き継ぎました。わたしはもう、一日のすべての時間を夫のために費やす気にはなれなかったのです。その役目はいまでは仕事、それも有給の仕事となり、もはや妻の務めには思えませんでした。

コリンの面倒を見る代わりに、わたしはイギリスに腰を落ち着け、クリストファーの近くにいたので、息子に好きな人ができたときは喜びました。クリストファーはロンドンに戻っていましたが、足もとがまだおぼつかないので、自宅近くの横断歩道を渡るときは、通行人に助けを求めていました。きれいな娘さんが通りかかるのを待って、手を貸してもらううつもりだったので、かなり年配の女性が声をかけてくれたときは、当てが外れてがっかりでした。しぶしぶ道路を渡っていると、その女性がこれからどこに行くのかと話しかけてきました。クリストファーが答えると、自分の娘がすぐ隣に住んでいるからと引き合わせてくれました。その娘さんはアナスタシアといって、半分ギリシア人の血を引く、とても聡明な弁護士でした。クリストファーと彼女は恋に落ちて結婚し、ベラとデメトリアというかわいい娘がふたり生まれました。

しばらくは幸せな家庭を築いていましたが、やがて夫婦仲がぎくしゃくしはじめ、ある日、クリストファーが電話してきました。「アナスタシアはぼくに愛想を尽かして、出ていけとさ。母さんのところで泊めてもらっていいかな?」そういうわけで、クリストファーはノーフォークにあるわたしの農家にやってきました。その時点ではふたりとも、息子がいつまでここにいるのか、はたしてアナスタシアの気が変わるのか、それとも結婚生活は終わりなのか、さっぱりわかりませんでした。

わたしの家は小さな村にあり、クリストファーには長い距離を歩くのは難しいかもしれないので、あちこち移動できるように三輪自転車を買ってやりました。大のおとなが三輪車で田舎道を走っている姿は妙に見えるかもしれませんが、これだとパブにも簡単に行けるので、本人は気にしていませんでした。数年のあいだに、自分の障害とすっかり折り合いをつけ、仮にだれかがからかおうとしても、知ったことではないという態度をとっていました。

わたしは、息子が転んで起き上がれなかったらどうしようと案じていましたが、中年の息子にあれこれ口出しする母親にはなりたくなかったので、「十一時半までには帰ってきなさいよ。遅れるときは電話して。心配するから」と言うだけにとどめました。

ある夜、十一時半をすぎても、なんの音沙汰もありません。事故に遭ったのではないか、路上か溝のなかで転んで起き上がれないのではないかと、悪い想像がつぎからつぎへと浮かびます。ベッドから出て、寝間着の上にコートをはおり、パブまで車を飛ばしました。店の外に三輪車があるのを見て、電話をかけ忘れたにちがいないとわかり、頭に血がのぼりました。荒々しく店に入ると、息子を怒鳴りつけました。「いったいどういうつもり？　何をやってるの？　死ぬほど心配したのよ！」母親の乱入に唖然としている息子に、答えるひまも与えず、パブから引きずりだしました。

翌日、わたしが落ち着きを取り戻したころ、クリストファーは言いました。「電話しなくて悪かったよ。すばらしい女性に会ったものだから」

「アナスタシアと子どもたちはどうするの？」とわたし。

じつのところ、ふたりは愛し合って結婚したのですが、家庭生活は一方に負担が偏り、あまりにも公平さに欠けるものでした。夫婦は離婚を決めたものの、良好な関係を保ち、クリストファーは娘の人生にいまも大きな役割を果たしています。パブで知り合ったすばらしい女性に話を戻すと――ふたりは再婚しました。最初の結婚がうまくいかなかったのは残念でしたが、息子のことを心から愛してくれる女性と出会えたことは、わたしたち夫婦にとっても大きな喜びでした。ジョアンナはわが家にとけこみ、ありがたいことに、コリンともわたしともうまくやってくれました。クリストファーはこうして身を固め、いつもそばで面倒を見てくれる伴侶を得たおかげで、両親にも安心してもらうことができたとたいへん喜んでいます。

こうして七十代半ばにして突然、わたしはひとりの生活を満喫することになりました。コリンの世話はケントに任せ、クリストファーはジョアンナが支えてくれ、双子はおとなになり、女官の務めは悲しいかなお役御免となって、ようやく肩の荷を下ろすことができたのです。わたしは旅行が大好きなので、友人たちと気の向くままに世界各地を旅してまわりました。そのなかには、コリンに引けを取らないほどの変わり者もいました。

そのひとりメアリー・アナ・マーティンは二〇一〇年に惜しくも亡くなりましたが、型破りの貴婦人で、長年の友人でした。いつもだしぬけに電話をかけてきて、旅行に誘ってくれるのです。ふたりの一番の珍道中はロシアへの旅でした。出発まえ、堂々たる体軀のメアリー・アナは、「ロシアの食べ物は、ひどいったらないの。ハロッズでパルマハムをもも一本丸ごと注文して、お宅に配達してもらうようにしたから。代金は折半で。パルマハムなら昼でも夜でも、好きなときに食べられるもの」。

出発日の二日前に、ハロッズの宅配車がやってきました。配送員がベルを鳴らし、特大の包みをわたしに押しつけました。それこそ一トンはあろうかという重さです。税関をどうやって通過できたのかよくわかりませんが、ともかくそのかさばる荷物をモスクワのホテルまで苦労して持ち運びました。部屋はうだるように暑く、しかも狭かったので、ハムは窓がまちの外側に載せておくことにしました。

真夜中、風を切る音と、翼をバサバサとはばたかせる、なんともすさまじい音で目を覚ましました。カーテンを開けたら、モスクワ中の鳥という鳥が押し寄せ、パルマハムを夢中でついばんでいたのです。翌日、わたしたちは鳥の食べ残しのハムを少し切りとり、それを持って公園に出かけました。メアリー・アナがそこでだれかと落ち合う約束をしていたのです。その相手がプロの殺し屋だと知って、わたしはふるえあがりました。出発したあとでおもむろに知らされたのは、この旅には何やら裏の理由があるということだけだったので。

ロシア語を少し話せるメアリー・アナは、自分の娘がうかつにも結婚した相手がロシアのスパイにちがいないと信じこみ、婿を「排除する」相談をするために、ある男性と話をする段取りをつけていたのです。わたしははらはらしながら公園のベンチに腰かけ、メアリー・アナはいくつか離れたベンチで、いかにもうさんくさそうな男と並んですわっています。わたしたちも逮捕されるんじゃないかと不安でした。メアリー・アナが戻ってきたので、「どうだった？ 殺し屋を雇ったの？」と訊きました。

メアリー・アナの答えは、「それがね、うまくいかないみたいなの。問題がひとつふたつあって」。

彼女がその計画を断念したときには胸をなでおろし、モスクワをきれいさっぱりあとにしたときは心底ほっとしました。わたしたちは飛行機で南下しサマルカンドに移動しました。色鮮やかなカフタン〔中東諸国など広くイスラム文化圏で着用される、長袖・丈長の前あきの服〕に宝石をジャラジャラつけていたメアリー・アナは、行く先々で人びとに取り囲まれるのですが、やがて彼女が、女帝エカチェリーナ二世の生まれ変わりだと思われていることが明らかになりました。人びとはメアリー・アナにさわって幸運にあやかろうと、ぞろぞろあとをついてくるので、ひと騒ぎになりました。わたしはマーガレット王女のお供をした経験から、こうした行動には慣れていました。まったく同じでないとはいえ、メアリー・アナが大勢の人を引き連れて歩いていくあとから、にゅっと伸びてくる腕を振り払いつつ、わたしもついていったのです。

メアリー・アナには驚かされてばかりでした。イギリスへの帰途、同じ飛行機に乗り合わせた大勢の人が下痢で苦しんでいることがわかりました。メアリー・アナの出番です。バッグからおもむろに取り出したのは、いまでは薬局では買えない「ドクター・J・コリス・ブラウンの調合薬」という水薬の瓶で、成分にはモルヒネが含まれていました。メアリー・アナは通路を行き来して、乗客にその薬をひとさじずつ飲ませました。空の旅が終わるころには、乗客全員がすやすやと眠っていました。「ちょうどよかったわね。その薬はいつもバッグに入れているの？」とわたしは訊きました。

「ええ、そうよ」とメアリー・アナ。「いざというときに備えてね」

メアリー・アナらしい答えです。彼女と出かけた旅はいつもハプニングの連続だったので――わたしもそれなりに数奇な人生を歩んできたのかもしれませんが、殺し屋を雇おうと思ったことは一度もありません。

友だちと世界各地を旅していないときは、ノーフォークで過ごす時間がしだいに増えていきました。ときめきに満ちた旅と平穏な田舎暮らしのバランスがちょうどよかったのです。嬉しいことに、二〇〇五年にメイが、双子とは長年の友人であるアントン・クリーシーと婚約しました。

第七代レスター伯爵のエディが親切にも、領地にある聖ウィズバーガ教会で挙式し、披露宴はホウカムの貴賓室で開くように勧めてくれました。わたしはその申し出にたいへん感激しました。なにしろ、ホウカムは一族の本拠地ですし、わたし自身が一九五六年にそこで結婚式を挙げたので、自分の娘が同じように挙式できることがとても嬉しかったのです。

わたしは母がそうしてくれたように教会にお花を飾り、わたしのティアラをつけたメイはまばゆいほどの美しさでした。まずエディが祝辞を述べ、そのあとコリンが起立し、正式なスピーチはなにも準備してこなかったのに、愛情をこめて滔々（とうとう）と語り、ときには夫らしく思い入れ過剰になりながらも、ユーモアあふれる乾杯でみごとに締めくくりました。

メイとアントンは結婚後まもなく、コリンがいるセント・ルシアに引っ越すことにしました。というのは、コリンと同居していたエイミーが見聞を広めるために、ドミニカ共和国に移ることにしていたからです。残念ながら、ふたりが事業を手伝おうとしても（「ピトン山のときめき」だけでなく、ホテルも一軒あったのですが）、コリンはアントンに仕事を任せることができませんでした。何度か衝突したあと、メイとアントンはイギリスに帰って自分たちの生活を始めることにしました。

七十代になっても、コリンは人目もはばからず盛大に癇癪を起こしていました。ある日、観光大臣とセント・ルシアの崖の上にあるレストランで面談の約束をしていましたが、大臣が現われません。コリンは待ちぼうけを食い、やがて料理長が出てきて、あと五分で店を閉めるというのです。すっかり頭にきた夫は、崖の端までテーブルを運んでは、つぎからつぎへと海に投げこみました。その足で空港まで車を飛ばし、荷物も鍵も持たずにロンドンに到着して、わが家の玄関をノックしたのです。夫が帰ってくるとは思いもせずにドアを開けると、夫は全身血とおぼしきものに覆われていました。

「コリン、どうしたの？　大丈夫？」夫がおそろしい事故に遭ったと思いこみ、わたしは悲鳴をあげました。

「アン」夫は苦々しく言いました。「血じゃないよ、ケチャップだ」

テーブルを持ち上げて崖から放り投げたときにケチャップを全身に浴びたと聞いて、わたしは思わず笑ってしまいました。コリンはおもしろくなさそうでしたが、結婚して五十年もたつと、いまさら夫の癇癪にびくびくすることもなくなっていました。

コリンの気性は、とりわけイギリス人の目から見れば、しばしば極端に見えましたが、西インド諸島の人びとはあまり気にならないようでした。気難しさと途方もない寛容さが入り混じった人間として、ありのままの夫を受け入れていたのです。

コリンはつねに若い人に目をかけ、若者たちが仕事で成功するよう後押ししてきました。最後の「愛弟子」となったのがケントで、いずれ彼に事業を任せられると信じていました。ただし問題がひとつあって、ケントは英語の読み書きができませんでした。それはなんとかなるだろうと、コリンはケントをロンドンにある成人向け学習支援センターに入れました。数か月後、電話がかかってきて、「わたしどもはめったに失敗しないのですが」とセンター長が言うのです。「ケントにはお手上げです。セント・ルシアに帰します」

コリンは島の出来事を何もかも、定期的にわたしに知らせてくれました。わたしが島にいないときは電話で何時間も、うまくいったことも失敗したこともすべて話してくれました。二〇〇九年末のある日、夫から電話があり、椅子に腰かけて落ち着いて聞くようにと言うのです。「どうしたの、コリン？」夫が何を言うつもりなのか、不安にかられました。

「聞いて驚くなよ！」とコリン。「ぼくに新しい息子ができたんだ」

「どういうこと？」わたしは啞然としました。

「手紙が届いたんだが、これがまさに青天の霹靂で、とにかく本人に会ってみることにした。ジョシュ・ボウラーという男だ。たしかにジョシュの母親とは、きみと結婚するまえに、一度だけ関係を持ったことがある。ジョシュはこれまで三回結婚し、ぼくには四人の孫が新しくできたというわけだ」

コリンの声には喜びがにじんでいました。

夫は何ごとにつけ熱しやすいものの、冷めやすい質でもありました。わたしは夫の気持ちをくんで、ジョシュ一家のためにグレンでお披露目のパーティーを開き、歓迎の気持ちが伝わるように、みなさんに紹介してまわりました。コリンは諸手を挙げて新しい息子を迎え入れ、セント・ルシアに連れ帰ってご自慢の島を披露しました。

三日とたたず、コリンから電話がかかってきました。「もうがまんできないぞ、アン！」と怒鳴るのです。はるかセント・ルシアからでは自分の声がちゃんと届かないとでも思っているように。

さもありなんと思いました。考えてみれば、ジョシュがこんなに長い歳月のあと急に現われたことが、わたし自身いささか腑に落ちなかったのです。

そのころコリンはすでに前立腺がんを患っていたのですが、頑なに病気を伏せていました。だれも病人や老人とは商売をしたがらないし、土地も買いたがらない、というのがかねてからの持論でした。そういうわけで、これまでにフェイスリフトの手術を二度受け、病気も自分ひとりの胸に納めていたのです。最初のうちは、わたしにも言わずに。

ずいぶん痩せてきたので、まえからおかしいとは思っていましたが、夫は何も認めようとしませんでした。病状が悪化したのは二〇一〇年の夏で、たまたまトリニダードで亡き長男チャーリーの未亡人シーラと孫のコディと一緒に珍しいコウモリを探していたときのことでした。シーラから電話をもらったわたしは、セント・ルシアに駆けつけ、数週間付き添いました。夫はじょじょに回復し、夫婦水入らずのひとときを過ごすことができました。わたしは夫を看病することができて嬉しく、夫もくつろいだ態度でやさしい言葉をかけてくれました。

わたしはノーフォークに用事があったので、一週間ほどしたらエイミーと一緒にセント・ルシアに戻るつもりで、いったん帰宅しました。エイミーはセント・ルシアに永住することを考えていたのです。

二〇一〇年八月二十七日、わたしが島を発ってから三日後にコリンは亡くなりました。夜に夫からケントに緊急の呼び出しがあり、ケントが車で病院に連れていきましたが、重い心臓発作を起こして、病院に到着したときは息がありませんでした。わたしに電話をかけてきたケントは、慰めようもないほど打ちひしがれていました。

わたしも衝撃のあまり茫然自失となり、その知らせがすぐには理解できませんでした。ほんの数日前の夜、ふたりでこれまでの人生を振り返り、コリンにしてはめずらしくしんみりした口調で、わたしたちはよき相棒だったと言ってくれたのです。「そこまで悪くなかったよな？」わたしが最後に枕元を離れるまえ、夫はそう訊いてきました。これまでくぐり抜けてきたいくつもの試練をねぎらうかのように。

葬儀を取り仕切るためにセント・ルシアに取って返す道中、コリンのいない世界をうまく想像できないことに気づきました。コリンは気難しさと才気煥発さを同じだけ兼ね備えた、類いまれな人間でした。うまく言えませんが、夫の数限りない浮気とこれ見よがしの癇癪にもかかわらず、それをしのいであまりある忠誠と友情が、何があろうとわたしたち夫婦を固く結びつけていたのです。コリンの言うとおりでした。わたしたちはかけがえのない相棒で、夫のいない世界はさぞかし寂しく感じられるでしょう。

クリストファーと双子たちは悲しみに打ちのめされ、なかでもエイミーはつらい思いをしていました。最後にコリンと会ったとき、コリンは別れの挨拶をしてタクシーに乗ったあと、すぐに車を停め、車から降りてきて娘をもう一度抱きしめたのです。人と触れあうのが苦手なコリンらしくないので、もしかすると予感めいたものがあったのかもしれませんが、もちろんエイミーのほうは、それが今生の別れになるとは知りませんでした。父親を失っただけでなく、自分の将来も失ってしまったのです。人生をやり直すためにセント・ルシアに行くはずが、父親の葬儀に出るための旅になろうとは。

メイも悲嘆に暮れていました。父親の癇癪をぶつけられることが多かったのですが、ふたりの関係はいくらかよくなり、ロンドンのポートベローホテルで最後に落ち合ったときは、和気あいあいとした雰囲気で、コリンはメイと楽しいひとときを過ごせたことを喜んでいました。

クリストファーは「さわらぬ神に祟りなし」などと言いながらも、たぶん父親と一番気兼ねなくつきあってきたので、しょげ返っていましたが、今回もいち早く気を取り直し、父さんは逝ってしまったけどこれからも見守ってくれるよ、と家族を元気づけてくれました。ヘンリーとチャーリーが亡くなったときと同じように。

わたしの胸に去来していたのは、コリンが亡くなるちょうど九か月前、家族そろって友人のジョセフィン・ローウェンスタインのお宅におじゃましたときのことでした。ジョセフィンの発案でコリンの彫像を建てることになり、トレードマークの白い上下に帽子、杖を持った巨大なブロンズ像を彫刻家のフィリップ・ジャクソンに製作してもらったのです。コリンのマスティク島への多大の貢献を称えて、除幕式は島で行なわれました。コリンは感激し、除幕式のあと、みなで浅瀬に出かけ、浜に並んで腰を下ろし、両足を伸ばして爪先を海に浸しました。あの幸せな日から一年足らず、そして、このまえ会ってから一週間もたっていないのに、わたしは夫に最後のお別れをするために戻ってきたのです。

お葬式はセント・ルシア風のにぎやかなもので、なじみのある伝統的なイギリスの葬儀とはかけ離れていました。夫なら喜んだでしょう。黒い色は影も形もありません。大きな白い教会のなかは、カリブ海の雰囲気そのもの。カーニバルを思わせる陽気さで、コリンが開いた数限りないパーティーをしのばせました。いつも華々しい登場にこだわっていた夫らしく、お葬式は壮大な退場の場となりました。そしていま、数日前に亡骸がラザルス葬儀場から運びこまれ、グレート・ハウスで公開安置されました。そしておんぼろの古いピックアップトラックに乗せられて教会に到着したのです。そのトラックは大ざっぱに霊柩車に改造され、屋根にはネオンランプの十字架がきらめいていました。

コリンは自分で「ロード・オブ・ザ・ダンス」を葬送の賛美歌のひとつに選んでいましたが、参列者は背筋をしゃんと伸ばして厳粛な面持ちで起立する代わりに、音楽に合せて体を左右に揺らしていました。ケントが涙にかきくれているので、わたしは彼の手を取って、一緒に体を揺らしました。教会の外では群衆が教会を取り巻き、歌っていました。マスティク島に別荘があるブライアン・アダムスが、ボブ・ディランの「彼はぼくの友だちだった」を教会のなかで歌うと、参列者も声を合わせ、額縁に入ったコリンの写真を頭上に掲げました。

葬儀が終わって教会のドアが開くと、外の熱気がどっと押し寄せてきました。セント・ルシアの国旗に覆われ、コリンの帽子を載せた棺が墓地へと運ばれていくあとに、わたしもつづきました。その棺は、金銀の装飾や趣味の悪い持ち手がついていないという理由だけでたまたま選んだところ、あいにく一番重いものでした。次男ヘンリーの息子でびっくりするほど背が高いユアンは、スコットランドのヒースの花束を握りしめていましたが、棺が傾かないようかがまなければならず、ほかの担ぎ手たちは、長男チャーリーの息子のコディを含めて、重さにあえぎ、汗をかいていました。そのまわりを、色とりどりの華やかな服を着て、顔に彩飾を施した地元の住人が取り囲んでいます。担ぎ手たちはその朝早く、プールのまわりでラウンジチェアを使って練習していたのですが、それどころの重さではなかったのです。

わたしは墓石にはさまれて、夫がまえもって選んでいた区画の隣に立ちました。コリン最後のパーティーも宴たけなわですが、今回は舞台監督からの指示がありません。とそこへ、これではまだ足りないといわんばかりに、だしぬけにべつの墓石の後ろから、顔を白塗りにした大勢の人が、大鎌を振りまわしながら現われました。死神たちはわたしに近づいてくると、手招きしました。「おいで、おいで、テナントの奥さん。おれたちといっしょに踊ろう」。わたしはぞっとして断りましたが、無理やり連れ去られました。何が何やらわからないうちに、わたしはなかば引きずられ、なかば踊りながら、墓石のあいだを通り抜けていきます。彼らは踊りながら、何十もの黒い風船を空に飛ばし、それは海の上をふわふわと飛んでいきました。わけがわからず、へとへとに疲れましたが、地元の風習なので、わたしもそれに従ったのです。

そうこうするうちに、地元のゴスペル・グループが「しずかに揺れよ、チャリオット」を合唱するなか、コリンは埋葬され、わたしたちはみなグレート・ハウスに用意されたお弔いの席に戻りました。家のなかは、鮮やかなピンク色のアイシングで飾った小さなケーキが何列も並べられ、お菓子屋さんのようでした。お葬式というよりお誕生会みたいです。スティールバンド〔磨いたドラム缶を楽器として演奏する西インド諸島起源のバンド〕の演奏と歌声、泣女（バンシー）のように泣き叫ぶ声、手拍子とドラムの音など、さまざまな音色と高さの音が、カリブ海の灼熱の大気を満たしました。まわりの村でも、地元の人たちが「テナントのだんな」の逝去を悼んで歌い踊り、わたしも夫のことを愛しく思い返しているうちに、ようやく夫の死を実感することができたのでした。

ウォッカトニックのグラスを片手に、ピンクと白の吹き流しの下で、お役人、警官、兵士、判事、地元の人たちと立ち話をしました。島じゅうの人が、コリンが愛したわが家に詰めかけているようでした。そのときになってケントが、コリンの葬儀は国葬にしたかったと言い出しました。島の重要人物には珍しくないそうですが、どうやらわたしが葬儀の手配を早まったようでした。そのことを聞いて、後悔が胸をよぎりました——知らなかったとはいえ、警察の護衛を断ってしまい、コリンはがっかりしたでしょう。

セント・ルシアでは遺言書はただちに開封する習慣なので、その夜、わたしは弁護士を待っていました。コリンの弁護士から、自分は最新の遺言書を保管しておらず、「グレンコナー卿は七か月前に、新しい遺言をスフリエールの弁護士と作成されているはずです」と前もって聞かされていたのが心配で、なりゆきを案じていました。

新しい弁護士が現われたとき、いやな予感がしました。その弁護士にはどことなくうさんくさい雰囲気があり——ほとんど目を合わせようとせず、そわそわと落ち着きがないのです。わたしのそばには、亡き長男の妻で、推定相続人コディの母親であるシーラも同席していました。弁護士はブリーフケースをがさがさ探って、紙を一枚取り出しました。下を向いてそれに目を通したあと、声に出して読みあげました。「私はここにすべてをケント・アドナイに遺し、家族に対する私の遺志を遂行してくれるものと信ずる」

わたしは心臓が止まるかと思いました。

そのあとわたしはケントを探しだし、できるだけ冷静に言いました。ちなみに彼は弁護士から遺言の内容を知らされていました。「ケント、家族全員に対するグレンコナー卿の遺志を、あなたが遂行してくれるのね」

彼はわたしをじっと見て、肩をすくめました。「グレンコナー卿が何をおっしゃってるのか、おれにはさっぱりわかりません」

それを聞いて、最悪の恐れが的中し、わたしたちがまさに何もかも失おうとしていることを知りました。この瞬間およびそのあと、わたしの血のなかを駆け巡った感情に比べれば、夢ともうつつともつかない弔いの宴など、ものの数ではありませんでした。

その夜遅く、わたしはもはや自分たちのものではなくなった家のバルコニーに立っていました。カリブ海ではたいてい夜空に満天の星がちりばめられているというのに、その夜に限って空は真っ暗でした。これまでの結婚生活が、走馬灯のように目の前をよぎります。五十四年間。五人の子どもたち。コリンが開いた無数のパーティーとコリンが破裂させた無数の癇癪玉。そのあげくの果てが——これとは。人目を引きたいがための最後の贈り物。これほどの屈辱があるでしょうか。しかも、わが子にこんな恥をかかせるなんて……わたしは絶望に打ちひしがれました。母のしつけに背いて、わたしは感情のおもむくまま、漆黒の闇に向かって喉が枯れるまで何度も何度も叫びました。

19　さて、お次は？

ごたごたが収まるまでには長い時間を要しました。友人たちはコリンの遺言書に憤慨し、無効の申し立てをするよう勧めてくれました。

イギリスでは、長男子単独相続制により通常は、領地の大部分は法定相続人、うちの場合は長男チャーリーの息子であるコディが受け継ぎます。ちなみにこの法律のせいで、娘のわたしはホウカムを相続することができませんでした。今回も妻であるわたしは夫の相続から外れますが、腹立たしいのはそこではありません。女性ゆえの現実はとうの昔に受け入れていましたが、コリンがわたしと子どもたちには領地以外の一切の財産を遺し、領地はコディに相続させるものと思っていたのです。

ただし、一族の屋敷と土地といえばグレンだけで、それは信託財産としてヘンリーの息子ユアンに譲渡されています。一方、コリン自身が築いた莫大な資産は歳月とともにずいぶん目減りしましたが、亡くなった時点ではまだセント・ルシアに土地とホテルを何軒か持っていました。ところが、コリンは自分が所有していたものは何もかも、思い出の品も価値あるものも、ケントひとりに遺したのです。

実際には、ケントはすぐさまグレート・ハウスの家財を売りに出し、そのなかにはわたしの持ち物もたくさん混じっていました。彼にこの話を持ちかけた弁護士が未払いの請求書を見せて支払いを迫り、家財を競売にかければ借金を返済してもおつりがくると言われたケントは、同意したのです。わたしはその件を友人から教えてもらいました。葬儀のあとすぐに電話がかかってきて、「あなたの銀のベッドがボナムス〔イギリスで設立された世界屈指のオークションハウス〕のカタログの表紙になってるわよ」と。

わたしはボナムスに連絡して、持ち主の同意なしに売却することはできないはずだと伝えました。ボナムスは遺憾の意を表しましたが、オークションの中止を渋るので、わたしはどんな状況を確かめるためにセント・ルシアに戻りました。グレート・ハウスに到着すると、家財はすべて荷造りが終わり、ボナムスの担当者が競売にそなえてロンドンへ発送する手続きを進めているところでした。

けっきょくボナムスとは話がついて、わたしの所持品の売却によって得たお金はわたしに返すと約束してくれました。

オークションが始まり、嬉しいことに、コリンのトレードマークだった帽子と杖はマスティク社が落札してくれました。ケントは借金を払うのに十分なお金を手に入れ、わたしは銀製のベッドの販売による収益を得ました。

オークションが終わると、コディと母親は遺言書に異議を申し立てました。最終的な決着がつくまでに七年かかりました。ケントが土地と多額の現金を得た一方で、セント・ルシアの地所の約半分はコディの手に渡りました。

いまあらためて振り返っても、コリンがわたしたち家族全員に何ひとつ遺さないつもりだったのかどうか、見きわめることは不可能だと思います。稀代の変人という評判を得るための奇策として、夫がわざとそうしたことは充分にありえます。一方、亡くなるまぎわの数か月は、体が弱り判断力もあやしくなって、自分が何をしているか理解していなかったということも考えられるのです。これからもはっきりしたことはわからないでしょう。この件をいつまでも気に病み、恨みを募らせるのはよそうと思っても、わたしだけではなく、子どもたちのことを考えると、なかなか気持ちを切り替えることができませんでした。

けれどもそればかりを思いつめていたら頭がどうにかなってしまいそうだったので、先へ進むことにしました。コリンに先立たれたときわたしは七十代後半で、時間が何よりも大切だとわかったからです。くよくよするのはもう止めにして、未来に目を向けました。

いまでは、コリンと死別してほぼ十年、マーガレット王女が亡くなってからは二十年近くたちました。クリストファーは五十一歳、双子は四十九歳になります。わたしは西インド諸島と、グレンと、ロンドンの邸宅をあわただしく行き来する生活からは卒業しました。ノーフォークの農場に戻ってきましたが、ここはほかのどこよりもわが家だと感じられる場所です。何十年もまえに、実家の父がコリンの奇矯で当てにならない性格を心配して、わたしに自分の家を持つようにすすめてくれた賢明な判断のおかげです。もしこの家を買っていなければ、いまごろどこにいるのか想像もつきません。

クック家の者はノーフォークに帰ってくるという、一族のことわざがあります。わが家の窓からもホウカム・ホールの境界を仕切る壁が見えるので、そのことわざは当たっているようです。わたしがノーフォークに強く惹かれるのは、海辺が好きなせいかもしれません。グレンにはグレンならではの魅力があり、丘陵も山並みも美しいのですが、館にいるといつも心なしか閉塞感をおぼえ、それにマスティク島と同様、これからお天気がどうなるか予測がつかないので、落ち着きませんでした。

いまでは子どもや孫、それにひ孫たちに囲まれ、もうかつてのように、たえまのないパーティー、ケンジントン宮殿でのディナー、ロイヤル・ツアーへの随行などで、予定がびっしり詰まっているという生活ではありません。いまの暮らしは当時とくらべれば色あせてみえるかもしれませんが、八十七歳になったわたしは、自由気ままな暮らしを堪能しています。

夜半までつづく豪勢な仮装パーティーの代わりに、いま親しくおつきあいしているのは、美味しいランチをゆったりふるまってくれるパトリシア・ローリングズや、妹のケアリーから紹介してもらったティムと同性のパートナーのメノなど、ノーフォーク在住の大勢の親切な友人たちです。わたしはティムとメノの結婚式で介添人を務め、夜半までつづく楽しい夕べを何度も共に過ごしてきました。ときにはピアノを囲んで声を合わせて歌います。夏になると、ティムがつくってくれる絶品のブラッディ・マリー片手に、屋外で過ごします。そのティムと、親戚のトム〔第八代の現レスター伯爵〕とポリーの夫婦がそれぞれ、わたしの八十歳の誕生パーティーを開いてくれました——贅沢なおもてなしをいただいて、すっかりくつろぎ、コリンが肩越しに羨ましそうにのぞいていないことをひそかに安堵しながら。テナント一族の本拠地、スコットランドのグレンを訪ねることもあります。ヘンリーの奥さんだったテッサは残念ながら二〇一八年に亡くなりましたが、テッサの再婚相手のビル、わたしの孫のユアン、ユアンの子どもたちで、燃えるような赤毛のウィリアムとルビーと過ごすのです。エディンバラにいるもうひとりの孫のコディや——最後になりましたが、パースの近くに住むわたしの末妹のサラとデイヴィッドの夫婦も訪ねます。

海外にもまだ出かけています。毎年のようにマスティク島を訪れ、ジョセフィン・ローウェンスタインの家に泊めてもらい、もうひとりの親友ジョージー・ファンショーとも旧交を温めています。トルコにも足を伸ばして、オメル・コチを訪ねます。オメルはトルコ最大の実業家ラフミ・コチの息子ですが、そもそもラフミの前妻チーデン・シマヴィがわたしの友人で、その昔、マーガレット王女とわたしを毎年、持ち船のハラス号に招待してくれたのです。顔ぶれはいつも決まっていて、俳優のルパート・エヴェレットは、なにしろわたしは彼のお母さんの花嫁付添人だったので、生まれたときから知っていますし、インテリアデザイナーのニッキー・ハスラムも親しい友人でした。マーガレット王女はいつも主船室を使われ、そこには四柱式の寝台が据えつけられていました。そのベッドは王女さまがひとりで寝起きするには少々高さがありすぎるので、毎晩、ベッドに入られたあと、呼び鈴をお渡ししておきました。夜中にお手洗いに行かれるときはそれを鳴らしていただければ、わたしが参上してベッドへの上り下りをお手伝いするのです。

オメルはヘンリーが生きていれば同じくらいの年で、ヘンリーがエイズで亡くなった直後に会ったときには、深い同情を示し、親切にしてくれました。わたしたちはとても親しくなり、いまでは毎夏、自分のヨットに友人たち一行と一緒にわたしも招待してくれます。そのなかにはミュージシャンのジュールズ・ホランドとクリスタベル夫妻もいて、クリスタベルとわたしは泳ぐのが好きなので、毎日一緒に泳ぎに行きました。万事にそつのないオメルは、いざという場合にそなえて小型のボートを同行させてくれました。

オメルのお母さまを通して、わたしは往年のスーパーモデル、ベッティーナ・グラツィアーニとも知り合いました。ベッティーナは服飾デザイナー、ジバンシィのビジネス・パートナーで、アガ・カーン〔イスラム教イスマイリ派教主〕の息子で社交家のプリンス・アリ・カーンの婚約者でもありました。数年前、ベッティーナはティムとわたしをパリの自宅に招待してくれました。新婚旅行以来、パリに招かれたときはいつも身構えてしまうのですが、それはばかげた考えだと一蹴しました――もうじき八十歳だし、夫は同行しないのですから。

ベッティーナは八十代になっても、あでやかな魅力にあふれていました。わたしたちが到着したとき、グルネル街の瀟洒なフラットにはお茶が用意され、リゴーのアロマキャンドルと大量の生花の馥郁たる香りが立ちこめていました。その夜は夢心地で始まりました。暖炉の前でシャンパンをいただいたあと、ベッティーナの案内で老舗ブラッスリーのリップでディナーをいただきました。食事がすんで帰宅するのかと思いきや、ベッティーナは、とある大使のボーイフレンドが大使の留守中に開いたパーティーに連れていってくれました。

白い上着を着た執事がホールに通してくれました。ホールにはカラフルな羽の小鳥が何羽もいる鳥籠が並んでいます。ホールを抜けて、熱気が立ちこめる薄暗い部屋に入ると、大勢の人が抱きあって、あちこちにすわっています。わたしたちをものうげにちらりと見やると、目をそらしました。

ベッティーナのあとについて続き部屋を通りぬけ、何人かの招待客とすれちがったわたしたちは顔を見合わせました。ぞっとしたことに、ここは乱交パーティーの会場だったのです。女装した男性がしゃなりしゃなりと歩きまわり、ほんの申しわけ程度の布切れを身につけた女性もいれば、裸身にオイルを塗っただけの人もいます。寝室の前を通ったところ、四柱式ベッドでレズビアンのカップルがもつれ合っていました。ふたりから秋波を送られたわたしは、ティムにすがりつき、「夫婦だと言って!」と必死で耳打ちしました。

いまにして思えば結婚していようがいまいが大したちがいはなかったでしょう。なにしろみんな薬でハイになっていたのです。浴室にはコカインの入ったボウルがいくつもあり、洗面台の横にあるガラスの天板付きのテーブルには十字の線がいくつもついていました。ティムとわたしはソファで身を寄せ合い、心細い思いですわっていました。一方、ベッティーナはその夜の第一部と第二部のちがいは気にならないようで、夜中の三時になってようやく帰宅したしだいです。

ティムとわたしはノーフォークに戻るとほっとしました。それ以来、パリは一度も再訪していません。

これまでで最高の旅といえば、やはり親友のマーガレット・ヴァイナーとの旅でしょう。インドは足繁く訪れ、いつもとても楽しかったのですが、まったく予期せぬ出来事に遭遇することもままありました。あるとき、インドの避暑地のひとつに滞在していたわたしたちは、デカン砂漠を横断することにしました。その計画をホテルの女主人に話したところ、かなり驚いたようすでした。「それはまた大胆な。よく気をつけてくださいよ」と目を丸くして言ったのは、こんなに向こう見ずなおばあさん二人組もめずらしいと思ったからでしょう。わたしたちは女将さんの心配は意に介さず、出発しました。自分たちが乗った悪趣味なタクシーの、赤いビロードとシャンデリアでごてごてと飾りたてられた内装のほうに気を取られていたのです。タクシーが木立ちのそばに停車したのでいくらかほっとし、砂漠のまんなかに林があることに驚きながら、降りる用意をしていると、「だめ、だめ」とタクシーの運転手がきっぱりと言いました。「なかにいて。外に出ちゃだめよ。森には悪い女がいる。とてもいけない女たちがね」。わたしたちが口をはさむまもなく、運転手は車を飛び降りて、あっというまに林のなかに姿を消しました。

あとでわかったことですが、そこは売春婦のたまり場で、トラック運転手はみな立ち寄るのでした。思うに、タクシーの運転手は、わたしたちが車を降りたら、ほかの男たちから森の娼婦の仲間に思われかねないと心配したのでしょう。やがて運転手は帰ってきました。わたしたちのタクシー代を「いけない女たち」に貢いで、さぞかしすばらしい時間を過ごしたのでしょう。車はふたたびシャンデリアを揺らしながら出発しましたが、日が落ちても、予約した高級ホテルにたどり着きません。しだいに夜も更けてきて、暗闇のなかを走る危険を冒したくなければ、小さな町で泊まる場所を探すほかありませんでした。運転手はこのあたりで一軒しかないホテルにわたしたちを連れていきました。むさ苦しいことこのうえない宿で、インドに滞在中、あまりの不潔さに外で用を足さざるをえなかったのは、後にも先にもここだけでした。ホテルの雰囲気もなんだか妙で、部屋の外でベルがひっきりなしに鳴り、ときおりだれかがドアをバンバン叩くのです。これらのおかしな点を話し合っているうちに、はたとひらめきました。わたしたちは屋外の売春宿から、屋内の売春宿に移動したのです。客は娼婦に三十分間相手をしてもらい、時間がくるとベルが鳴るのでしょう。さすがに、「終点です、お乗り換えください」のアナウンスは流れませんでしたが。

あまりのおぞましさに、もう笑うしかありません。幸い、旅行にはいつもウオッカを一本持っていき、旅先ではけっこう重宝するのです。マーガレットはタクシー運転手を探しだして、お酒を割るソフトドリンクを買いに行きました。大きなピッチャーに入った搾りたてのチェリー・ジュースを調達してきましたが、それがもうこれまで飲んだなかで最高においしいジュースだったのです。千鳥足の男性客がふらふらと入ってこないように、ドアの把手の下に椅子をかませてから、廊下でベルが鳴り響き、周囲のドアががんがん叩かれるなか、ふたりでしたたか飲んで、気持ちよく酔いつぶれたのでした。

翌日、予約していたホテルに無事到着しました。洗練の極みのようなホテルで、わたしたちが前夜どこに泊まったのか、言い当てられる人はだれひとりいなかったはずです。またしても極端から極端へ。ふたりで大笑いせずにはいられませんでした。こうしてみると、わたしは不測の事態、けしからぬ出来事、珍妙な事件に慣れっこになっていたのでしょう。

とはいえ、ふだんは庭仕事に精を出す毎日で、つい最近まではバーナム・オーバリー・ステイスの水路でセーリングも楽しんでいました。いまでもボートハウスの運営を手伝っています。わたしの一番の楽しみは、ここノーフォークに根づいたものです――セーリング協会では、郷土の英雄、ネルソン提督のありとあらゆる勝利を祝うのですが、半端な数ではありません。トラファルガーの海戦の二百周年記念日には、全員小さなボートに白い軍旗を掲げるように言われ、キングズリンの主教が来られて、指輪を水中に投げ入れ祝福されました。水路は水兵帽をかぶった大勢の人びとでたいへんな賑わいでした。

わたしを含めてだれもが、「ネルソンの血」と呼ばれる赤ワインとブランデーを混ぜたカクテルでほろよい気分でした。これは水兵たちにふるまわれる伝統的な一杯で、そもそもネルソンがトラファルガーの海戦で戦死したとき、遺体保存のためブランデーの樽に漬けて本国まで運ばれましたが、乗組員が中身を飲み干してしまい、到着したときには空っぽだったそうです。わたしがどれだけ浮かれていたかを示す写真が一枚あります。片手をだれかの頭にぞんざいに載せて、あぶなっかしくバランスをとりながら、カメラに向かって威勢よく手を振っているところです。

セーリングをしていないときは、水路の横を歩いて砂丘まで散歩します。子どもたちと砂のお城をつくりピクニックをした日々がよみがえり、さらに時間をさかのぼって子ども時代、親戚のオグルヴィ家の子どもたちや、エリザベス王女とマーガレット王女ご姉妹と一緒に遊んだ日々も思い出します。ホウカムの浜はかつてと変わらぬ美しさで、毎夏、何千人もの観光客を引き寄せ、イギリスで一番人気のあるビーチにいつも選ばれているようです。

王室のみなさまもホウカムをお気に召してくださったので、父は砂浜に小屋を建てて献上しました。といっても、海岸通りにずらりと並んでいるパステルカラーのおしゃれなコテージとはちがって、庭の四阿に近いものでしたが。ホウカムの浜の突き当たりにぽつんと建ち、大きな部屋がひとつと周囲をぐるりと取り囲むベランダ、それに小さなキッチンがついています。皇太后さまは夏のお茶の時間には、コーギーを連れて砂丘を散歩がてら海辺の小屋まで足を伸ばされました。小屋の向こうには、当時も――いまも――ヌーディスト・ビーチがあります。

護衛官たちは、裸体主義者が近くにたむろしていることを喜ばず、こんなふうに申し上げている声がよく聞こえてきました。「皇太后さま、今日はビーチに行かれないほうがよろしいのでは。連中が出没していますので、ご不快に思われるかもしれません」

その勧めに、皇太后さまはこうお答えになりました。「ご不快？　だれが？　わたくしは見てみたいわ。コーギーたちはお尻をかじるんじゃないかしら」

そしてコーギーを連れてお出かけになるのです。先方はいつも皇太后さまにはおかまいなく、男性たちは――あれもこれもぶらぶらさせながら――スポーツに夢中で、立派な胸の女性たちは砂丘にすわって編み物をしていました。護衛たちは、皇太后さまが彼らのほうに近づかれるのもやむなし、とあきらめるようになりました。

ヌーディスト・ビーチはいつも興味の的でした。数年前、チャールズ皇太子とコーンウォール公爵夫人〔現カミラ王妃。当時、ダイアナ元妃への敬意から、プリンス・オブ・ウェールズの代わりにチャールズ皇太子の副次的爵位のほうを使用していた〕がフラワーショーの期間中、わたしをサンドリンガムの別邸に招いてくださったことがあります。夜には芸能人の招待客も交えてディナー・パーティーが開かれました。わたしは「デイム」の称号を持つジュディ・デンチと話す機会があり、泳ぐのが大好きだと聞いたので、ホウカムの浜にお誘いしました。翌日、公爵夫人とジュディ・デンチが数人の友人を伴って到着され、風の強い曇り空にもかかわらず、全員が水着に着替えて海に飛びこみました。わたしは膝までしかつかりませんでしたが、ジュディ・デンチは怖いもの知らずで、にこにこ笑いながら、白い波頭が立っている海にザブザブと分け入りました。

全員海からあがると、わたしはヌーディスト・ビーチのことを話し、皇太后さまとコーギーの逸話を紹介しました。ええ、もちろん、みなさん皇太后さまにならって、霧の向こうに目をこらしていると、折よくタオルとリュックサックだけを身につけた男性がひとり現われ、砂丘にそって歩いてきました。公爵夫人の姿を見て、男は挨拶しました。夫人は話しかけ、その男がヌーディストであることがわかりました（そのときは部分的にしろ覆われていたとはいえ）。そこで全員ががやがやと会話に加わり、質問攻めにしました。男はわたしたちの興味を引こうとして、裸体でいるとどんなに開放的か、自然の一部になり、自然に近づくのはどれほど気持ちがよいか話してくれました。ひととおり話が終わると、公爵夫人が男性に、このあたりに家と職場があるのかと訊ねました。「ええ」と男は満足気に答えました。「この近くの小学校で校長をしています」男が立ち去ると、わたしたちは笑いころげました。校長先生と裸体主義者はなんだか両立しないように思えたのです。

ホウカム・ホールは、灰色の霧に閉ざされる冬の日には陰鬱に見えますが、陽光を浴びると壮麗な姿を現わします。先代のエディが二〇一五年に亡くなると、長男のトマスが跡を継ぎ、第八代の現レスター伯爵となりました。トムは伝統にしたがい、わたしの父と同様、イートン校を卒業したあとスコッツ・ガーズに入隊し、ケント公の侍従を務めました。奥さんのポリーと四人の子どもたちといっしょにホウカム・ホールで暮らし、クック家の遺産を次代へと承継してくれています。領地は安泰です。

屋敷は一般に公開され、一年に数千人も訪れる観光客に混じって、わたしもときおりこっそりなかに入ります。世界中からやってきた観光客が目を丸くして見上げている大理石の階段に、わたしは社交界デビューのときはパラシュートの生地でこしらえた手作りドレスで、結婚式のときにはノーマン・ハートネルのドレスに身をつつんで立ちました。みなさん興味津々で盛んにおしゃべりしながら邸内をめぐり、キーラ・ナイトレイとレイフ・ファインズが主演した『ある公爵夫人の生涯』のこともよく話題に上っています。なにしろ、あの映画の多くの場面はホウカムで撮影されたので。

とはいえ、みなさんが濃赤色のダマスク織を用いた絹張りの壁や、金で装飾されたみごとな天井を眺めているあいだ、わたしの眼前には、お披露目の舞踏会でトミー・キンズマンのバンドが演奏し、皇太后さまがお喜びになっているところ、そしてマーガレット王女がビリー・ウォレスのリードで部屋じゅうをくるくる旋回されていたお姿がよみがえります。来客用の特別室で四柱式のベッドを見ると、その寝台をいつも使われていた父の親友、ステア卿のことを思い出します。廊下を歩くと、幼いマーガレット王女とわたしが三輪車を漕いでいるのが見え、ホールに響く笑い声が聞こえます。下男を驚かそうとしてドアの陰から飛び出してくるところも。スマートフォンで写真をバシャバシャ撮っている観光客のみなさんはよもやご存じないでしょうが、小さな少女だった女王陛下はよくそこに立って、わたしとマーガレット王女にいたずらは止めなさいとお叱りになったものです。

でも、わたしが一番好きなのは、すっかり戸締まりをして訪問客の姿がなく、家族も留守にしているときの館です。この館がふたたびわたしの一部になったように感じられるからです。左翼の最上階にある真ん中の窓――かつてのわたしの部屋――を見上げ、十代のころの自分を振り返ります。机に向かって友だちに手紙を書いたり、庭園を眺めながら、エミリー・ブロンテの『嵐が丘』に出てくるヒースクリフのことを夢見たり。

最近、妹のケアリーが子どものころわたしに宛てて書いた短いメモを、現当主のトムの子どものひとりが屋根裏で見つけました。妹といっしょに過ごした日々の懐かしい形見の品となりました。というのは、悲しいことに、ケアリーは二〇一八年、八十四歳で他界したからです。妹に先立たれたときはとても悲しく、妹が金髪の小さな女の子で、「やーい、やーい、いくじなし!」と叫んでは、わたしをからかっていたときのことをありありと思い出しました。それは子ども時代の決まり文句だったので、葬儀のおり、親戚のジェイムズ・オグルヴィが弔辞で懐かしそうに言及していました。

ケアリーと昔話にふけることはもうかなわず、末の妹のサラとはずいぶん年が離れているので、わたしの幼いころの秘密や記憶はこの屋敷と土地に閉じこめられ、わたしとホウカムを永遠に結びつけるよすがとなっているのです。両親とケアリーは聖ウィズバーガ教会の墓地に埋葬されました。教会はホウカムの敷地の中央、湖を望む場所に建ち、ダマジカの群れが周囲で草を食んでいます。ここは父が世界一好きな場所で、一九七六年に亡くなったとき、猟場番たちが棺を屋敷から教会まで、はるばる丘を登って運んだのでした。わたしもいつの日か、同じ場所に葬られるでしょう。

父の死によってクック一族のわが家の血統は絶えたものの、わたしの子や孫たちがわたしの遺産です。直系の子孫がだれも次代のレスター伯爵にならずとも、家族はみな壮健で、わたしと同様、どんな難題が降りかかってきても、それに負けないだけの気概を持っています。

エイミーは世界のあちこちを旅したあと、イースト・アングリア地方に腰を落ち着けました。すぐ近くには、双子の片割れメイと夫のアントンが、オナーとグレタという娘ふたりと暮らしています。クリストファーはジョアンナと幸せな家庭を築き、ジョアンナはわたしの人生にも大きな役割を果たしてくれています。なにしろ、ふたりはいま、わたしの農場から目と鼻の先に住んでいるのです。

先日クリストファーを誘って講演を聞きに行ったとき、ああ、わたしの隣にすわっているこの子は人生を楽しんでいる、と幸せを噛みしめました。クリストファーの脳にもその働きにも悪いところはひとつもありません。世の中の役に立つりっぱな人間で、いろいろあったにせよ、終わりよければすべてよしだとしみじみ思います。恐ろしい状況に陥ったときどう反応するかは、そのときになってみないとだれにもわかりませんが、ありがたいことに、わたしは、息子さんのことはあきらめて家に帰りなさいという医者の勧めに耳を貸しませんでした。

三人の子どものことをとても誇りに思っている一方で、ヘンリーとチャーリーのことを考えるといまでも胸が痛みます。わたしはチャーリーが亡くなった歳の二倍、ヘンリーが亡くなった歳の三倍の年齢になりました。子どもに先立たれた痛みが癒えることは決してありません。それでも、過去の悲しいできごとにいつまでもとらわれず、今日という日に気持ちを集中して、残りの人生を精一杯生きようと思っています。幸い、同じような人生観を持っている友人がいて、わたしたちはいまでも世界のあちこちを旅行して、さまざまな冒険を楽しんでいるのです。

八十七年の人生には、よいことも悪いこともたくさんあり、なかでも破天荒な出来事にずいぶん見舞われました。そのたびに臨機応変に対処するしかなかったのですが、ようやく肩の荷を下ろすことができたいま、意外なことに、ひとつも後悔していないのです。いまがまさしく人生最良のときで、百歳まで生きるつもりです。いつも心のなかで「さて、お次はどんなことが？」と思いながら。

謝辞

まず、わたしに本書の執筆を依頼し、執筆中は折に触れて励まし助けてくださったトム・ペリンに感謝いたします。

ヒューゴ・ヴィカーズからも賢明なご助言と励ましをいただきました――わたしの母方に当たるハードウィック家の祖父について、曖昧にされてきた事実を掘り起こせたのは、彼のお力添えのたまものです。ヒューゴからご紹介いただいたハナ・ボーン＝テイラーもかけがえのない助っ人として、終始わたしを支え、何時間も膝をつき合わせて、さまざまな記憶の整理と仕分けを手伝ってくださいました。

ホッダー＆ストウトン社とズレイカ社の皆さまにも心より感謝申し上げます。まずは、何ごともそつなくこなしてくださったロウィーナ・ウェブ。つぎに、写真を選ぶという難しい仕事にご協力いただいたジュリエット・ブライトモア。ルーシー・ヘイル、エレニ・ローレンス、レベッカ・マンディ、レベッカ・フォランド、ヘイゼル・オーム、そしてイアン・ウォン諸氏のお名前も挙げさせていただきます。わたしにはエージェントが必要だと強く勧め、すてきで有能なゴードン・ワイズを見つけてくださったサイモン・エリオットの慧眼に、とびきり大きな感謝を。

最後に、わたしを支えてくださった皆さまのなかでとくにお世話になった二人、嫁のジョアンナ・テナントと親友のティム・リースにお礼を申し上げます。ジョアンナはわたしの連絡係となって、毎朝メッセージを届け、原稿に目を通し、体調までチェックしてくれました。ティムはわたしを励まし、この本の執筆中ずっとおいしい夕食を用意してくれました。そしてもちろん、双子の娘エイミーとメイ、息子のクリストファーには、計り知れないほど貴重な貢献を感謝しています。

訳者あとがき

二〇二二年九月八日、七十年にわたってイギリスの君主を務め、世界中から敬愛されてきたエリザベス二世が九十六歳で亡くなり、十九日にはウェストミンスター寺院で国葬が営まれた。亡き女王に弔意を示そうと棺の公開安置に並んだ市民の長い列、また、各国から元首・要人が多数出席し、厳粛に執り行なわれた国葬に、あらためて女王の存在の大きさ、人気の高さがうかがわれた。本書は、その女王より六歳年下の九十歳で、代々王室とも深い関係がある名門に生まれたアン・グレンコナー（グレンコナー男爵夫人アン・テナント）の回想録である。

二〇一九年に本書がイギリスで出版されると、その並々ならぬ人生と、王室とくにエリザベス女王の妹マーガレット王女との長年にわたる深い友情が話題を呼び、サンデー・タイムズ、ニューヨーク・タイムズなど英米の一流メディアのベストセラーに名を連ね、さらに、タイムズ紙の最優秀回顧録、ニューズウィーク誌の「最も期待される本」、スペクテイター誌の「今年の本」等々に選出されている。

書評の一部を紹介すると、

・穏やかで、賢明で、気取りがなく、何よりも感動的。

——タイムズ

・健気で、驚くほど正直……ユーモアのある筆致で、赤裸々につづられたすばらしい回想録には、豊かな感情が渦巻いている。

——ウォール・ストリート・ジャーナル

・過ぎし日の王室や上流社会の暮らしが垣間見える、驚くべき、まれに見る、魅力的な一冊。

——デイリー・エクスプレス

・著者とマーガレット王女の二重の肖像画。身近な者にしか見えない王女の繊細な素顔が描かれている。

——ロンドン・レビュー・オブ・ブックス

本書の読みどころのひとつは、著者の波瀾に富んだ人生である。

アン・グレンコナーは第五代レスター伯爵の長女に生まれるが、娘であるがゆえに爵位も領地も相続できず、「最大の失望」と見なされた。これを人生最初のつまずきと見るなら、二つ目は夫の選択だろう。新興貴族の富豪の跡取りで、社交界の花形だったコリン・テナント（のちの第三代グレンコナー男爵）は、何かといえば癇癪を爆発させる、情緒不安定で身勝手な人間だった。その半面、商才に長けた彼は、カリブ海の小島マスティク島を買い、瀟洒な別荘を何軒も建てて、富裕層やセレブに人気のリゾート地に育てあげる。

アンは夫の癇癪に手を焼きながらも、貴族の妻として領地の屋敷を切り盛りし、ロンドンで社交に励み、熱帯の島に同行して不自由な暮らしに耐え、やがて客寄せのために矢継ぎ早に開かれる豪勢なパーティーでもホステス役を務める。私生活の忙しさに加え、一九七〇代からはマーガレット王女の女官として、各種行事に随行する。

貴族の奥方、王室の女官としての、華やかな暮らしとやりがいのある仕事が、人生の光の部分だとすれば、それに劣らないほどの深い闇も彼女は体験する。夫婦のあいだには五人の子どもが生まれるが、長男は薬物依存症の後遺症で、次男はエイズにより、どちらも若い盛りに亡くなってしまう。さらに、夫の癇癪と不実に耐え、内助の功を尽くして、五十四年間添い遂げたというのに、二〇一〇年に亡くなった夫は、遺産をすべて、晩年を過ごした島で身の回りの世話をしていた現地の青年に遺した。

ふたりの子どもに先立たれた悲しみ、妻の役割にかまけて母親の責任を十分に果たしてこなかったのではないかという忸怩(じくじ)たる思い、長年連れ添い、固い友情で結ばれていたはずの夫の裏切り、どれもこれも落ちこんでも不思議はない出来事だが、著者はくよくよと悩むことを潔しとしない。人生の残り時間を考えると、いつまでも過去にとらわれず、いまを大切に、未来に目を向けることが大切だと思いいたるのだ。八十七年(執筆時)の人生に一切悔いなしという著者の言葉は、じつに清々しい。

そのような生き方のお手本となったのが、エリザベス女王の妹マーガレット王女だった。著者とは幼なじみで、長年女官として仕えたマーガレット王女への友情と敬慕の念が、本書のもうひとつの柱である。

著者の実家であるホウカム・ホール(イングランド東部ノーフォーク州)は、王室の御用邸サンドリンガムと近く、レスター伯爵家は代々王家に仕えてきたので、著者も幼いころから二歳年上のマーガレット王女とたびたび遊ぶ仲だった。夫のコリンも若き日はマーガレット王女の取り巻きのひとりで、夫婦ともども親交があったことから、マスティク島の一区画をマーガレット王女と新進気鋭の写真家トニー・アームストロングの結婚祝いに献上し、その別荘は、孤独な王女の終生の安らぎの場となる。

さらに著者は一九七一年にマーガレット王女の女官に就任し、国内外の公務に随行する生活を、二〇〇二年に王女が亡くなるまでつづける。先方と密に連絡をとり、水面下で行事の円滑な進行に気を配りながら、気心の知れたお世話役としてつねにそばに控えているのが女官の役割で、ロイヤル・ツアーで訪れた異国のエピソードが、ユーモアを交えた生き生きした筆致で語られる。

マーガレット王女は慣習にとらわれない型破りな性格で、毀誉褒貶の多い人物だが、著者は公務や慈善事業に熱心だった姿、私的な問題や悩みを引きずらない、前向きな生き方を魅力的に描き出している。身近にいる者だからこそ見える、マーガレット王女の素顔であろう。王女の離婚のいきさつ、十七歳年下の恋人ロディ・ルウェリンとの出会い、初恋の相手だったタウンゼンド元空軍大佐との再会など、往年のスキャンダルの真相が当事者自身の口から語られている点も、王室ファンならずとも見逃せないポイントだ。晩年、脳梗塞で車椅子の生活になり、視力も失って、生きる気力をなくした王女に献身的に付き添い、励ます著者の姿は感動を呼ぶ。

日本の読者はイギリスの読者と比べると、王室や王室のメンバーに対する興味や親しみという点ではやや距離があるかもしれないが、『ダウントン・アビー』が人気を博したように、イギリス貴族の暮らしぶりや、王室の年中行事など、異文化を知る楽しみではむしろ勝るかもしれない。その点でも本書はおすすめだ。

たとえば、著者が女性に生まれたせいで爵位も領地も相続できなかったのは、長男のみが爵位と屋敷と土地を相続するという、イギリス独特の「長子相続制度」のまさに実例である（ちなみに、娘だけでなく、跡取りではない次男以下の息子も同じ扱いを受ける）。また貴族の令嬢にとって人生の一大イベント、宮中拝謁と社交界デビューについても本人の体験がくわしく語られている（戦後まもない配給制のころだったので、ドレスはパラシュート生地だったとか）。彼女が射止めた夫は人柄に大いに難があるとはいえ、男爵の跡取りだったので、やがてスコットランドにあるお城のようなグレンという屋敷を相続する。アンはグレンの女主人として采配を振るい、夏のあいだは避暑に訪れるたくさんのお客さまを招いて、ハウス・パーティーを毎週のように開く。「(名門ホテルの) リッツに雇ってもらえるわ」と冗談をとばすくらいみごとに。

そんな著者にとって、生涯最大のイベントは戴冠式だった。一九五三年、二十歳のとき、エリザベス女王の戴冠式でガウンの裳裾を捧げ持つ「メイド・オブ・オナー」のひとりに選ばれ、この世紀の祝典を間近でつぶさに目撃する。式典の最中に緊張のあまり気を失いかけたこと、無事に式を終えて、バッキンガム宮殿で写真撮影に向かうとき、女王と一緒にはしゃいで駆け出したこと、バルコニーに王室ご一家と並んで立ち、沿道を埋める群衆を見たときの感激など、当事者ならではのみずみずしい観察や感想がつづられている。戴冠式の映像や写真は公開されているが、王冠をかぶり、宝珠と王笏を手にウェストミンスター寺院のなかを進む女王のすぐあと、向かって右側の真ん中で裳裾を支えているのが、二十歳の著者の可憐で初々しい姿である。

本書の終盤十六章から十八章は、わが子との別れ、マーガレット王女との別れ、夫との別れがつづき胸がつまるが、最後は「さて、お次は何かしら」とあくまでも人生に前向きな言葉で締めくくられている。ユーモアを忘れない書きっぷりや、猥雑とも評されたマスティク島の豪華絢爛たるパーティーを描いても品位を失わない筆致、相手をおとしめない優しいまなざしなど、著者の人柄を彷彿とさせる読後感のよい一冊である。

常識の枠に収まりきらない夫だったとはいえ、その分、異文化にすんなりなじみ、カリブ海の島国の発展に寄与して島民から慕われたこと、また薬物依存やエイズで早世した息子たちのことも受け入れ、世間から隠し立てしなかったという、時代や身分の束縛とは無縁だった夫の長所も公正に描かれている。

ちなみに夫の西インド諸島の遺産については、デイリー・メイル紙によると（セント・ルシア・ニューズ・オンライン紙二〇一八年六月三日より引用）、二〇一八年に東カリブ海地域の最高裁判所で決着がつき、元使用人と遺族のあいだで分割された。元使用人は「すべて」でなかったことに不満を漏らしているが、それでも時価約二千万ポンド（約三三億円）ものセント・ルシアの地所を手に入れた模様である。

本物の貴族の令嬢が九十年の生涯をふりかえった——しかも、とてつもない出来事がちりばめられた——回想録は、日本の読者にもきっとお楽しみいただけると思う。一、二世代上の、しなやかに強く生き抜いた女性の人生を、本書で追体験していただければ幸いである。

著者はこの回想録のあと、マスティク島を舞台にした殺人事件と、戦後すぐのホウカム・ホールを舞台にしたミステリーをつづけて上梓しており、どちらも売れ行きは好調のようだ。遅咲きの著者の今後の活躍を期待したい。

本書の訳出に当たっては、イギリス貴族の長子相続制度について東京大学大学院の新井潤美先生に不明点をご教示いただきました。また、白水社の糟谷泰子さんには本書の出版企画から資料のご紹介、訳稿の検討にいたるまで、さまざまな形で行き届いたご支援をいただきました。ここに記して厚くお礼を申し上げます。

二〇二二年九月

立石光子

訳者略歴

大阪外国語大学英語科卒、翻訳家

主要訳書　デ・ハメル『中世の写本ができるまで』、ベロス『世紀の小説『レ・ミゼラブル』の誕生』、ハ・ジン『すばらしい墜落』(以上、白水社)、モガー『チューリップ・フィーバー』(河出文庫)、ステイス『ミスフォーチュン』(早川書房)、ヴァルグレン『怪人エルキュールの数奇な愛の物語』(ランダムハウス講談社) ほか。

マーガレット王女とわたし
イギリス王室のおそばで歩んだ女官の人生

二〇二三年一〇月一五日　印刷
二〇二三年一一月一〇日　発行

著　者　アン・グレンコナー
訳　者 © 立石（たていし）光子（みつこ）
装丁者　柳　川　貴　代
発行者　及　川　直　志
印刷所　株式会社　理　想　社
発行所　株式会社　白　水　社

東京都千代田区神田小川町三の二四
電話　営業部〇三（三二九一）七八一一
　　　編集部〇三（三二九一）七八二一
振替　〇〇一九〇-五-三三二二八
郵便番号　一〇一-〇〇五二
www.hakusuisha.co.jp

乱丁・落丁本は、送料小社負担にてお取り替えいたします。

株式会社松岳社

ISBN978-4-560-09464-8

Printed in Japan